ДЕЛОВОЙ
НЕМЕЦКИЙ ЯЗЫК

DEUTSCHE
WIRTSCHAFTSSPRACHE

L. Michailow
H. Weber   F. Weber

DEUTSCHE WIRTSCHAFTSSPRACHE

**Business
Marketing
Management**

Л.М. Михайлов
Г. Вебер Ф. Вебер

ДЕЛОВОЙ НЕМЕЦКИЙ ЯЗЫК

**Бизнес
Маркетинг
Менеджмент**

*Учебное пособие для вузов
Издание второе, исправленное*

Москва
Астрель • АСТ
2002

УДК 811.112.2 (075)
ББК 81.2 Нем-923
М 69

Компьютерный дизайн обложки студии *Дикобраз*

Подписано в печать с готовых диапозитивов 29.04.2002.
Формат 60×90¹/₁₆. Гарнитура «Антиква». Бумага офсетная.
Усл. печ. л. 19,0. Тираж 5000 экз. Заказ № 79.

Общероссийский классификатор продукции
ОК-005-93, том 2; 953005 — литература учебная

Санитарно-эпидемиологическое заключение
№ 77.99.11.953.П.002870.10.01 от 25.10.2001

Михайлов Л.М.

М 69   Деловой немецкий язык: Бизнес, маркетинг, менеджмент: Учеб. пособие для вузов/ Л.М. Михайлов, Г. Вебер, Ф. Вебер. — 2-е изд., испр. — М.: ООО «Издательство Астрель»: ООО «Издательство АСТ», 2002. — 304 с.

ISBN 5-17-014887-9 (ООО «Издательство АСТ»)
ISBN 5-271-04423-8 (ООО «Издательство Астрель»)

Пособие охватывает все важнейшие темы экономики и бизнеса: предпринимательство, рыночные отношения, маркетинг, торговля, реклама, менеджмент, банки и финансы и др.

Система упражнений направлена на закрепление грамматических явлений в текстах, развитие навыков устной речи и усвоение специальных понятий и терминов делового немецкого языка. Каждая тема, как правило, завершается ролевой игрой.

Пособие предназначено для студентов и аспирантов экономических, финансовых вузов и факультетов, а также рекомендуется всем, чья профессиональная деятельность связана с немецким языком делового общения.

УДК 811.112.2 (075)
ББК 81.2 Нем-923

ISBN 5-17-014887-9
(ООО «Издательство АСТ»)
ISBN 5-271-04423-8
(ООО «Издательство Астрель»)

© Л. М. Михайлов, 2002
© ООО «Издательство Астрель», 2002

ПРЕДИСЛОВИЕ

Настоящее пособие станет вашим надежным помощником в изучении немецкого языка экономики и бизнеса. Ведь экономические отношения между Россией и Германией и многими странами, в которых говорят на немецком языке, становятся все интенсивнее.

Пособие охватывает все важнейшие темы экономики и бизнеса: предпринимательство, рыночные отношения, маркетинг, торговля, реклама, менеджмент, банки и финансы и др.

Предлагаемое пособие является результатом многолетнего сотрудничества русских и немецких коллег и было апробировано в Череповецком государственном университете.

Пособие состоит из 13 разделов. Каждый раздел содержит три текста. Первый (основной) текст содержит ключевые понятия и термины экономики. Лексически и синтаксически он является наиболее простым. Второй и третий тексты вводят указанные языковые единицы в более широкий смысловой контекст и показывают, как они употребляются в речи. Все тексты пособия аутентичны.

Система упражнений направлена на закрепление грамматических явлений в текстах, развитие навыков устной речи и усвоение специальных понятий и терминов делового немецкого языка. Каждая тема, как правило, завершается ролевой игрой.

В прилагаемых к пособию словарях (около 2000 словарных единиц) даются толкования экономических понятий и терминов немецкого языка, а также их русские соответствия.

Практически все основные тексты пособия озвучены в студии звукозаписи Висбадена (Германия). Опыт общения с немецкими коллегами показывает, что редкий носитель языка обладает идеальным произношением, поэтому тексты записаны обычными немцами, обладающими хорошей дикцией.

Пособие предназначено для студентов и аспирантов экономических и финансовых вузов и факультетов, а также рекомендуется всем, чья профессиональная деятельность связана с немецким языком делового общения.

Авторы пособия

Леонид Михайлович Михайлов — заслуженный деятель науки РФ, доктор филологических наук, профессор

Генрих Вебер — профессор университета Кобленц-Ландау (Германия)

Франк Вебер — экономист, университет Кобленц-Ландау (Германия)

В создании книги принимала участие **Еремина Екатерина** — германист, аспирант кафедры немецкой филологии Череповецкого ГУ.

Vorwort

Liebe Studierende, Lehrer und Interessenten,
nun liegt Ihnen mit diesem Lehrbuch ein Helfer vor, der allen beim Erlernen der Wirtschaftssprache dienlich sein dürfte.

Sie wollen die Sprache von Wirtschaft, Management und Marketing beherrschen. Die ist für die heutige Zeit selbstverständlich; entwickeln sich doch die wirtschaftlichen Beziehungen zwischen Rußland und Deutschland und den anderen Ländern, in denen Deutsch gesprochen wird, immer intensiver.

Das vorliegende Lehrbuch ist durch eine Zusammenarbeit von russischen und deutschen Kollegen entstanden. Erprobt wurde es an der Universität Tscherepowez und hat sich sehr gut bewährt.

Im Gegensatz zu vielen herkömmlichen sowjetisch-russischen Lehrbüchern (für Deutsch als Fremdsprache) ist unser Lehrbuch anders konzipiert. Wir setzen voraus, daß den Studierenden die Systemgrammatik — insbesondere im Bereich der Morphologie — geläufig ist. Daher verzichtet unser Lehrbuch auf Tabellen und Regeln für die Deklination von Artikeln, Nomen, Pronomen und Adjektiven ebenso, wie auf solche für die Konjugation von Verben.

Unser Verfahren ist einfach: Wir gehen vom Text aus und erläutern textspezifische und textprägende grammatische Erscheinungen. Die meisten haben syntaktischen Charakter. Deshalb befassen wir uns ziemlich eingehend mit dem Satzgefüge und seinen Typen.

Thematisch umfaßt das Lehrbuch die wichtigen Bereiche der Wirtschaft. Dabei enthält jedes Thema (bis auf wenige Ausnahmen) drei Texte. Der Grundtext bringt die Kernbegriffe. Er ist lexikalisch und syntaktisch ziemlich einfach gehalten.

Die Texte № 2 und № 3 bringen diese Begriffe in einem größeren Sinnzusammenhang und sollen veranschaulichen, wie sie zur Verwendung kommen.

Ein moderner Manager, der Fremdsprachen studiert, muß aber auch sprechen können. Dabei soll Ihnen das jeweils angelegte Übungssystem behilflich sein. Sie üben sich in Kurzdialogen, führen verschiedene Gespräche, und in der Regel endet jedes Thema mit einem Rollenspiel.

Ein wichtiger Aspekt des Fremdsprachenlernens ist die Aussprache. Auch da sind wir anders verfahren:

Fast alle Texte dieses Lehrbuches sind vertont und als Beilage auf zwei Cassetten zu erwerben. In Ihrer Praxis als Manager werden Sie mit verschiedenen Muttersprachlern zusammenkommen, und nicht alle sprechen ja ein ideales Deutsch. Deshalb sind wir auch da von der Tradition abgewichen: Die Texte wurden in einem Tonstudio in Wiesbaden aufgenommen, aber keiner der Sprecher war ein professioneller Ansager.

Als Studierende werden Sie mit einer Menge von Begriffen und Termini konfrontiert. Um Ihnen zu helfen, bringen wir zwei Wörterbücher. Das eine ist ein deutsch-russisches Wörterbuch, das alle Begriffe ziemlich ausführlich erläutert. Das andere ist ein Wörterbuch der Kernbegriffe des Managements von A bis Z und veranschaulicht mit Textbeispielen, wie der betreffende Terminus zu deuten oder zu verstehen ist.

Liebe Studierende! Sie haben sich jetzt überzeugt; unser Lehrbuch ist nicht traditionell verfaßt, alle Texte sind autentisch, und wir wünschen Ihnen viel Erfolg!

Thema N1
ICH STUDIERE WIRTSCHAFTSWISSENSCHAFTEN

Text N1
EIN DEUTSCHER STUDENT STELLT SICH VOR

Grammatik: Verben mit trennbaren Vorsilben

Guten Tag, mein Name ist Martin Wagner.
Ich bin 22 Jahre alt und studiere Wirtschaftswissenschaften in Göttingen.
Man sagte mir, die Studenten in Rußland seien sehr daran interessiert, wie das Studium in Deutschland aufgebaut ist und wie sich deutsche Studenten auf ihren Berufseinstieg vorbereiten. Gern will ich Euch etwas dazu aus meinem Leben, von meinem Studium und meinen zukünftigen Berufsplänen erzählen.
Geboren bin ich in München, im Süden Deutschlands. Mein Vater arbeitete als Angestellter bei einer Privatbank in München. Als er zu der Filiale seiner Bank nach Frankfurt wechseln mußte, bin ich im Alter von 15 Jahren gemeinsam mit meinen Eltern nach Frankfurt umgezogen. Nach 13 Schuljahren beendete ich mit 19 Jahren meine Schulzeit auf einem Frankfurter Gymnasium.
Den Gymnasialabschluß in Deutschland nennt man Abitur. Das Abitur ist gleichzeitig eine Zugangsberechtigung zur Universität. Theoretisch kann ich damit an einer Universität in Deutschland alle Fächer meiner Wahl belegen. Praktisch geht das leider nicht so einfach. Alle unter den Studienabgängern sehr begehrten Studiengänge, wie z.B. Medizin, aber auch die Betriebswirtschaftslehre (BWL) haben in Deutschland Aufnahmebeschränkungen. Dies bedeutet, daß die Abiturnote einen bestimmten Notendurchschnitt, den „Numerus clausus" nicht überschreiten darf, wenn man einen Studienplatz in dem Numerus clausus-Fach erhalten will. Der Numerus clausus für ein Fach wie BWL ist nicht im vorhinein festgelegt, sondern schwankt jedes Semester in Abhängigkeit davon, wie viele

Studenten sich um die freien Universitätsplätze in dem jeweiligen Fach bewerben.

Nach meiner Abitur hatte ich mich für das nächste Wintersemester um einen Studienplatz für BWL in München beworben. In diesem Wintersemester lag der bundesweite Numerus clausus für die Zulassung zu einem BWL-Studium bei einem Notendurchschnitt von 2,2 (Das deutsche Notensystem ist anders als das russische System aufgebaut. Die beste Note ist eine Eins, die schlechteste Note an der Schule ist eine Sechs, an der Universität eine Fünf. Um an der Hochschule eine Prüfung zu bestehen, muß die erreichte Note besser als eine Vier sein.)

Mein eigener Abiturdurchschnitt liegt bei 1,7, damit hatte ich die Zulassung zum Studium der BWL erreicht. Leider hatte ich jedoch keinen Studienplatz an meiner Wunschuniversität in München zugeteilt bekommen. Die Studienorte werden in Deutschland für die Numerus clausus-Fächer nämlich von einer zentralen Behörde (der ZVS — „Zentrale Vergabestelle für Studienplätze") vergeben. Da aber Universitätsstädte wie München, Hamburg, Heidelberg oder Freiburg eine hohe Attraktivität besitzen und unter den deutschen Studenten sehr begehrt sind, gibt es für diese Studienorte sehr viel mehr Studienbewerber als Studienplätze. Umgekehrt gibt es für die Universitäten in deutschen Industriestädten wie Bochum oder in Städten weitab in der deutschen Provinz, wie z.B. Oldenburg oder Frankfurt an der Oder, ein weitaus größeres Studienplatzangebot als Studienbewerber. Jeder Bewerber kann allerdings fünf Studienorte seiner Wahl angeben. Es gibt aber keine Garantie, daß man von der ZVS einen dieser Orte auch zugewiesen bekommt.

Leider bekam ich in meinem Wunschziel München keinen Studienplatz zugeteilt, und auch meine zweite und dritte Wahl, Freiburg und Köln, wurden nicht erfüllt. Für Göttingen aber, meine vierte Wahl, bekam ich meinen BWL-Studienplatz zugewiesen.

Mein Studium konnte ich trotzdem noch nicht zum nächsten Wintersemester beginnen. Alle deutschen Männer — es gibt einige wenige Ausnahmeregelungen — müssen nach ihrer Schulzeit einen 10-monatigen Wehrdienst oder einen 13-monatigen Ersatzdienst („Zivildienst") ableisten. Weil ich nicht zum Militär wollte, entschied ich mich für den Zivildienst. Meist ist dies eine Aushilfstätigkeit im Krankenhaus, in der medizinischen Pflege und Altenpflege. Ich war als Krankenwagenfahrer und in der Altenpflege tätig. Das war keine schwere Arbeit, aber es bereitete mich in keiner Weise auf mein Studium vor.

Für Zivildienst erhalten die Zivildienstleistenden („Zivis") übrigens nur einen kleinen Lohn. Die Tätigkeit der Zivis ist in Deutschland von großer Bedeutung, weil das gesamte Gesundheitssystem ohne sie nicht mehr funktionieren würde. Mein Studienplatz wurde mir während meiner Zeit als Zivildienstleistender („Zivi")übrigens garantiert. Nach Beendigung meines Zivildienstes konnte ich mit 21 Jahren im Sommersemester, anderthalb Jahre nach meinem Abitur, mein Studium der BWL in Göttingen beginnen. Davon will ich euch jetzt erzählen.

Mein BWL-Studium ist ein Diplomstudiengang. Die „Regelstudienzeit", so heißt die Bezeichnung im Amtsdeutsch, dauert acht Semester und schließt mit der Diplomprüfung ab. Absolventen haben damit den akademischen Grad eines Diplom-Betriebswirts erworben.

Das Studium ist in zwei Teile zu je vier Semestern unterteilt. Der erste Teil nennt sich Grundstudium und endet mit den Vordiplomprüfungen. Während des Grundstudiums sollen die Studenten vor allem ein breites Basiswissen in ihrem Fachgebiet erwerben, gleichzeitig aber auch Vorlesungen und Seminare in anderen Wissensgebieten belegen, um ein breites akademisches Grundwissen zu erhalten.

In Göttingen ist das Grundstudium aller wirtschaftswissenschaftlichen Disziplinen — Volkswirtschaftslehre, Betriebswirtschaftslehre und Wirtschaftsinformatik — fast identisch aufgebaut.

Es gibt Pflichtfächer und Wahlpflichtfächer. Auf dem Vorlesungsplan stehen Veranstaltungen in theoretischer Volkswirtschaftslehre, Wirtschaftspolitik, Management, Marketing, Buchführung, aber vor allem auch sogenannte Propädeutika wie Mathematik, Statistik und Informatik.

In den Semesterveranstaltungen dieser Fächer (Vorlesungen, Übungen und Seminare) wird das wirtschaftswissenschaftliche Grundwissen vermittelt. Deshalb sind diese Fächer auch obligatorisch, d.h. verpflichtend, um das Vordiplom in einem wirtschaftswissenschaftlichen Fach erwerben zu können. Daneben gibt es noch sogenannte „Wahlpflichtfächer": Für Studenten der Wirtschaftswissenschaften sind dies beispielsweise Fächer wie Soziologie, Politik oder Pädagogik. „Wahlpflicht" heißt, die Studenten sind verpflichtet, aus einer Reihe von Fächern einige auszuwählen, um dort Prüfungen abzulegen. Welche Fächer sie aus den ihnen zur Wahl gestellten zwei Alternativen auswählen, ist ihnen aber freigestellt.

Im Grundstudium nehmen alle Vorlesungen, Übungen und Seminare an Zeitaufwand meist weit mehr als 30 Semesterwochenstunden ein. Dazu kommen dann noch etliche Stunden für die Vor- und Nachbereitung des Studienstoffes und die Vorbereitung der Studenten auf Klausuren.

Klausuren gibt es meist zu Ende des Semesters. Für jede bestandene Klausur gibt es einen benoteten „Schein", und spätestens nach sechs Semestern müssen die Studenten alle notwendigen Scheine in ihren Pflicht- und Wahlpflichtfächern erworben haben, um das Grundstudium erfolgreich bestanden zu haben. Die Studenten haben für das Grundstudium also zwei Semester länger Zeit, als die Regelstudienzeit vorschreibt.

Nach dem Grundstudium besteht für alle Studenten, die dies wünschen, eine Möglichkeit, die Universität zu wechseln. Innerhalb aller Universitäten Deutschlands wird das Grundstudium der anderen Universitäten anerkannt.

Ich befinde mich im Moment im dritten Studiensemester, und obwohl es mir in Göttingen sehr gut gefällt (In Göttingen studieren ca. 45000 Studenten, fast 1/3 der Einwohner Göttingens sind Studenten), möchte auch ich nach dem Vordiplom gerne die Universität wechseln und in München meinen Hauptdiplomabschluß erwerben. Im Hauptstudium kann ich mich als Studienortwechsler an der Hochschule in München direkt bewerben.

Das bestandene Vordiplom nutzen viele Studenten auch als Studieneinschnitt, um ein oder zwei Semester im Ausland zu studieren. Fast alle deutschen Universitäten besitzen Austauschprogramme mit Universitäten im europäischen Ausland, viele mit Universitäten in Nordamerika, Australien und Asien. Manchmal bekommen Studenten sogar ihre Prüfungen, die sie im Ausland abgelegt haben, an der heimischen Universität anerkannt.

Außerdem machen einige Studenten nach ihrem Vordiplom auch längere Unternehmenspraktika, um neben ihrem theoretischen Wissen auch praktische Kenntnisse zu erwerben, die eigenen Berufschancen dadurch zu erhöhen und frühzeitig Unternehmen, bei denen sie nach ihrem Diplomabschluß arbeiten wollen, kennenzulernen.

Das Hauptstudium ist der Studienabschnitt, in dem sich die Studenten auf die Studienbereiche spezialisieren, in denen sie nach ihrem Studium arbeiten wollen. Im Hauptstudium stehen weniger Vorlesungen, dafür mehr Seminare auf dem Semesterplan. Während in Vorlesungen oft mehrere hundert Studenten an einer Veranstaltung teilnehmen, bestehen Seminare oft nur aus zwanzig Teilnehmern. Die Anzahl aller Semesterveranstaltungen ist mit 15-25 Semesterwochenstunden jetzt deutlich geringer als im Grundstudium; dafür sind die Veranstaltungen des Hauptstudiums aber viel arbeitsintensiver. Zur Vor- und Nachbereitung von Seminaren verbringen viele Studenten des Hauptstudiums wöchentlich mehr als 30 Stunden in den Bibliotheken der Universität.

Zu einem Seminar des Hauptstudiums muß jeder Student z.B. mit einer etwa dreißigseitigen Seminararbeit und mit einem Seminarvortrag beitragen. Die Seminararbeit muß in der Regel bereits vor Beginn des Semesters fertiggestellt sein und allen übrigen Seminarteilnehmern zur vorbereitenden Lektüre vorgelegt werden.

Haben die Studenten schließlich alle nötigen Scheine des Hauptstudiums in ihren Seminaren erworben, werden sie zu den Hauptdiplomprüfungen zugelassen. Haben sie diese teils mündlichen, teils schriftlichen Prüfungen erfolgreich bestanden, müssen sie noch eine drei- bzw. sechsmonatige Diplomarbeit anfertigen. Die sechsmonatige Diplomarbeit ist eine freie wissenschaftliche Arbeit. Sie bietet den Vorteil, daß die Studenten in ihrer Abschlußarbeit kein von einem Professor vorgegebenes Thema bearbeiten müssen, sondern sie sich ein wissenschaftliches Thema aus ihrem Spezialgebiet frei auswählen können.

Da das Hauptstudium so stark spezialisiert ist, hat fast jeder Student der Betriebswirtschaftslehre einen eigenen Semesterplan, der sich deutlich von denjenigen seiner Kommilitonen unterscheidet, auch wenn sie im gleichen Semester studieren. Das ist ein bißchen schade, weil viel von dem Zusammenhalt in der Gruppe zur Bewältigung des Studiums verlorengeht und die Studenten dadurch ein bißchen zu „Einzelkämpfern" an der Universität werden. Auf der anderen Seite ermöglichen die vielen Wahl- und Spezialisierungsmöglichkeiten an der Universität es mir, mein Studium sehr genau auf meine persönlichen Interessen abzustimmen.

Ich möchte mich später in meinem Hauptstudium auf Bankbetrtiebslehre und Marketing spezialisieren, auch deshalb wäre die Universität in München ideal für mich. In München könnte ich bei einer Bank durch Vermittlung meines Vaters auch Untersuchungen zu einem Diplomarbeitsthema in dem Bereich des Dienstleistungsmarketings der Banken durchführen. Dies interessiert mich sehr und könnte sehr hilfreich für meinen späteren Berufseinstieg werden.

Bis dahin ist es aber noch ein weiter Weg! Ich bin jetzt im dritten Semester, und ob ich selbst mit einem guten Vordiplom überhaupt einen Studienplatz in München erhalten werde, ist keinesfalls sicher. Drückt bitte die Daumen dazu (Gibt es dieses Sprichwort auch in Rußland, wenn man jemand Glück wünschen will?).

Jetzt muß ich mich auf meine Prüfungen in zwei Wochen im Grundstudium in Marketing vorbereiten.

Ich hoffe, ihr habt etwas Einblick in mein Studium gewinnen können!

Viel Erfolg für euer Studium! Vielleicht treffen wir uns mal während eines Auslandssemesters in Göttingen oder München. Habt ihr Interesse bekommen?

Martin

Wörter

die Wirtschaftswissenschaft, -en — экономика
das Studium — учеба

der Berufseinstieg, -e — вступление в профессию, начало работы по профессии
der Gymnasialabschluß, -e — окончание гимназии
das Abitur — окончание школы, гимназии, получение аттестата
die Zugangsberechtigung, -en — возможность поступления (напр., в университет)
der Studienabgänger — выпускник
der Studiengang, -e — учеба, учебный курс
die Betriebswirtschaftslehre — наука об организации производства
der Notendurchschnitt — средний балл
die Zulassung, -en — прием, допуск
der Studienplatz, -e — учебное место
der Studienbewerber — претендент на место
der Wehrdienst, -e — служба в армии
der Zivildienst, -e — альтернативная гражданская служба
der Diplomstudiengang, -e — учеба с целью получения диплома
die Regelstudienzeit, -en — нормативное время на учебу
das Grundstudium — первоначальная учеба
das Basiswissen — основа знаний
das Fachgebiet, -e — специальность
das Pflichtfach, -er — обязательный предмет
das Wahlpflichtfach, -er — предмет на выбор
die Veranstaltung, -en — зд.: учебное занятие
die Volkswirtschaftslehre — общая экономия
die Wirtschaftspolitik — экономическая политика
das Management — менеджмент
das Marketing — маркетинг
die Buchführung — бух. учет
die Semesterwochenstunde, -n — количество учебных часов в неделю
die Klausur, -en — контрольная работа
der Schein, -e — свидетельство, зд.: зачет
das Hauptstudium — основная учеба
der Studieneinschnitt, -e — перерыв в учебе
das Austauschprogramm, -e — программа обмена
das Unternehmenspraktikum, ka- практика на производстве
der Vorteil, -e — преимущество
der Kommilitone, -n — однокурсник
das Renommee — репутация
der Absolvent, -en — выпускник
sich vorbereiten — готовиться
wechseln — менять

belegen — зд.: выбирать
sich bewerben, a,o — соревноваться, принимать участие в конкурсе
bestehen (bestand, bestanden) — выдерживать, сдавать
vergeben, a,e — раздавать, распределять
ableisten — отбывать (службу)
abschließen, o,o — заканчиваться
erhalten, ie, a — получать
vermitteln — передавать
erwerben — получать, приобретать
ablegen — сдавать (экзамен)
kennenlernen — знакомиться
sich spezialisieren — специализироваться
teilnehmen, a,o — принимать участие
fertigstellen — изготовлять
zulassen, ie, a zu etw. — допускать к чему-л.
anfertigen — делать, составлять
genießen, o,o — наслаждаться, получать удовольствие
absolvieren — оканчивать (учебное заведение)
begehrt — желанный, предпочтительный
obligatorisch — обязательный

Übung 1. Hören Sie sich den Text an!

Übung 2. Merken Sie sich folgende Wortverbindungen.

einen Studienplatz erhalten
sich um einen Studienplatz bewerben
einen Studienplatz zugeteilt bekommen
sein Studium beginnen
ein Studium aufnehmen
den akademischen Grad erwerben
ein breites Basiswissen erwerben

das Grundwissen vermitteln
das Vordiplom erwerben
eine Prüfung ablegen
das Grundstudium bestehen
die Universität wechseln
eine Seminararbeit fertigstellen

Übung 3. Suchen Sie im Text Äußerungen mit den Wortverbindungen (Üb.2) und setzen Sie sie ins Präsens.

Beispiel: sein Studium beginnen — Ich beginne mein Studium.

Übung 4. Merken Sie sich die Unterschiede im deutschen und russischen Notensystem. Übersetzen Sie dazu Absatz 6 des Textes.

Übung 5. Erläutern Sie die Begriffe.

Numerus clausus	Wahlpflichtfach	Studiengang
Pflichtfach	Zivildienst	„Schein"

Übung 6. Schreiben Sie aus dem Text alle Termini und Begriffe heraus, die sich auf das Sachgebiet „Studium" beziehen; übersetzen Sie die Wörter ins Russische.

Beispiel: das Studium; die Zulassung, das Wintersemester, ...

Übung 7. Merken Sie sich die Rektion der Verben, die im Text vorkommen.

sich spezialisieren auf Akk.
kennenlernen Akk.
teilnehmen an D
zulassen zu D
ablegen Akk.
sich bewerben um Akk.

Übung 8. Verwenden Sie die Verben (Üb. 7) in einer Äußerung im Präsens.

Beispiel: Ich bewerbe mich um einen Studienplatz an der Universität Tscherepowez.

Übung 9. Schreiben Sie aus dem Text alle Fachausdrücke heraus, die zum Thema „Wirtschaftswissenschaft" gehören. Übersetzen Sie die Termini ins Russische.

Beispiel: Diplombetriebswirt, Volkswirtschaftslehre, ...

Grammatik: Verben mit trennbaren Vorsilben

Ich **nehme** an dem Seminar **teil**.	Я принимаю участие в семинаре.
Ich **bereite** mich auf mein Studium **vor**.	Я готовлюсь к учебе.

Übung 10. Merken Sie sich: Vorsilben werden im Präsens, Präteritum und getrennt und an das Ende der Äußerung gesetzt.

Übung 11. Suchen Sie im Text Äußerungen mit trennbaren Vorsilben der Verben und setzen Sie die Verben in den Infinitiv.

Übung 12. Antworten Sie auf die folgenden Fragen zum Inhalt des Textes.

Wie heißt der deutsche Student?
Was studiert er?
Wo ist er geboren?
Wie heißt der Gymnasialabschluß in Deutschland?
Kann man ohne Abitur an einer Universität studieren?
Was bedeutet „Numerus clausus"?
Was versteht man unter Zivildienst?
Wie lange dauert die Regelstudienzeit?
Wieviel Semester umfaßt das Studium?
Was bedeutet „Grundstudium"?
Welche Fächer studiert der deutsche Student?
Warum will er die Universität wechseln?
Wie lange schreibt er an seiner Diplomarbeit?
Worauf möchte er sich spezialisieren?
Welche Praxiserfahrung hat er inzwischen gesammelt?

Text N 2
AUSLANDSSEMESTER IN DEUTSCHLAND

Grammatik : Entscheidungsfragen

Natascha ist eine Studentin aus St.Petersburg.
Sie hat ein Auslandsstipendium bekommen, um in Deutschland an der Universität in Koblenz ihre Deutschkenntnisse aufzufrischen und danach an der Universität in Mannheim zwei Semester lang Volkswirtschaftslehre zu studieren.
Natascha ist seit Anfang Februar in Deutschland. Zunächst besuchte sie zusammen mit anderen Studenten an der Universität in Koblenz einen Intensivkurs in Deutsch. Das Sprachpraktikum war ein Feriensprachkurs. In Deutschland ist jedes Studienjahr in zwei Studiensemester aufgeteilt. Das Sommersemester beginnt fast an allen deutschen Universitäten Mitte April und endet Mitte Juli. Das Wintersemester beginnt Anfang oder Mitte Oktober und dauert bis Ende Januar oder Anfang Februar.
„Semesterferien" bedeutet für viele Studenten aber nicht, daß sie freie Zeit haben und in Urlaub fahren können. Viele Studenten schreiben in der

vorlesungsfreien Zeit ihre Semesterarbeiten, sie machen ein Praktikum in einem Unternehmen, in dem sie später vielleicht arbeiten wollen, oder sie arbeiten auch außerhalb ihres Studiengebietes, um das Geld für ihren Lebensunterhalt zu verdienen. Einige der Studenten müssen sich in den Semesterferien auch auf ihre mündlichen Vordiplom- oder Diplomprüfungen vorbereiten, die jeweils in den ersten beiden Wochen eines Semesters stattfinden.

Auch an den Universitäten herrscht während der vorlesungsfreien Zeit einiges Treiben.

Es werden viele vorbereitende Kurse für das nächste Semester angeboten.

Einer dieser Kurse ist der Sprachkurs, an dem auch Natascha teilgenommen hat. Dieser Kurs ist verpflichtend für alle ausländischen Studenten, die in Deutschland studieren wollen und die noch nicht über so gute Sprachkenntnisse verfügen, daß sie den Vorlesungen problemlos folgen können. Natascha hat dieser Kurs große Freude bereitet. Sie wurde schnell bekannt mit den anderen Studenten, die von überall aus Europa, einige auch aus den USA, Japan, China oder Australien kamen. Fast alle waren zum erstenmal in Deutschland, und so gab es viele Erlebnisse zwischen den Studenten auszutauschen.

Auch ihre Deutschkenntnisse konnte Natascha deutlich verbessern. Während ihrer Schulzeit in einem Gymnasium in Tscherepowez hat Natascha bereits 11 Jahre lang Deutsch gelernt. In St.Petersburg besuchte Natascha dann noch zwei Jahre lang Deutschkurse in Abendveranstaltungen. Vor ihrer Reise nach Deutschland war sie etwas unsicher, wie gut ihre deutschen Sprachkenntnisse wirklich sind, weil sie außer mit einigen Touristen in St.Petersburg keine Möglichkeit hatte, ihr Deutsch auch anzuwenden. Doch jetzt ist Natascha überrascht, wie gut sie sich, nach nur wenigen Wochen in Deutschland, mit den anderen Studenten verständigen kann.

So ist Natascha etwas traurig, als sie Koblenz wieder verlassen muß. Die vorbereitenden Kurse für ihr Studium der Volkswirtschaftslehre, Mathematik, Wirtschaftsinformatik und Buchführung beginnen in Mannheim. Natascha ist die einzige Studentin des Deutsch-Sprachkurses in Koblenz, die nach Mannheim wechselt. Sie ist etwas beunruhigt, ob ihre deutschen Sprachkenntnisse auch für das Wirtschaftsstudium ausreichen, vor allem wenn die Dozenten nicht mehr so achtsam mit ihrer Aussprache umgehen, wie das in Koblenz der Fall war.

Heute geht sie zum ersten Mal in die Mensa in Mannheim essen. Sie hat sich eine Essenmarke gekauft. Beim Warten in der Essenschlange spricht sie einen Studenten an, der neben ihr steht.

Natascha: „Entschuldige, kannst du mir vielleicht sagen, wo ich hier an der Universität das Studentensekretariat finde? Ich bin erst seit zwei Tagen hier und kenne mich überhaupt noch nicht aus."

Student: „Das ist ein bißchen schwierig zu erklären, aber wenn du nach dem Essen Zeit hast, will ich dir gerne helfen, ich kann dich dorthin begleiten. Was möchtest du denn wissen, vielleicht kann ich dir auch weiter helfen?"

Natascha: „Für mich ist alles neu. Ich bin Russin und werde hier in Mannheim für ein Jahr Volkswirtschaftslehre studieren. Gestern erst bin ich aus Koblenz hierhergekommen, wo ich vier Wochen lang einen Deutsch-Intensivkurs, zusammen mit anderen ausländischen Studenten, besucht habe. Jetzt aber beginnen meine Vorbereitungen für mein eigentliches Studium, aber was ich dafür alles benötige, ist mir noch ziemlich unklar.

Erstmals hole ich mir ein Vorlesungsverzeichnis, damit ich weiß, welche Veranstaltungen ich besuchen kann, dann muß ich wissen, wo die Hörsäle sind, welche Prüfungen ich machen muß und noch viele andere Sachen mehr. Ich heiße übrigens Natascha."

Student: „Und ich heiße Sven."

Inzwischen sind die beiden an der Essenausgabe angekommen, nehmen sich ihr Essen (Apfelstrudel mit Vanillesoße) und setzen sich an einen Tisch.

Sven: „Wie dein Studium im einzelnen aussieht, kann ich dir leider nicht sagen. Ich studiere nämlich Romanistik, aber ein Vorlesungsverzeichnis bekommst du in den meisten Buchhandlungen hier in Mannheim. Wenn du möchtest, kann ich dir aber zeigen, wo du die Hörsäle findest, oder wie du dich in den Bibliotheken zurechtfinden kannst. Aus welcher Stadt in Rußland kommst du eigentlich?"

Natascha: „Aus Tscherepowez im Norden Rußlands, aber schon seit zwei Jahren studiere ich in St. Petersburg. Kennst du St.Petersburg?"

Sven: „Nein, leider nicht. Aber ich habe schon viel davon gehört und würde auch gern mal hinfahren, es soll dort sehr schön sein."

Natascha: „St.Petersburg ist die schönste Stadt der Welt! — Vielleicht, naja, jedenfalls ist es wirklich sehr schön."

Sven: „Hast du schon Leute hier in Mannheim kennengelernt?"

Natascha: „Eigentlich noch nicht, die Einzigen, mit denen ich bisher gesprochen habe, sind meine Mitbewohner im Studentenwohnheim, aber die habe ich nur kurz gestern abend getroffen. Sie kommen aus Südkorea und sind auch erst seit ein paar Tagen hier. Mit der Verständigung ist es auch ein bißchen schwierig, weil sie noch nicht so gut Deutsch sprechen.

Sven: „Aber du sprichst schon sehr, sehr gut Deutsch, Natascha! Warst du schon früher in Deutschland?"

Natascha: „Nein, noch nie. Das ist das erste Mal und für mich wirklich eine große Chance. Es ist sehr schwierig, ein Stipendium zu bekommen."
Inzwischen haben die beiden gegessen. Sie bringen ihre Essentabletts zum Laufband und stellen sie ab.
Sven: „Wenn du möchtest, können wir in der Cafeteria noch einen Kaffee trinken, und dann zeige ich dir, wie du zum Studentensekretariat kommst. Heute abend gibt es hier an der Uni übrigens ein lateinamerikanisches Fest. Ich wollte hingehen, und es kommen auch ein paar Freunde von mir. Wenn du möchtest, komm einfach mit, dann kannst du schon mal ein paar Leute kennenlernen. Ein Freund studiert auch Volkswirtschaft und kann dir vielleicht etwas über das Studium hier erzählen."
Natascha: „Das würde mich sehr freuen, vielen Dank. Wann trefft ihr euch denn und wo?"
Sven: „Heute abend um 9 Uhr. Wo wir uns treffen, zeige ich dir nachher auf dem Weg zum Sekretariat."
Inzwischen haben sich die beiden einen Kaffee geholt und in der Cafeteria niedergelassen.

Am Abend treffen sich Sven und Natascha mit Svens Freunden, um gemeinsam zum Fest zu gehen. Sven stellt Natascha seine Freunde vor.
Sven: „Das ist übrigens Daniel, der Freund, von dem ich dir erzählt hatte, der auch VWL studiert. Daniel, vielleicht kannst du Natascha ein bißchen über das Studium hier an der Fakultät erzählen, sie weiß überhaupt noch nicht, welche Veranstaltungen sie belegen muß."
Daniel: „Natürlich, gerne, was möchtest du denn alles wissen?"
Während sich Sven mit seinen Freunden unterhält, fängt Natascha an zu erzählen.
Natascha: „Weißt du, bei uns in Rußland ist es so, daß wir einen festen Studienplan haben. Fast alle Veranstaltungen sind fest vorgegeben, fast vorgegeben wie in der Schule. Sven studiert ja nicht VWL, aber er hatte mir schon gesagt, daß hier alles anders ist, man sich selbst die Veranstaltungen auswählen muß und jeder Student einen eigenen Semesterplan hat."
Daniel: „Ja, das stimmt. Bei uns ist nur ein Teil der Veranstaltungen fest vorgegeben. Viele Veranstaltungen kann man sich aussuchen. Zum Beispiel gibt es im Hauptstudium VWL ein sogenanntes Wahlpflichtfach: 'Wahl', weil du wählen kannst, ob du eine spezielle Volkswirtschaft oder Betriebswirtschaft, Geschichte, Psychologie oder eine Sprache belegen möchtest; 'Pflicht', weil du irgendeine dieser Möglichkeiten wählen mußt."
Natascha: „Sven hatte mir gesagt, daß es Prüfungen gibt, bei denen die Noten eine Rolle spielen, und andere, bei denen es nur darauf ankommt zu bestehen."

Daniel: „ Ja, bei den Vordiplom- und Diplomprüfungen zählt die Note für das Zwischen -bzw. Endzeugnis. Alle anderen Prüfungen sind sogenannte Scheinprüfungen. Man muß die Prüfungen bestehen, ganz gleich, mit welcher Note, und dann bekommt man einen Schein. Dieser Schein ist eine Voraussetzung dafür, daß man überhaupt zu den (Vor-) Diplomprüfungen zugelassen wird."

Natascha: „Wenn ich richtig verstanden habe, gibt es drei verschiedene Arten von Veranstaltungen: Vorlesungen, Übungen und Seminare. Was muß man in diesen Veranstaltungen machen, was lernt man dort?".

Daniel: „ Erst einmal: bei den meisten Vorlesungen, Übungen und Seminaren gibt es keine Anwesenheitspflicht. Du kannst selbst entscheiden, ob du hingehen möchtest oder nicht. In Vorlesungen steht vorne ein Professor oder Assistent und erzählt den Studenten etwas, zum Beispiel über Finanzwissenschaft.

Diese Vorlesung soll auf die Prüfung in Finanzwissenschaft vorbereiten. Das ist allerdings nicht immer der Fall, und oft muß man sich selbst seine Informationen zusammensuchen. Dann gibt es in der Regel zu einer Vorlesung mehrere Übungen, in denen der Vorlesungsstoff vertieft werden soll. Auf diese Übungen verteilen sich die vielen Zuhörer der Vorlesung. Eigentlich sollen die Studenten dort die Möglichkeit haben, sich aktiv zu beteiligen, Fragen zu stellen und Probleme zu diskutieren. Das ist aber oft nicht der Fall. Oft ist eine Übung so etwas wie eine zweite Vorlesung. Manchmal muß man am Ende eine Klausur schreiben. Dann gibt es noch die Seminare. In den Seminaren und Übungen bekommt man, wenn man erfolgreich ist, einen Schein."

Natascha: „ Das ist alles ein bißchen verwirrend für mich."

Daniel: „Das kann ich gut verstehen, das ist mir ganz genau so gegangen, aber wir können uns auch noch ein anderes Mal treffen. Dann kann ich dir noch mal in einem Vorlesungsverzeichnis zeigen, was ich dir jetzt erklärt habe. Und du kannst mir sagen, welche Prüfungen du machen sollst, um sie nachher in Rußland anerkannt zu bekommen. Das können wir in den nächsten Tagen machen, wenn du möchtest. Aber jetzt laß uns tanzen gehen."

Zu den anderen gewendet :

„Ahora, amigos, vamos bailar..."

Wörter

das Auslandsstipendium, -en — стипендия для учебы за границей
der Lebensunterhalt — проживание, пропитание

die Deutschkenntnisse — знания немецкого языка
der Sprachkurs, -e — языковые курсы
vorlesungsfrei — свободный от лекций (период)
verpflichtend = obligatorisch — обязательный
die Essenmarke, -n — талон на питание
das Studentensekretariat, -e — зд.: деканат
das Vorlesungsverzeichnis, -sse — список учебных мероприятий
die Essenausgabe, -n — раздача (в столовой)
die Verständigung — объяснение
der Studienplan, -e — расписание занятий
die Scheinprüfung, -en — зачетный экзамен
die Voraussetzung, -en — предпосылка
die Anwesenheitspflicht — обязательное посещение
der Vorlesungsstoff, -e — лекционный материал
auffrischen — освежить, зд.: углубить
verdienen — получать, зарабатывать
anbieten, o, o — предлагать
verfügen — иметь в распоряжении
folgen — следовать, следить
austauschen — менять
verbessern — улучшать
anwenden — использовать, употреблять
sich verständigen — объясняться
ausreichen — хватать, быть достаточным
umgehen — обращаться, обходиться
ansprechen, a, o — заговаривать
sich auskennen — ориентироваться
benötigen — нуждаться
holen — брать, забирать
sich zurechtfinden — ориентироваться, разбираться
sich treffen, a, o — встречаться
vorstellen — представлять
belegen: — зд.: выбирать
sich unterhalten, ie, a — разговаривать, общаться
anfangen, i, a — начинать
vorgegeben sein — быть предписанным, заранее заданным
ankommen auf Akk. — зависеть от чего-л.
zählen — считаться, быть действительным
entscheiden, ie, ie — решать, определяться
vorbereiten — готовить
vertiefen — углублять

sich verteilen — делиться
sich beteiligen — участвовать
vortragen — делать доклад
stattfinden — состояться
sich etw. auswählen — выбирать

Übung 1. Hören Sie sich den Text an.

Übung 2. Merken Sie sich folgende Wortverbindungen.

ein Auslandsstipendium bekommen
Deutschkenntnisse auffrischen
Volkswirtschaftslehre studieren
einen Intensivkurs besuchen
ein Praktikum machen
vorbereitende Kurse anbieten
Erlebnisse austauschen
Deutsch anwenden
nach Mannheim wechseln
einen Studenten ansprechen

ein Vorlesungsverzeichnis holen
Prüfungen machen
Deutsch können
einen festen Studienplan haben
eine Rolle spielen
die Prüfung(en) bestehen
einen Schein bekommen
Fragen stellen
Probleme diskutieren

Übung 3. Suchen Sie im Text Äußerungen mit den Wortverbindungen (Üb.2) und setzen Sie sie ins Präsens.

Beispiel : Ich bekomme ein Auslandsstipendium.

Übung 4. Erläutern Sie anhand des Textes die Begriffe : Vorlesung, Schein, Übung, Seminar, Veranstaltung, Intensivkurs, Semesterferien.

Übung 5. Merken Sie sich, welchen Kasus die Verben verlangen, wie ihre Rektion ist.

auffrischen Akk.
verfügen über Akk.
folgen D.
sich auskennen in D.
benötigen Akk.

entscheiden über Akk.
ankommen auf Akk.
sich unterhalten über Akk.
sich beteiligen an D.
ansprechen Akk.

Übung 6. Suchen Sie im Text Äußerungen mit Verben (Üb.5) und übersetzen Sie.

Übung 7. Merken Sie sich Wortverbindungen, die im Text Zeitverhältnisse oder Zeitpunkte bezeichnen und übersetzen Sie.

zwei Semester lang, Anfang Februar, Mitte April, Mitte Juli, Ende Januar, in den Semesterferien, in den ersten beiden Wochen eines Semesters, für das nächste Semester, während ihrer Schulzeit, zwei Jahre lang, vor ihrer Reise, erst seit zwei Tagen, für ein Jahr, erst gestern, vier Wochen lang, heute abend um 9 Uhr, am Abend, am Ende, nach dem Essen, in den nächsten Tagen.

Übung 8. Merken Sie sich folgende Ortsbezeichnungen im Text und übersetzen Sie.

aus St.Petersburg, in Deutschland, an der Universität, in Mannheim, in einem Unternehmen, aus Europa, aus den USA, in einem Gymnasium, nach Deutschland, in der Mensa, in den Bibliotheken, aus welcher Stadt, in Rußland, aus Tscherepowez, zum Fest, in Vorlesungen, in den Seminaren, in einer Übung, in den Seminaren und Übungen, in einem Vorlesungsverzeichnis

Grammatik: Entscheidungsfragen

Kennst du St. Petersburg?	Ты знаешь Санкт-Петербург?
Warst du schon früher in Deutschland?	Ты была раньше в Германии?
Hast du schon Leute in Mannheim kennengelernt?	Ты уже познакомилась с кем-нибудь в Маннхайме?

Übung 9. Merken Sie sich : Bei einer Entscheidungsfrage kann der Sprechpartner nach einem beliebigen Satzglied fragen. Das konjugierte Verb steht in der Regel am Anfang der Äußerung. Je nach dem Schwerpunkt der Frage wird auch die Antwort gestaltet.

Vgl.: 1) — Bist du *fleißig?* — Ja, *fleißig.* 2) — Bist *du* fleißig? — Ja, *ich.* 3) — *Bist* du fleißig? — Ja, ich *bin* es.

Übung 10. Bilden Sie Fragen mit folgenden Wortverbindungen im Präsens.

Beispiel: ein Auslandsstipendium bekommen — Bekommst du ein Auslandsstipendium?

einen Intensivkurs in Deutsch besuchen
über gute Sprachkenntnisse verfügen
nach Mannheim wechseln
einen festen Studienplan haben
einen Schein bekommen
ein Praktikum machen
Volkswirtschaftslehre studieren

Übung 11. Beantworten Sie die Fragen unter Benutzung von Zeitangaben in Üb.7.
Beispiel : Wechselst du nach Mannheim?
 Volle Form : — Ja, Ende Juli wechsle ich nach Mannheim.
 Kurze Form : — Ja, Ende Juli.

Übung 12. Lernen Sie rollenweise Dialog 1 auswendig. Längere Passagen können Sie **kürzen**.

Übung 13. Lernen sie rollenweise Dialog 2 auswendig. Längere Passagen können Sie **kürzer machen**.

Text N3
GROSSE SCHRUMPFEN

Grammatik : Steigerungsstufen des Adjektivs: Positiv — Komparativ — Superlativ

Interview mit dem Berliner Berufsforscher Hermann Schmidt.
Schmidt, 61, ist seit 1977 Präsident des Bundesinstituts für Berufsbildung in Berlin.
Spiegel: Woche für Woche gehen Tausende von Arbeitsplätzen verloren. Welche Jobs haben in Deutschland noch Zukunft?
Schmidt: Die meisten neuen Stellen werden im Dienstleistungssektor entstehen. Im Jahr 2010 arbeiten nur noch rund 30 Prozent der Beschäftigten in der Industrieproduktion.
Spiegel: Welche Berufsgruppen werden dann besser dastehen?
Schmidt: Sicherheits-, Umwelt- und Pflegeberufe werden wichtiger, Freizeit-, Tourismusindustrie wachsen. Das stärkste Plus erwarte ich in der Informationsvermittlung — also nicht nur in klassischen Medienberufen, sondern auch bei Unternehmensberatern, Anwälten, Anlage- und Steuerexperten, Wirtschaftsprüfern oder Ausbildern
Spiegel: Wird das den aktuellen Stellenabbau ausgleichen?

Schmidt: Kurzfristig nicht. Langfristig wird der Pflege- und Gesundheitssektor dazu am stärksten beitragen, schon wegen der steigenden Zahl alter Menschen.

Spiegel: Bankberufe galten stets als besonders krisensicher, nun baut auch die Finanzbranche Stellen ab. Können Sie die Banklehre noch empfehlen?

Schmidt: Ja, aber nicht, weil bei den Banken viele neue Stellen entstehen. Der Beruf wird anspruchsvoller, immer mehr Bankangestellte haben Kontakt mit Kunden, müssen Informationen aufbereiten und vermitteln. Was den Menschen in einer Banklehre beigebracht wird, nützt in allen Wirtschaftsberufen.

Spiegel: Wer werden die Arbeitgeber der Zukunft sein?

Schmidt: Eher kleine Betriebe. Schon heute schrumpfen vor allem die Großen, bei Kleinen entstehen trotz Krise neue Arbeitsplätze. Besonders gute Aussichten haben Handwerksbetriebe, die als Dienstleister auftreten. Der Handwerksgeselle der Zukunft wird seine Kunden beraten müssen.

Spiegel: Worauf müssen sich die Arbeitnehmer noch einstellen?

Schmidt: Die klassische Festanstellung wird seltener. Auch in Zukunft werden die Unternehmen immer mehr Aufgaben auslagern — oft an Experten, die auf Honorarbasis arbeiten. Auch die lebenslange Arbeit in der gleichen Branche oder gar beim gleichen Arbeitgeber wird es immer weniger geben.

Spiegel: Was bedeutet das für Berufseinsteiger?

Schmidt: Eine breite Grundausbildung wird wichtiger. Generalisten haben, bis auf wenige Ausnahmen, bessere Chancen als Spezialisten.

Spiegel: Sind die Deutschen auf die Veränderungen am Arbeitsmarkt vorbereitet?

Schmidt: Absolut nicht. Bei der Erstausbildung stehen wir zwar im internationalen Vergleich ganz gut da. Aber bei der Weiterbildung müssen wir noch schwer zulegen.

Der Spiegel 5/94

Wörter

der Job, -s — работа
der Arbeitsplatz, -e — рабочее место
der Dienstleistungssektor, -en — сфера услуг
der Sicherheitsberuf, -e — профессия, связанная с безопасностью
der Umweltberuf, -e — профессия, связанная с окружающей средой
der Pflegeberuf, -e — профессия, связанная с уходом
die Informationsvermittlung — передача информации

der Unternehmensberater — аудитор
der Steuerexperte, -n — консультант по налогам
der Stellenabbau — сокращение рабочих мест
der Bankberuf, -e — банковская профессия
die Finanzbranche, -n — область финансов
der Arbeitgeber, — работодатель
der Arbeitnehmer — рабочий-наемник
die Aussicht, -en — перспектива
der Handwerksbetrieb, -e — ремесленное производство
der Dienstleister — подрядчик, лицо, оказывающее услуги
der Handwerkgeselle, -n — ремесленник
die Festanstellung, -en — штатное расписание
der Berufseinsteiger, — начинающий работник
die Grundausbildung — общее образование
der Generalist, -en — генералист, владеющий знаниями во многих областях
die Veränderung, -en — изменение
verlorengehen, ging verloren, verlorengegangen — теряться, исчезать
ausgleichen, i, i — выравнивать
beitragen, u, a — вносить вклад
gelten a, o — стоить
abbauen — сокращать
empfehlen, a, o — рекомендовать
aufbereiten — подготавливать
vermitteln — распространять
beibringen — представлять, обучать
schrumpfen — сокращаться, уменьшаться
auftreten, a, e — выступать
beraten, ie, a — советовать, консультировать
sich einstellen auf Akk. — ориентироваться, настраиваться
zulegen — добавлять
kurzfristig — краткосрочный
langfristig — долгосрочный

Übung 1. Hören Sie sich den Text an und übersetzen Sie.

Übung 2. Haben Sie den Inhalt des Textes richtig verstanden? Beantworten Sie folgende Fragen! Nehmen Sie zu den Behauptungen Stellung!

Tausende von Arbeitsplätzen in Deutschland gehen verloren, stimmt das?
In Zukunft werden Sicherheitsberufe, Umweltberufe und Pflegeberufe wichtiger. Wird der Bankberuf anspruchsvoller?

Kleine Betriebe sind in Zukunft die Arbeitgeber. Handwerksbetriebe haben keine guten Aussichten, stimmt das?
Man braucht mehr Experten, die auf Honorarbasis arbeiten. Die Festanstellung wird seltener.
Welche Ausbildung brauchen die Berufseinsteiger in Zukunft?
Die Deutschen sind auf diese Veränderungen gut vorbereitet. Sind Sie damit einverstanden?

Übung 3. Nennen Sie die Berufe der Zukunft.

Übung 4. Nennen Sie ein Synonym.

der Job	das Plus
abbauen	schrumpfen
der Arbeiter	

Übung 5. Nennen Sie ein Antonym.

der Arbeitgeber	weniger
kurzfristig	besser
der Generalist	seltener

Übung 6. Suchen Sie im Text Äußerungen mit einer Steigerungsstufe des Adjektivs (Adverbs) und übersetzen Sie.

Übung 7. Nennen Sie die Positiv-Form.

besser	seltener
wichtiger	mehr
weniger	das stärkste

Übung 8. Bilden Sie Wortverbindungen.

Muster: besser — Form = eine bessere Form   anspruchsvoll — Kunde =
wichtiger — Sache =   aktuell — Frage =
seltener — Fall =
kleiner — Gruppe =

Übung 9. Bilden Sie Äußerungen nach dem Muster, benutzen Sie dazu die Wortverbindungen von oben.

Muster: Diese Form ist besser

Übung 10. Inszenieren Sie einen Dialog. Sprechen Sie über die Tendenz der Entwicklung von Betrieben in Deutschland. Benutzen Sie dazu folgende Wörter:

Arbeitsplätze, Berufsgruppe, Unternehmensberater, verlieren, wichtiger, seltener, der Arbeitgeber, der kleine Betrieb, der Handwerksbetrieb, der Berufseinsteiger, eine breite Grundausbildung.

Grammatik: Ergänzungsfragen

Wer ist das?	Кто это?
Was ist das?	Что это?
Welche Jobs haben noch Zukunft?	Какие профессии имеют еще будущее?
Warum fragst du danach?	Почему ты об этом спрашиваешь?
Was für ein Text ist das?	Что это за текст?
Worauf warten wir noch?	Что мы еще ждем?

Übung 11. Suchen Sie im Text alle Ergänzungsfragen und übersetzen Sie.

Übung 12. Merken Sie sich : Wir beginnen eine Frage mit „Welche(r,s)", wenn wir die Wahl haben.

Vgl.: — Welche Berufsgruppen werden dann besser dastehen? — Sicherheits-, Umwelt- und Pflegeberufe werden wichtiger.

Übung 13. Merken Sie sich : Wir bilden ein Fragewort, indem wir das Wort „wo" und die Präposition bei dem Verb zusammensetzen.

Vgl.: sich interessieren für : — Wofür interessierst du dich? — Für diesen Job.

Bei Lebewesen tun wir es anders. — Für wen interessierst du dich? — Für Herrn Heinemann.

Übung 14. Bilden Sie Ergänzungsfragen von

warten auf Akk.   wählen von D.
arbeiten an D.   handeln von D.
schreiben an D.   schreiben über Akk.
         und beantworten Sie sie.

Muster : berichten von D. : — Wovon berichtet der Reiseleiter? — Von der Reise.

Übung 15. Inszenieren Sie ein Rollenspiel. Herr Heinemann ist Spezialist für Berufsbildung. Sie sind Journalist. Sie stellen ihm Fragen nach Jobs in Deutschland, nach Zukunftsberufen, künftigen Betriebsnormen, nach einer zukunftsgerichteten Ausbildung.

Thema N 2
EIN VORSTELLUNGSGESPRÄCH

Text N 1
IHR AUFTRITT, BITTE

Grammatik: 1) Imperativ — Höflichkeitsform; 2) Bedingungsnebensatz mit "wenn"

Die richtige Inszenierung für das Vorstellungsgespräch.

Vorbereiten
Robert macht sich mit jeder Rolle monatelang vertraut; alles für die Hoffnung, einen Oscar zu gewinnen. Sie haben die Chance, ein langfristiges Engagement in einem Unternehmen zu bekommen, wenn Sie es ihm nachmachen und sich optimal auf die alles entscheidende Vorstellung vorbereiten.

Informieren
Machen Sie es wie er. Schleichen Sie sich ein, verschaffen Sie sich alle wichtigen Informationen über Aktivitäten, Erfolg und Unternehmungskultur Ihres Wunscharbeitgebers. Wenn Sie in einer Bank arbeiten möchten, betreten Sie ruhig einmal die Schalterhalle als vermeintlicher Kunde. Üben Sie Method acting auch am Telefon: Die Presseabteilung schickt Ihnen sicher gerne Material, wenn Sie nur wichtig genug wirken. Den Vorteil schildert die Berliner Karriereberaterin Sabine Hertwig: "Aus Broschüren und Presseinformationen erfahren Sie, wie sich Unternehmen präsentieren, und können sich dann anpassen."

Vorsicht vor Verrat
"Wer seinen Lebenslauf zu sehr beschönigt, fällt sein eigenes Todesurteil. Wir befragen nämlich ehemalige Kollegen über die Bewerber."
Wolfgang Lichius, Kienbaum Personalberatung

Präsentieren
Ihre Rolle erfordert ein passendes Kostüm: seriös und gediegen oder auch flott, aber auf alle Fälle zum Stil des Unternehmens passend. Achtung: Primadonna ist immer noch der Personalchef! Vermeiden Sie es also, ihn mit Ihrem neusten Armani-Jackett in den Schatten zu stellen.

Gefallen
Ungünstig ist es auch, das gleiche Outfit wie auf dem Bewerbungsfoto zu tragen — es sei denn, es wird mit Humor getragen: "Ich habe wieder meine Lieblingskrawatte angezogen, damit Sie mich leichter einordnen können." Und Frauen sollten den Gang zum Maskenbildner abkürzen: Dicke Make-up-Schichten verstärken all die Vorurteile, die manche Personalchefs gegen weibliche Bewerber hegen.

Ankommen
Der Beginn der Vorstellung ist unumstößlich — für Sie jedenfalls. Wer zu spät kommt, den bestraft die Personalabteilung — viel mehr als zehn Minuten zu früh sollte man aber auch nicht erscheinen.

Inszenieren
Nach einem kurzen Eingangsgeplänkel ist Ihr erster Monolog zum Thema "Mein Werdegang" fällig.

Orientieren Sie sich nicht allzusehr an Faust: Emotionen sind zwar gefragt — weniger dagegen Ausführungen zu Sinn und Unsinn Ihres Studiums. Gehen Sie auf die Situation ein und verlieren Sie sich nicht in Details.

Überzeugen
Den weiteren Dialog bestimmt das Unternehmen. Der Personalentscheider schöpft dabei aus einem reichen Repertoire an Standardfragen, die sich in jedem guten Buch zum Vorstellungsgespräch finden. Ihre spontanen Antworten können Sie daher planen. Ihre Stärken? Seien Sie ehrlich, aber behalten Sie immer die Wünsche des Arbeitgebers im Auge.

Einstimmen
Jede Rolle sollte gründlich einstudiert sein — gerade beim Bewerbungsgespräch darf man keine Ausnahme machen. Pauken Sie keine Formulierungen ein, aber üben Sie ruhig einmal laut Antworten auf kritische Fragen — am besten in Gegenwart von Freunden, einem Kassettenrekorder oder einer Videokamera.

Begeistern
Irgendwann kommt dann der Rollentausch: Sie dürfen — und sollten Fragen stellen. Vermeiden Sie Bekanntes und Banales. Fragen Sie um Himmels willen nicht an dieser Stelle nach Urlaubsgeld oder Gleitzeit. Erlaubt ist Interesse an den Unternehmensstrategien, an Entwicklungsmöglichkeiten.

Wörter

das Engagement — определение на работу, наем
die Information, -en — информация, сведения, осведомление
der Vorteil, -e — польза, выгода
der Stil, -e — стиль
der Personalchef, -s — начальник отдела кадров
das Outfit, hier: Kleidung — внешний вид, одежда
das Vorurteil, -e — предрассудок, предубеждение
die Vorstellung, -en — зд.: представление, собеседование при приеме на работу
die Personalabteilung, -en — отдел кадров
das Eingangsgeplänkel — вводная беседа-знакомство
der Werdegang, -e — ход развития, зд.: автобиография
die Ausführung, -en — исполнение, выполнение
der Personalentscheider — принимающий на работу
der Wunsch, -e — пожелание
das Bewerbungsgespräch, -e — собеседование при приеме на работу
der Rollentausch, -e — смена ролей
das Urlaubsgeld — отпускные
das Erfolgsrezept, -e — рецепт успеха
sich vertraut machen mit — ознакомиться с чем-л.
nachmachen — подражать, следовать примеру
sich verschaffen — добиваться чего-л.
üben — упражнять
präsentieren — представлять
sich anpassen — приспосабливаться
erfordern — требовать
passen zu — подходить к чему-л.
erscheinen, ie, ie — появляться
sich orientieren an D — ориентироваться на что-л.
eingehen auf — входить (в положение дела)
im Auge behalten — иметь ввиду
einstudieren — заучивать
einpauken — зазубривать, натаскивать в чем-л.
vermeiden, ie, ie — избегать
fragen nach — спрашивать, справляться о чем-л.
sich zufriedengeben — довольствоваться чем-л.
einstellen — определять, зачислять на работу
überzeugen — убеждать кого-л. в чем-л.
einstimmen — соглашаться с чем-л.
ankommen, a, o — приходить, приезжать
abwarten — ждать ответа, выжидать

Übung 1. Hören Sie sich den Text an, übersetzen Sie ihn.

Übung 2. Wie würden Sie diesen Text betiteln und warum?

Übung 3. Welche Ratschläge für ein Vorstellungsgespräch enthält er, zählen Sie diese Tips auf.

Grammatik: Imperativ — Höflichkeitsform

---

1. **Machen Sie** es wie er! Делайте это, как он!
2. **Verlieren Sie** sich nicht in Details! Не углубляйтесь в детали!
3. **Seien Sie** ehrlich! Будьте честным!

Übung 4. Suchen Sie im Text Äußerungen im Imperativ und übersetzen Sie!

Übung 5. Übersetzen Sie.

Подготовьтесь хорошо к беседе (Vorstellung). Достаньте всю важную информацию о предприятии. Будьте активным и в телефонном разговоре. Не забывайте: часто девушка-секретарь — начальник отдела кадров (Personalchef). Не будьте слишком эмоциональны (emotional). Входите в ситуацию, не углубляйтесь в подробности (Einzelheiten). Будьте внимательны, слушайте собеседника (Sprechpartner). Ради бога, не спрашивайте его, сколько вы получите отпускных денег.

Grammatik: Bedingungsnebensatz mit "wenn"

---

1. Wenn Sie in einer Bank arbeiten möchten, betreten Sie ruhig ihre Schalterhalle.	Если Вы хотите работать в банке, спокойно переступите порог зала операций.
2. Sie haben Erfolg, wenn Sie sich an diese Regeln halten.	Вам будет сопутствовать успех, если Вы будете придерживаться этих правил.

Übung 6. Suchen Sie im Text Äußerungen mit "wenn" und übersetzen Sie.

Übung 7. Übersetzen Sie.

Если ты ищешь работу, иди к начальнику отдела кадров (Personalchef). Если ты хочешь работать в банке, то должен к этому (darauf) хорошо подготовиться. Избегайте банальностей (Banales), не говорите много, если вас не спрашивают об этом. Не будьте слишком эмоциональны (zu emotional), если это не необходимо. Не забывайте: рецепт успеха — внимательность. Говорливые чувствуют себя хорошо, если их слушают с интересом.

Übung 8. Ergänzen Sie die Äußerungen!
Beispiel : Ich gehe zur Bank, **wenn ich Geld brauche**.
Ich gehe zum Bäcker, ...   Ich bereite mich gut vor, ...
Ich gehe zum Personalchef, ...   Ich habe Erfolg, ...
Ich verschaffe mir alle Informationen, ...   Ich studiere meine Rolle gründlich ein, ...

Text N2

SYMPATHISCH, SICHER, SPRACHGEWANDT

Aus dem Beurteilungsbogen eines Personalchefs für das Vorstellungsgespräch

AUFTRETEN
sehr gehemmt, nervös, unbefangen, ausgeglichen, sehr selbstsicher

REDEGEWANDTHEIT
geringer Wortschatz, sehr schweigsam, formuliert nicht gut, spricht langsam, aber klar und deutlich, sehr gut und treffend

AUFFASSUNGSGABE
braucht mehr Erklärungen als andere, wirkt unkonzentriert, nicht immer schnell genug, erfaßt schnell das Wesentliche

EINSTELLUNG DES BEWERBERS ZUR POSITION
hätte lieber andere Position, sieht die Position nur als Übergangslösung, traut sich die Position nicht ganz zu, sehr positiv, hat großes Interesse

EIGNUNG VOM TYP HER
von nicht geeignet bis sehr gut geeignet

FACHKENNTNISSE
von nicht geeignet, branchenfremd bis hochqualifiziert

BERUFSERFAHRUNG
keine bis sehr viel Erfahrung

PERSÖNLICHER EINDRUCK DES INTERVIEWERS

mit dem Bewerber nicht zurechtgekommen, Bewerber war reserviert, kein Kontakt, zurückhaltend, aber nicht unsympathisch, sehr sympathisch, guter Kontakt

Quelle: Thieß/Volz. " Bewerber-Training",
Modul Verlag, Wiesbaden, 1994

Wörter

der Beurteilungsbogen — характеристика
das Vorstellungsgespräch, -e — собеседование-представление
die Auffassungsgabe — сообразительность, способность к усвоению
das Wesentliche — суть, главное
die Einstellung, -en — принятие на работу, зачисление
der Bewerber — претендент, кандидат
die Eignung, -en — (профессиональная) пригодность
die Fachkenntnis, -sse — специальное знание
die Berufserfahrung, -en — профессиональный опыт
der Eindruck, -e — впечатление
auftreten, a,e — поступать, выступать
sprachgewandt — красноречивый
gehemmt — зажатый, закомплексованный
unbefangen — непринужденный, непосредственный
ausgeglichen — уравновешенный
wirken — действовать, воздействовать
erfassen — схватывать, воспринимать
sich zutrauen — доверяться
geeignet — пригодный, подходящий
branchenfremd — профессионально непригоден
zurechtkommen — справляться с делом
reserviert — сдержанный, холодный
zurückhaltend — скрытный, молчаливый

Übung 1. Erstellen Sie einen Beurteilungsbogen für Ihren Mitarbeiter Kleist!

Beispiel : Mein Kollege ist ausgeglichen, ...

Übung 2. Sie mögen Ihren Kollegen nicht besonders. Warum?

Übung 3. Lesen Sie den "Fragebogen: Heinz Dürr" durch. Welche Eigenschaften von H. Dürr sind Ihnen sympathisch und welche nicht?

FRAGEBOGEN: HEINZ DÜRR

Der 60-jährige ist Vorstandsvorsitzender der seit Beginn dieses Jahres privatwirtschaftlich organisierten Deutschen Bahn AG und gleichzeitig erfolgreicher Unternehmer in der Lackieranlagen-Branche. In den Familienbetrieb stieg der gelernte Stahlbauschlosser 1957 nach einem Maschinenbaustudium ein. 1975 trat er die Nachfolge des ermordeten Hanns-Martin Schleyer als Chef der baden-württembergischen Metallunternehmer an, 1991 wechselte Dürr, der sich als Vorstandsvorsitzender bei AEG-Telefunken den Ruf eines fleißigen Sanierers erworben hatte, zur Deutschen Bunbesbahn. Der geborene Stuttgarter ist Vater dreier Töchter.

Freud und Leid

Was ist Ihre größte Hoffnung? *Daß Menschen sich wirklich für Frieden einsetzen.*
Wer oder was ist Ihre heimliche Leidenschaft? *Am Piano jazzen.*
Was ist Ihnen peinlich? *Wenn andere ausrasten.*
Welche kulinarischen Genüsse schätzen Sie besonders? *Linsen mit Spätzle und Rauchfleisch.*
Was treibt Sie zur Verzweiflung? *Fragen von Journalisten, die es eigentlich wissen müßten.*

Freund und Feind

Wem werden Sie ewig dankbar sein? *Meiner Frau.*
Was loben Ihre Freunde an Ihnen? *Sie haben es mir noch nicht gesagt.*
Wem möchten Sie auf keinen Fall in der Sauna begegnen? *Den meisten.*
Was sagen Ihre Feinde Ihnen nach? *Interessiert mich nicht.*
Wofür oder bei wem müssen Sie sich unbedingt noch entschuldigen? *Bin auf dem laufenden.*

Schein und Sein

Welche Ihrer Vorzüge werden verkannt? *Die meisten.*
Was war, was ist Ihr größter Erfolg? *An der Privatisierung der Bahn mitgewirkt zu haben.*
Was war Ihre dramatischste Fehlentscheidung? *Dramatisch war keine.*
Was sind Ihre verborgenen Schwächen? *Daß sie verborgen bleiben.*
Wie würden Sie einem Blinden Ihr Äußeres beschreiben? *Groß mit Brille.*

Denken und Lenken

Was würden Sie zuerst durchsetzen, wenn Sie einen Tag lang Deutschland regieren könnten? *An einem Tag läßt sich in Deutschland überhaupt nichts durchsetzen, wenn doch (gütige Fee): die Legisla-*

turperiode auf sieben Jahre verlängern, damit auch langfristige Problemfelder angegangen werden.
Wer wird Deutschland in zehn Jahren regieren? *Ein 40-jähriger Konservativer.*
Welcher Politiker flößt Ihnen Vertrauen ein? *Manfred Rommel.*
Wer sind für Sie die drei klügsten Köpfe unserer Zeit? *Karl Popper, Stephen Hawking, Max Frisch.*
Was ist Ihre Lebensphilosophie? *Besser ein kleines Licht anzünden, als über Dunkelheit schimpfen.*

Ewigkeit und Vergänglichkeit
Welchen Traum wollen Sie sich unbedingt noch erfüllen? *Handicap 16.*
Wo möchten Sie beerdigt werden? *Ist für mich nicht wichtig.*
Wer soll Ihre Grabrede halten? *Ein Mensch, der mich kannte.*
Welchen Satz erhoffen Sie sich darin? *Siehe Lebensphilosophie.*

Die Woche, 30.06.94

Übung 12. Sie sind Personalchef. Würden Sie einen Bewerber einstellen, der sehr gehemmt, nicht immer schnell genug, sehr selbstsicher ist, unkonzentriert wirkt, nur einen geringen Wortschatz hat, mehr Erklärungen als andere braucht?

Übung 13. Suchen Sie sich anhand des Textes Nr.2 Eigenschaften aus, die ein Bewerber für Ihr Unternehmen haben sollte.

Übung 14. Sie sind Personalchef. Beantworten Sie die Fragen ihres "Bosses" (Vorgesetzten) zur Person von Herrn Müller.

Ist Herr Müller nervös?
Erfaßt er schnell das Wesentliche?
Traut er sich die Position ohne Abstriche zu?
Ist er branchenfremd?
Hat er viel Erfahrung?
Sind Sie mit dem Bewerber zurechtgekommen?
Sie finden also, Herr Müller ist sehr gut geeignet?

Übung 15. Schreiben Sie aus dem Text Wörter, Wortverbindungen, die einen Bewerber negativ und positiv charakterisieren.

Übung 16. Inszenieren Sie einen Dialog. Sie sind Personalchef, Herr Smirnow ist ein Bewerber.

Übung 17. Entwerfen Sie ein Rollenspiel. Sie sind ein Bewerber. Sie möchten in einem Unternehmen arbeiten, das Autos vertreibt. Sie stellen sich beim Personal vor.

Übung 18. Merken Sie sich für Ihren Auftritt als Bewerber folgende Tips.

Bereiten Sie sich gut vor!
Informieren Sie sich gründlich!
Präsentieren Sie sich inhaltlich und optisch optimal!
Verspäten Sie sich nicht!
Seien Sie nicht so sehr emotional!
Behalten Sie immer die Wünsche des Personalchefs im Auge!
Vermeiden Sie beim Reden Bekanntes und Banales!
Denken Sie daran: Aufmerksamkeit ist ein Teil des Erfolgsrezepts!

Thema N 3
DIENSTLEISTUNGEN

Text N 1
VERKEHR

Eine moderne Industriegesellschaft benötigt ein hochentwickeltes Verkehrssystem. Es sichert den Menschen die uneingeschränkte Bewegung, erleichtert ihnen die Wahl des Wohnorts und des Arbeitsplatzes und trägt zum Abbau ungleicher Lebensbedingungen bei. Industrie, Gewerbe und Handel können nur mit einem gut ausgebauten Verkehrsnetz ihre Leistungskraft und die erforderliche Flexibilität entfalten.

Die Verkehrsträger. Privatautos befördern die meisten Personen in Deutschland. Gemessen in Personenkilometern brachten es Bus, U-Bahn und Straßenbahn 1991 auf 84, die Eisenbahn auf 57 und das Flugzeug auf 18 Milliarden Personenkilometer. Im Güterverkehr lagen die Lastkraftwagen mit 203 Milliarden Tonnenkilometern vorn. Die Eisenbahn folgte mit 81, die Binnenschiffahrt mit 55 Milliarden Tonnenkilometern.

Die Bundesbahn und die Deutsche Reichsbahn. Die Eisenbahn bleibt als ein besonders umweltfreundliches Verkehrsmittel für die Beförderung vor allem von Massengütern, für den kombinierten Verkehr sowie den Personenverkehr unverzichtbar. Im Westen hat die DB 1991 ihre ersten neuen Hochgeschwindigkeitsstrecken in Betrieb genommen. Sie ermöglichen den neuentwickelten ICE-Zügen Geschwindigkeiten bis zu 250 km/h. Weitere Hochgeschwindigkeitsstrecken sind geplant. Die neuen Strecken zwischen Hannover und Würzburg sowie Mannheim-Stuttgart machen die Bahn besonders für Geschäftsreisende noch attraktiver. Ziel ist, auf Strecken bis zu 500 km Reisenden eine Alternative zum Flugzeug oder Auto zu bieten. Schon 1971 hatte die Bahn die Intercity-Züge eingeführt. Seit 1991 verkehren täglich mehr als 630 Fernzüge, die über 250 Städte erreichen. Eine wichtige Funktion hat die Bahn im öffentlichen Nahverkehr der wirtschaftlichen Ballungsräume. Attraktive Angebote sollen möglichst viele Autofahrer zum „Umsteigen' auf öffentliche Verkehrsmittel bewegen; das wäre auch ein Beitrag zum Umweltschutz. In den vergangenen Jahren investierte die öffentliche Hand Milliardenbeträge in den Aus- und Neubau von Schnellbahnnetzen in Berlin und Hamburg, im Ruhrgebiet, in Frankfurt am Main, Köln, Nürnberg, Stuttgart und München. Die S-Bahnen werden ergänzt durch U-Bahnen, Straßenbahnen und Busse. Bewährt hat sich der „Verkehrsverbund", der in fast allen Ballungsräumen die öffentlichen Verkehrsträger miteinander verzahnt und die Nutzung aller Verbundverkehrsmittel mit ein und derselben Fahrkarte erlaubt.

Die Straße. Auf Deutschlands Straßen fahren mehr Autos als je zuvor. 1992 waren rund 45 Millionen Fahrzeuge zugelassen, darunter 39 Millionen Personenkraftwagen (1950 gab es in der alten Bundesrepublik erst 1,9 Millionen, 1986 rund 31,7 Millionen Zulassungen). Das Straßennetz für den überörtlichen Verkehr hat eine Länge von über 226000 km (1992), davon sind mehr als 11000 km Autobahnen. Damit hat Deutschland nach den USA das längste Autobahnnetz der Welt. Auf den weitaus meisten deutschen Straßen gelten abgestufte Geschwindigkeitsbeschränkungen. So ist für Bundesstraßen eine Höchstgeschwindigkeit von 100 km/h die Regel, während innerorts nur 50 km/h, in Wohngebieten oft nur 30 km/h erlaubt sind. Nur ein Teil der Autobahnen kennt keine Geschwindigkeitsbegrenzungen.

Für viele ist das Auto weiterhin unentbehrlich für den Weg zur Arbeit; andere wollen in der Freizeit nicht darauf verzichten. Der schnelle Gütertransport von Tür zu Tür ist ohne Lastkraftwagen nicht möglich. Das Kraftfahrzeug bleibt auch in Zukunft ein Hauptverkehrsmittel.

Die Luftfahrt. Die hohen Zuwachsraten im internationalen Luftverkehr stellen auch in Deutschland steigende Anforderungen an Flughäfen und Flugsicherung. 1992 wurden auf den deutschen Flughäfen über 88 Millionen Fluggäste registriert. Dazu kamen fast 1,5 Millionen Tonnen Luftfracht. Der größte Flughafen ist Frankfurt am Main; er ist auch einer der wichtigsten in Europa. Weitere Flughäfen in Deutschland sind u.a. Berlin-Tegel und Berlin-Schönefeld, Bremen, Düsseldorf, Dresden, Erfurt, Hamburg, Hannover, Köln/Bonn, Leipzig, München, Nürnberg, Saarbrücken und Stuttgart.

Die Deutsche Lufthansa gehört zu den bedeutenden internationalen Fluggesellschaften. Sie beförderte 1992 rund 26,9 Millionen Passagiere. Zu ihrer Flotte zählen rund 220 moderne Maschinen. Im Ferienflugverkehr benutzen jährlich über 15 Millionen Passagiere die Gesellschaften Condor, LTU, Hapag-Lloyd, Aero-Lloyd, Germania und kleinere Charterunterneh-

men. Rund 100 internationale Luftverkehrsgesellschaften fliegen im regelmäßigen Linienverkehr die deutschen Flughäfen an. Von dort aus bestehen direkte Flugverbindungen zu rund 200 Zielen in mehr als 90 Ländern.
Die deutschen Flughäfen werden in privatrechtlicher Form betrieben, wobei die öffentliche Hand die Kontrolle ausübt.

Erleben Sie einen unvergeßlich schönen Urlaubstag — an Bord eines KD-Schiffs.
Wenn einer eine Reise tut, dann erwartet ihn bei einem Schiffsausflug mit der KD das reinste Vergnügen. Schon die tolle Aussicht auf die herrlichen Landschaften ist ein Erlebnis — ganz gleich, ob Sie sich auf dem Sonnendeck oder lieber in einem der gemütlichen Salons vergnügen. Kinderfreundliche und großzügige Decks bieten Ihnen jede Menge Abwechslung, selbst bei schlechtem Wetter ist für gute Laune gesorgt.

Der Rhein. Von Köln bis Koblenz. Von Koblenz bis Mainz. Romantik, wohin man schaut. Höhepunkte, Tips, Anregungen.
Warum ist die Loreley so schön?
Kommen Sie an Bord eines KD-Ausflugsschiffes. Und werfen Sie einen Blick auf die trutzige Marksburg und die Rosenstadt Braubach, bevor Sie in St. Goarshausen an Land gehen. Ein Bus fährt Sie direkt zur Loreley. Wenn Sie hoch oben auf dem Felsplateau stehen, dann wissen Sie, warum die Loreley so schön ist: Sie haben die herrlichsten Aussichten auf das gewundene Rheintal tief unten.

Die Mosel mal ganz anders erleben.
Das Moseltal ist auch heute noch ein Fleckchen Erde voll verträumter Romantik. Die reizvollste Art, die Schönheiten dieser Landschaft zu erleben: eine Fahrt mit dem KD-Schiff. Ob Sie nun bis Winningen, Brodenbach oder weiter bis Cochem fahren, Sie werden begeistert sein. Denn an Bord eines KD-Schiffes wird jede Moselfahrt zum unvergeßlichen Erlebnis.

Kreuzfahrten auf Rhein, Main, Mosel, Neckar, Elbe und Donau.
Wenn Sie mehr Zeit haben und die Schönheiten der Städte und Flußlandschaften an Rhein, Mosel, Neckar, Main, Elbe und Donau höchst komfortabel kennenlernen möchten, sind unsere Kreuzfahrten genau das richtige Angebot für Sie.
Reisen von 3 bis 9 Tagen, Unterbringung in Außenkabinen (Dusche/WC, Klimaanlage, Radio, Telefon), hochwertige Bordverpflegung mit 4—5 Mahlzeiten pro Tag, zuvorkommender Service. Genießen Sie es, sich mal einige Tage so richtig verwöhnen zu lassen, interessante Menschen kennenzulernen und — ohne tägliches Kofferpacken — die reizvollsten Orte und Gegenden auf höchst bequeme Weise neu zu entdecken.

Unser Kreuzfahrt-Programm:
Rhein: 3-8tägige Reisen zwischen Amsterdam/Rotterdam und Straßburg/Basel.
Mosel: 3-4tägige Reisen zwischen Frankfurt und Trier bzw. Trier und Köln.

Neckar: 7—8tägige Reisen zwischen Köln/Trier/Würzburg und Stuttgart.
Main: 8-tägige Reisen zwischen Würzburg und Trier.
Elbe: 4—8tägige Reisen zwischen (Hamburg) Lauenburg und Litomerice (Prag).
Donau: 7—8tägige Reisen zwischen (Nürnberg) Dietfurt und Budapest.

Wörter

das Verkehrssystem, -e — транспортная система
die Leistungskraft, -e — производительная сила
die Flexibilität — изменяемость
das Privatauto, -s — личный автомобиль
der Bus, -se — автобус
die U-Bahn, -en — метро
die Eisenbahn, -en — железная дорога
das Flugzeug, -e — самолет
das Lastkraftwagen — грузовой автомобиль
die Binnenschiffahrt — речное судоходство
das Verkehrsmittel — транспортное средство
der ICE-Zug, -e — междугородний экспресс
der Geschäftsreisende, -n — командированный
der Intercity-Zug, -e — междугородний поезд
die S-Bahn, -en — электричка
der Ballungsraum, -e — район концентрации больших городов
das Fahrzeug, -e — автомобиль
der Personenkraftwagen — легковой автомобиль
die Autobahn, -en — автобан
die Geschwindigkeitsbegrenzung, -en — ограничение скорости
der Lastwagen — грузовик
der Luftverkehr — авиация
der Fluggast, -e — пассажир самолета
die Lufthansa — Люфтганза
die Fluggesellschaft, -en — авиакомпания
die Flugverbindung, -en — воздушное сообщение
der Flughafen — аэропорт
sichern — обеспечивать, гарантировать
beitragen u, a, zu — вносить вклад

entfalten — развертывать
befördern — перевозить, транспортировать
unverzichtbar sein — быть неотъемлемым
in Betrieb nehmen — принять в эксплуатацию
verkehren — курсировать, совершать рейсы
bewegen, o, o — побуждать, склонять
sich bewähren — оправдывать надежды
verzahnen — сцеплять, соединять друг с другом
verzichten — отказываться
gehören — принадлежать
benutzen — использовать
betreiben, ie, ie — вести работу
das KD-Schiff, -e — теплоходы пароходства Кельн-Дюссельдорф
der Schiffsausflug, -e — прогулка на теплоходе
das Vergnügen — удовольствие
das Erlebnis, -se — переживание, впечатление
der Tip, -s — указание, намек, совет
die Anregung, -en — побуждение
die Aussicht, -en — вид
erleben — переживать
die Kreuzfahrt, -en — круиз
genießen, o, o — наслаждаться
die Gegend, -en — местность

Übung 1. Hören Sie sich den Text an.

Übung 2. Beantworten Sie die folgenden Fragen zum Inhalt des Textes.
Welche Verkehrsträger sind da genannt?
Welche Verkehrsmittel kann man zu Lande benutzen?
Welche Luftverkehrsmittel sind Ihnen bekannt?
Welche Verkehrsmittel zu Wasser gibt es?

Übung 3. Beantworten Sie die folgenden Fragen zum Textteil "Bundesbahn".
Warum ist die Eisenbahn als Verkehrsmittel so beliebt und wichtig?
Wie heißen die neuentwickelten Züge in Deutschland?
Wie schnell fahren sie?
Wieviel Fernzüge verkehren täglich in Deutschland?
Wieviel Städte verbinden sie?

Wie heißt die Eisenbahn zwischen Hamburg und Berlin, die gerade gebaut wird?

Übung 4. Beantworten Sie die folgenden Fragen zum Textteil "Die Straße".

Wieviel Personen befördern Privatautos in Deutschland?
Wieviel Autos hatte Deutschland 1992?
Welche Länge haben Autobahnen in Deutschland?
Gibt es auf deutschen Autobahnen Geschwindigkeitsbeschränkungen?
Warum ist das Auto bei Deutschen so beliebt?
Welche Automarken "made in Deutschland" kennen Sie?

Übung 5. Beantworten Sie die folgenden Fragen zum Textteil "Die Luftfahrt (In der Luft)".

Wie heißt die führende und größte Fluggesellschaft Deutschlands?
Wie viele Maschinen hat diese Gesellschaft?
Wie heißen die weiteren Fluggesellschaften Deutschlands?
Wie viele Fluggäste wurden 1992 registriert?
Wo liegt der größte Flughafen in Deutschland?
Wie heißt der zweitgrößte Flughafen Deutschlands?
In welchen Städten gibt es außerdem Flughäfen?

Übung 6. Beantworten Sie die folgenden Fragen zum Textteil "Die Schiffahrt" (Zu Wasser).

Waren Sie schon mal in Deutschland?
Haben Sie schon einen Schiffsausflug mit der KD (Köln-Düsseldorfer Linie) gemacht?
Bei welcher Stadt mündet die Mosel in den Rhein?
Woher ist Ihnen der Name "Mosel" außerdem bekannt?
Wo liegt die Loreley?
Warum ist diese Stätte so berühmt?

Übung 7. Suchen Sie im Text Äußerungen mit Aufforderungen und übersetzen Sie diese.

Übung 8. Übersetzen Sie folgende Aufforderungen ins Russische!

Kommen Sie zeitig zur Sprechstunde!
Bleiben Sie bei der Sache!
Lassen Sie sich nicht ablenken!
Passen Sie gut auf!

Übersetzen Sie diese Stelle ohne Wörterbuch!
Teilen Sie die Lehrbücher aus!
Sammeln Sie die Kontrollarbeiten ein!

Übung 9. Suchen Sie im Text alle Äußerungen mit "wenn" und übersetzen Sie diese.

Übung 10. Übersetzen Sie folgende Sätze ins Deutsche.

Если вы устали (müde sein), отдохните, пожалуйста.

Если вы выполнили контрольную работу (machen), сдайте ее, пожалуйста (abgeben).

Если вы не понимаете это место в тексте, обращайтесь к преподавателю (sich wenden an Akk.)

Если вы не понимаете это высказывание, используйте словарь.

Если вам нравится путешествовать на поезде, поезжайте этим поездом.

Если у вас больше времени, наслаждайтесь этим видом (Aussicht).

Übung 11. Beantworten Sie die nachfolgenden Fragen nach dem Muster.

Muster : — Liest du viel? — Ja, wenn ich freie Zeit habe.
Reist du viel?
Magst du Autos?
Benutzt du dein Auto oft?
Fährst du auch im Winter Auto?
Machst du mit uns eine Reise nach Sankt-Petersburg?
Fährst du mit der Bahn?

Übung 12. Inszenieren Sie einen Dialog zum Thema "Ab morgen mache ich eine Geschäftsreise".

Übung 13. Rollenspiel. Sie sind ein russischer Student und studieren Wirtschaft. Sie sind mit einem Jungen aus Deutschland befreundet. Nun ist er in Russland. Er ist von Frankfurt/Main nach Sankt Petersburg geflogen und von dort mit der Bahn in Ihre Stadt gefahren. Fragen Sie ihn, ob er eine gute Reise hatte, wie der Service war, wie er russische Eisenbahnen findet u.s.w.

Text N 2

GESCHÄFTSREISEN

Leistungen vor, während und nach der Reise
Deutschland – Schienenland. Eine Infrastruktur, die sich rechnet. Wer beruflich unterwegs ist, kann sie voll nutzen. Vor, während und nach der Fahrt wartet die Deutsche Bahn AG mit Leistungen auf, die auch Ihrem Geschäft gut bekommen.
Das beginnt mit der Information vor der Reise. Mit persönlicher Beratung, telefonischer Auskunft oder online auf Ihrem PC. Egal, auf welchem Kanal Sie mit uns kommunizieren, wir informieren Sie umfassend –über Verbindungen, Preise, Angebote und Rundum-Service.
Während Ihrer Geschäftsfahrt können Sie sich auf eines der modernsten Zugsysteme Europas verlassen. Im Zusammenspiel von Intercity-Express, Inter city / Eurocity und Interregio sind Sie in ganz Deutschland präsent. Im festen, leicht merkbaren Stunden- oder Zwei-StundenTakt. An Bord Komfort, wie Sie ihn sich wünschen. Vom Am-Platz-Service über Bord-Restaurant und Bistro-Cafe bis zum Konferenzabteil mit Business-Ausstattung.
Auch nach Ihrer Ankunft – immer mitten in der City – ist die Deutsche Bahn weiter für Sie da. Auf Wunsch wartet beispielsweise ein Mietwagen am Bahnhof oder ein 3-Sterne-Zimmer im Intercity-Hotel auf Sie.

Bahnhof
Die Bahnhöfe in Deutschland sind Verkehrsstationen mit vielfältigen Kommunikations- und Dienstleistungsangeboten.

Öffnungszeiten: Große Fernbahnhöfe haben sieben Tage die Woche rund um die Uhr geöffnet. Die Fahrkartenausgaben und Reisezentren der großen Bahnhöfe sind vom frühen Morgen bis in den späten Abend für Sie da – auch am Wochenende.
Fahrscheinkauf: In den Reisezentren, Fahrkartenausgaben, oder am Fahrkartenautomat.
Serviceangebote: Schließfächer, Kofferkulis, Mietwagen, Warteräume, Sanitäreinrichtungen, Fundbüro, Behindertenbetreuung, Fahrradvermietung.
Einkauf und Dienstleistung: In den großen Bahnhöfen vom frühen Morgen bis zum späten Abend – von Bäcker und Buchhändler bis Friseur und Post.
Gastronomie: Restaurants und Snackbars in allen großen Bahnhöfen.
Tagungen und Konferenzen: Intercity-Hotels in Bahnhofsnähe und Intercity-Restaurants im Bahnhof, wie z. B. der Intercity-Treff (im Hauptbahnhof Frankfurt/M.), sind für Besprechungen, Tagungen und Konferenzen ausgestattet.

Bordgastronomie
Für Ihr Wohl an Bord ist bestens gesorgt.

Am-Platz-Service
In der 1. Klasse aller ICE und EC/IC können Sie beim Zugteam Getränke oder Snacks bestellen, die dann am Platz serviert werden. In der 2. Klasse ist die Minibar unterwegs.

Bord-Restaurant
Lassen Sie sich bedienen: Im ICE, EC/IC und Intercity-Night bieten die Restaurants ein großes, stets wechselndes Angebot an erstklassigen, frischen Speisen (oft auch regionale Spezialitäten) und ausgesuchten Getränken.

Bistro
Die Alternative zum Bord-Restaurant mit Selbstbedienung: Im ICE, EC/IC "Bord-Treff", im IR "Bistro-Cafe" oder im Intercity-Night "Bistro" erwarten Sie Kaffee, Zapfbier und ausgesucht frische Snacks. Im ICN-Bistro auch Frühstücksbuffet.

Fahrkartenausgaben/Reisezentren
Information, Beratung und Verkauf.
Fahrscheine und Serviceleistungen: Informieren, beraten, reservieren, Zimmer in Intercity-Hotels buchen und Tickets verkaufen — die Mitarbeiter in den Fahrkartenausgaben und Reisezentren der Bahnhöfe stehen zu Ihrer Verfügung. Schnelle Abwicklung durch Direktverbindung zum EDV-System der Deutschen Bahn.
Öffnungszeiten: In den großen Bahnhöfen von frühmorgens bis in den späten Abend — auch am Wochenende.
Express-Schalter: In größeren Bahnhöfen für eilige Kunden, die wissen, was sie wollen. Nur Fahrscheinverkauf!
1.-Klasse-Schalter: First-Class-Service mit schneller Kundenbedienung. In großen Bahnhöfen.

Fahrkartenautomaten
Mit Selbstbedienung schneller zum Ticket.
Neu im Fernverkehr: Innerhalb von Verkehrsverbünden und im Nahverkehr der Deutschen Bahn haben sich Ticketautomaten bewährt. Für den Fernverkehr wurden neue Systeme entwickelt. In Mannheim, Stuttgart und Frankfurt/M. Werden diese zur Zeit getestet. In Mannheim und Stuttgart Bezahlung mit Eurocheque- oder VISA-Karte einschließlich BahnCard.

Buchen, reservieren und kaufen: Allen, die noch nicht wissen, mit welchem Zug sie reisen wollen, unterbreitet der Automat Angebote auf Basis der Fahrplanauskunft, sichert die Platzreservierung inklusive Zuschläge und stellt ihr Ticket aus.

Flughafen
Mit dem Zug zum Flug
Nummer Sicher: Airports in ganz Deutschland sind mit öffentlichen Verkehrsmitteln direkt vom Bahnhof aus zu erreichen. Der Flughafen Frankfurt/M. hat einen eigenen IC-Anschluß und ist wie die Flughäfen Düsseldorf, München, Berlin-Schönefeld und Stuttgart an das S-Bahn-Netz angeschlossen. Die Flughäfen Berlin-Tegel, Bremen, Dresden, Hamburg, Hannover, Köln/Bonn, Leipzig/Halle, Münster/Osnabrück und Nürnberg sind von den Bahnhöfen aus mit Straßenbahn und Bus verbunden.

Gepäck
Service, der es Ihnen leichter macht.

Kofferkuli
Rollen statt tragen: In den Bahnhöfen können Sie für 1 oder 2 Mark Pfand den Kofferkuli nutzen.

Schließfächer
Im Zug und im Bahnhof: Im ICE und Interregio können Sie Ihr Handgepäck in Schließfächern sicher deponieren. Auch im Bahnhof gibt es diese Form der Gepäckaufbewahrung.

Intercity-Hotel
Immer in Bahnhofsnähe — immer auf Business-Niveau.
In 16 deutschen Städten finden Sie Intercity-Hotels: 3-Sterne-Komfort in angenehmem Ambiente zu vernünftigen Preisen.
Vorteilhaft: Gastronomische Versorgung, Konferenzräume, Fax, Kopierer rund um die Uhr, Arbeitsecken in den Zimmern, Ihr Zimmerausweis ist gleichzeitig Ticket für Busse und Bahnen der jeweiligen Stadt.
Reservierung und Information: Fahrkartenausgaben der Deutschen Bahn und Reisebüros mit DB-Lizenz.

Intercity-Express (ICE)
Das Hochgeschwindigkeits-System.
Kurze Reisezeiten: Im Ein- und Zwei-Stunden-Takt. In einem Netz, das die wichtigsten Städte des Landes verknüpft. An Bord höchster Komfort und Service. Der ICE ist Deutschlands beliebtester-Zug.

ICE-Kurzdaten:

Voll klimatisiert	Audio am Platz (3 Radio-, 3 Bordprogramme)
Geschwindigkeit bis 280 km/h	
Konferenzabteil	25 Videoplätze (monatlicher Programmwechsel), 2 Videoprogramme
Schließfächer	
2 Kartentelefone	Eurosignal
Anrufbar	BordInformationssystem
Telefax	Zeitschriften
Arbeitstische im Großraumbereich	Rollstuhlstellplätze
Bord-Restaurant und Bord-Treff	Behindertengerechtes WC
Am-Platz-Service (1.Klasse)	Wickeltisch

Information: Über Ankunfts- und Abfahrtszeiten des ICE, Umsteigemöglichkeit entlang dem Zuglauf und Serviceeinrichtungen informiert Sie das Faltblatt "Ihr Fahrplan", das am Platz ausliegt.

Wörter

der Hauptbahnhof, -e — центральный вокзал
das Schienenland — страна железных дорог
der Geschäftspartner — деловой партнер
die Leistung, -en — зд.: услуга
der Komfort, -s — комфорт, удобство
die Ankunft, -e — прибытие
das 3-Sterne-Zimmer — трехзвездный номер
das Dienstleistungsangebot, -e — предложение по оказанию услуг
die Fahrkartenausgabe, -n — билетная касса
der Fahrscheinkauf, -e — покупка проездных билетов
der Fahrkartenautomat, -en — автомат по продаже проездных ~~документов~~ *билетов*
das Serviceangebot, -e — обслуживание, сервис
das Schließfach, -er — автоматическая камера хранения
der Kofferkuli, -s — тележка для багажа
der Mietwagen — автомобиль на прокат
das Fundbüro, -s — бюро находок
die Fahrradvermietung, -en — прокат велосипедов
das EDV-System — электронно-вычислительная система
der Express-Schalter — экспресс-касса
das Ticket, -s — билет
der Fernverkehr — дальнее сообщение
das Zugteam, -s — поездная бригада

das Getränk, -e — напиток
die Platzreservierung, -en — резервирование мест
der Airport, -s = der Flughafen — аэропорт
das Pfand, -e — залог
die Gepäckaufbewahrung, -en — ручная камера хранения
der Ein-Stunden-Takt, -e — расстояние между остановками в 1 час
die Versorgung, -en — снабжение, обеспечение
das Kartentelefon, -e — карточный телефон
die Geschwindigkeit, -en — скорость
die Abfahrt, -en — отправление
die Umsteigemöglichkeit, -en — возможность пересадки
nutzen — использовать
aufwarten — ожидать
der PC — персональный компьютер
sich verlassen auf — полагаться на что-либо
beraten, i, a — советовать, давать консультации
zur Verfügung stehen — находиться в распоряжении
sich bewähren — оправдывать надежды
bestellen — заказывать
bieten, o, o — предлагать
buchen — бронировать
ausstellen — выставлять
erreichen — достигать

Übung 1. Lesen Sie den Text durch, übersetzen Sie ihn ins Russische.

Übung 2. Nennen Sie die Synonyme.

der Tip
die Fahrkartenausgabe
der Fahrschein

der Flughafen
nutzen
buchen

Übung 3. Nennen Sie die Antonyme.

die Abfahrt
kaufen

der Fernverkehr
abfahren

Übung 4. Überlegen Sie sich, was folgende Bezeichnungen bedeuten.

der Geschäftspartner
das Schließfach
der Kofferkuli
der Express-Schalter

das 3-Sterne-Zimmer
der Ein-Stunden-Takt
rund um die Uhr

Übung 5. Beantworten Sie folgende Fragen zum Textteil "Bahnhof".
Wann werden große Bahnhöfe in Deutschland geöffnet?
Wo kann man Fahrscheine kaufen?
Welche Serviceangebote bietet normalerweise ein Bahnhof?
Welche Dienstleistungen gibt es noch in Bahnhöfen?
Wo können Sie einen Fahrschein kaufen, wenn Sie es eilig haben?
Kann man im Zug Getränke und Essen bestellen?
Wo kann man Tickets buchen lassen?
Was können Sie nutzen, wenn sie ein schweres Gepäck haben?
Was versteht man unter "Intercity-Express (ICE)?
Welchen Komfort gibt es in so einem ICE-Zug?

Übung 6. Schauen Sie sich den Fahrschein an und beantworten Sie die unten folgenden Fragen.

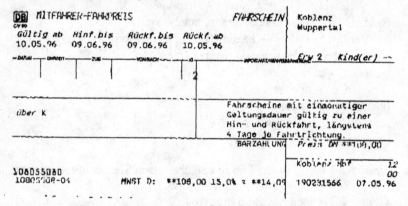

1. Für wieviel Personen ist der Fahrschein gültig?
2. Wie lange ist seine Geltungsdauer?
3. Kann der Fahrschein für Hin- und Rückfahrt benutzt werden?
4. Wieviel kostet die Fahrt von Koblenz bis Wuppertal und zurück?
5. Ab wann und bis wann kann man den Fahrschein benutzen?

Übung 7. Lesen Sie den Werbungstext der Deutschen Bahn und sagen Sie, welche Vorzüge der neue Doppelstockwagen bietet.

Doppelstockwagen.
Der Einsatz der neuen Doppelstockwagen macht deutlich: Die Deutsche Bahn AG investiert intensiv in den Nahverkehr. Das Schienenangebot in der Region erfährt damit eine neue Qualität. Welche Vorzüge bieten Ihnen die Doppelstockwagen im einzelnen?

Komfort und stattliche Ausstattung.
Der neue Doppelstockwagen hat im Vergleich zum herkömmlichen Regionalzugwagen 50 Prozent mehr Sitzmöglichkeit. Dies bedeutet z.B. in der Rush-hour weniger Streß und Mühe für die Fahrgäste. So kommt ein Vorteil zu anderen.

Zügiges Ein- und Aussteigen dank der fast 2 m breiten Schwenkschiebetüren — auch bei starkem Andrang.

Das Wageninnere wurde im Design-Center der Deutschen Bahn AG getestet und erfüllt alle ergonomischen Ansprüche. In jedem der komfortablen Sitze ist eine funktionsgerechte Armlehne integriert.

Die Fahrgäste können sich gegenüber oder hintereinander setzen — aber auch Einzelplätze stehen zur Verfügung.

Zur mühelosen Gepäckunterbringung dienen die durchgehenden geräumigen Längsablagen unter dem Wagendach.

Problemlos lassen sich auch Fahrräder, Rollstühle und Kinderwagen in den mit Klappsitzen ausgestatteten Mehrzweckräumen unterbringen.

Die neuentwickelte Luftfederung führt zu spürbar mehr Fahrkomfort. Und die leistungsfähige Klimaanlage sorgt selbst bei voll besetztem Zug und an heißen Tagen für angenehme Temperaturen.

Übung 8. Lesen Sie die Werbung der Lufthansa durch. Formulieren Sie die Grundgedanken der Werbung.

Lufthansa
"Lufthansa sieht sich als Teil eines integrierten Verkehrssystems in Europa. Jeder Verkehrsträger" — so heißt es in einem internen Papier der strategischen Konzernentwicklung — "hat Stärken und Schwächen. Das integrierte Verkehrssystem muß die systembedingten Stärken der einzelnen Verkehrsträger in ihren natürlichen Märkten nutzen. Auf dieser Basis kann eine Optimierung der Verkehrsabläufe erreicht werden."

Zugegeben, das klingt sehr theoretisch. Aber praktisch bedeutet es etwas ziemlich Revolutionäres: Lufthansa will nicht Geschäft um des Geschäfts willen, sondern eine vernünftige Balance. So überlassen wir Kurzstrecken, wie von Frankfurt nach Nürnberg, Köln oder Stuttgart, möglichst bald der leistungsfähigen Schiene. Bahn, Auto oder Schiff sind für uns nicht Konkurrenten, sondern verhalten sich komplementär. Wir konzentrieren uns auf das, was sinnvoll nur Flugzeuge können. Wollen Sie mehr erfahren? Wir senden Ihnen gerne unsere ausführliche Information "Ortswechsel — Mobile Balance" zu.

Lufthansa Konzernkommunikation, Postfach, 60158 Frankfurt, Telefon 01812/323130

Text N3a
INDIVIDUELLE KOMMUNIKATION UND MASSENMEDIEN

Für den Geschäftsmann unseres Jahrhunderts gibt es verschiedene Möglichkeiten der Kommunikation, wobei die älteste Form, das persönliche Gespräch zwischen Verkäufer und Käufer relativ wenig mehr benutzt wird. Die Post leistet schnelle und zuverlässige Dienste in der Beförderung von Briefen. Bei großer Eile kann man bei ihr ein Telegramm aufgeben oder telefonieren oder, wenn man ans Fernschreibenetz angeschlossen ist, kann man, so schnell wie übers Telefon, z.B. Aufträge erteilen oder bestätigen und sofort die Dokumente zur Geschäftsabwicklung mitliefern. Telefax unterscheidet sich vom Telegramm nur durch eine höhere *Übertragungsgeschwindigkeit*. Die neueste Technik erlaubt durch Telefax auch die schnelle *Fernübertragung* eines Bildtextes.

Ohne den Computer ist das moderne Geschäftsleben kaum noch vorstellbar. Er kann durch seinen Schreibautomaten in Massen Briefe herstellen, die so aussehen, als ob sie an jeden Adressaten persöhnlich geschrieben wären. Der Computer speichert und verarbeitet Daten und kann durch Telefonleitungen an zentrale Datenbanken angeschlossen sein. Auf diese Weise kann z.B. ein Reisebüro in Sekunden feststellen, ob für einen bestimmten Flug noch Plätze zu haben sind. Eine an eine zentrale Datenbank angeschlossene *Vorverkaufsstelle* für Theater- und Konzertkarten braucht nicht mehr zu telefonieren, um herauszufinden, ob es für eine bestimmte *Vorstellung* noch Karten gibt, usw. Man kann die erwünschte Information *durch den Druck weniger Tasten* sofort auf den eigenen *Bildschirm* projizieren.

Die Deutsche Bundespost nimmt in der Rangliste der größten Gewinner, der größten Investoren und der größten Arbeitgeber den ersten Platz ein. 1987 beschäftigte sie 552625 Dienstkräfte. Die DBP wird von der Bonner Regierung verwaltet, mit einem Postminister an der Spitze.

Es hat nie ein Monopol in der Paketpost gegeben. Ein Drittel ist schon immer von der Bundesbahn und ein zweites Drittel von anderen Speditionsgewerben befördert worden. Das letzte Drittel pflegte der Bundespost zuzufallen, aber in den letzten Jahren hat sie einen Teil davon an neue Wettbewerber verloren.

An den Massenmedien war die Post schon immer beteiligt. Für jedes Radio und Fernsehgerät in Gebrauch kassierte sie monatliche Gebühren. Heute betreiben die Fernseh- und Rundfunkgesellschaften selbst das *Inkasso*. Aber auch in der *Medienlandschaft* hat die DBP kein Monopol. Sie ist weder an der Produktion der Programme beteiligt, noch vertreibt sie Endgeräte. Ihr Monopol *beschränkt sich auf* das *Verteilungsnetz*, die

Verbreitung über Satelliten, bzw. über *Richtfunk*. Sie verkauft Übergabepunkte, an die man bis zu 200 Haushalte anschließen kann. Die *Anschlüsse* ins Haus darf die Post nicht machen. Die sind privaten Handwerkern *vorbehalten*. Das hat die Kosten stark erhöht und manchen Verbraucher davon abgehalten, sich für Kabelfernsehen zu entscheiden.

Die Bundespost hat keinerlei Einfluß auf die Programmgestaltung. Die deutschen Rundfunkanstalten — wobei "Rundfunk" ein *Sammelbegriff* für Hörfunk und Fernsehen ist — sind unabhängige Anstalten des öffentlichen Rechts. Repräsentanten dieser Gruppen bilden den *Rundfunkrat*, der Grundsatzfragen der Anstalt behandelt und den *Intendanten* wählt. Der leitet die gesamte Geschäftsführung einschließlich der Programmgestaltung. So geschieht das in den Landesrundfunkanstalten (Schleswig-Holstein hat keine), die in der ARD (=Arbeitsgemeinschaft der öffentlichen Rundfunkanstalten Deutschlands) zusammenwirken und für alle Länder das erste Programm (offiziell "Deutsches Fernsehen" genannt) produzieren. Nur ein kleiner Prozentsatz des Gesamtprogramms wird regionalen Interessen gewidmet. Der ARD ist ein Drittes Programm angeschlossen, das von Land zu Land verschieden ist und hauptsächlich Kultur- und Bildungsprogramme sendet. Ein zweites Deutsches Fernsehen (ZDF) beruht auf einem Staatsvertrag aller Bundesländer. Es wird von Mainz an alle Bundesländer abgestrahlt.

Die Werbung im Fernsehen ist auf 30 Minuten pro Tag beschränkt und bringt nur etwa 3 % des gesamtes Budgets ein. Der größte Teil wird durch die monatlichen Gebühren der Fernseh- und Rundfunkteilnehmer finanziert.

Jeder Landesrundfunk bietet mehrere Hörsendungen. Außerdem gibt es den "Deutschlandfunk", der in vierzehn Sprachen in ganz Europa gehört werden kann. Die "Deutsche Welle" sendet auf Kurz- oder Mittelwelle deutschsprachige Programme für die im nichteuropäischen Ausland lebenden Deutschen. Sie kann in Übersee auch in dreißig Fremdsprachen empfangen werden.

Etwa 400 Zeitungsverlage, die ungefähr 1270 Zeitungen verlegen, sind privatwirtschaftliche Unternehmen. Vor sechzig Jahren gab es noch mehr als doppelt so viele verschiedene Zeitungen, aber inzwischen sind viele *Lokalblättchen* verschwunden, und manche anderen Zeitungen haben sich wegen finanzieller und technischer Schwierigkeiten mit anderen Verlagen *zusammengetan*. So bestreitet z.B. der Verlag Axel Springer AG 25 Prozent der gesamten Tagespresse. Diese zunehmende Konzentration bringt natürlich die Gefahr der Meinungsmanipulation mit sich.

Das Fernsehen hat der Zeitungslesefreudigkeit der Deutschen bisher *keinen Abbruch* getan. 1954 wurden insgesamt 13 Millionen Tageszeitungen verkauft, 1985 war der Absatz auf 20,9 Millionen gestiegen.

Die wichtigsten überregionalen Tageszeitungen sind "DIE WELT" (konservativ), die "FRANKFURTER ALLGEMEINE ZEITUNG" (konservativ/liberal), "SÜDDEUTSCHE ZEITUNG" (liberal) und die "FRANKFURTER RUNDSCHAU" (linksliberal). Sie alle enthalten einen wirtschaftlichen Teil. Besonders umfangreich ist er in der Wochenzeitung "DIE ZEIT". Es gibt vier tägliche Veröffentlichungen, die ausschließlich der Wirtschaft gewidmet sind:

1. Das "HANDELSBLATT" ist mit einer *Auflage* von 90000 Exemplaren das wichtigste Organ für nationale und internationale Wirtschaft. Es enthält als *Beilage* die "Finanzzeitung" mit Nachrichten über die Börsen. Alle großen Aktiengesellschaften veröffentlichen ihre Bilanzen darin.

2. Die Frankfurter "BÖRSENZEITUNG" ist spezialisierter als das "Handelsblatt"

3. Der "Blick durch die Wirtschaft" ist eine Beilage der "FRANKFURTER ALLGEMEINE".

4. Die "NACHRICHTEN FÜR DEN AUSSENHANDEL" werden von der schon erwähnten Bundesstelle für Außenhandelsinformation veröffentlicht. Diese Zeitung hat als wöchentliche Beilage "Auslandsanfragen", in denen Geschäftsleute des Auslands kostenlos Kontakte in der BRD suchen können.

In der BRD werden erstaunlich viele (über 9500) Zeitschriften gedruckt und gelesen. Die *aktuellen* Unterhaltungszeitschriften *sind auf* vier Titel *zusammengeschrumpft*, von denen der "Stern" und die "Bunte" die höchsten *Auflagen* haben. Die beiden der Wirtschaft gewidmeten Illustrierten mit Beiträgen über alle Wirtschaftsbereiche sind "WIRTSCHAFTSWOCHE" und "CAPITAL". Darin finden Sie auch *Stellenangebote*.

Wörter

der Geschäftsmann — leute — бизнесмен
die Beförderung, -en — перевозки, транспорт
das Geschäftsleben — деловая жизнь
der Bildschirm, -e — экран
die Taste, -n — кнопка
die Bundespost — федеральная почта
die Massenmedien — средства массовой информации
die Fernsehgesellschaft, -en — телекомпания
die Rundfunkgesellschaft, -en — радиокомпания
der Rundfunkrat, -e — совет радиокомпании
die ARD — телекомпания АРД

das ZDF — телекомпания ЦДФ
die Gebühr, -en — налог, сбор
der Landesrundfunk — земельное радио
die Kurzwelle, -n — короткая волна
die Mittelwelle, -n — средняя волна
der Zeitungsverlag, -e — издательство газеты
die Tageszeitung, -en — ежедневная газета
das Handelsblatt — торговая газета
aufgeben — отправлять
speichern — запоминать, заносить в память
verarbeiten — обрабатывать
einnehmen, a, o — занимать
befördern — перевозить, транспортировать
vorbehalten sein — быть забронированным, оставленным за собой
behandeln — обращаться, обходиться
einbringen — привозить, приносить
senden, a, a — посылать
empfangen, i, a — принимать, получать
sich zusammentun — соединяться, объединяться
enthalten, ie, a — содержать
veröffentlichen — опубликовывать
~~einen~~ Abbruch tun — наносить ущерб

Übung 1. Hören Sie sich den Text an und übersetzen Sie ihn.

Übung 2. Nennen Sie Synonyme.

    die Zeitung   senden
    sich zusammentun   das Gespräch
    betreiben   produzieren
    beruhen

Übung 3. Aus welchen Komponenten bestehen die Wörter

der Geschäftsmann   die Kurzwelle
die Bundespost   die Tageszeitung
die Massenmedien   das Handelsblatt
die Fernsehgesellschaft   der Deutschlandfunk
der Rundfunkrat

Übung 4. Nennen Sie die Substantive zu den Verben und übersetzen Sie.

herstellen	senden	einnehmen
anschließen	veröffentlichen	behandeln
befördern	verarbeiten	empfangen

Übung 5. Mit welchen Substantiven sind im Text die Verben gebraucht?

benutzen	herstellen	betreiben
aufgeben	speichern	erhöhen
anschließen	verarbeiten	einbringen
erteilen	projizieren	bieten
mitliefern	einnehmen	

Übung 6. Beantworten Sie die Fragen.

Welche Möglichkeiten der Kommunikation kennen Sie?
Welche Dienste leistet die Post?
Auf welche Weise ist die Post an den Massenmedien beteiligt?
Hat die Bundespost Einfluß auf die Programmgestaltung von Hör- und Rundfunk?
Wie heißen die beiden führenden Fernsehgesellschaften Deutschlands?
Auf wieviel Minuten ist im öffentlich-rechtlichen Fernsehen die Werbung pro Tag beschränkt?
Wie heißen die beiden bekanntesten Rundfunkgesellschaften?
Kann man in Rußland die "Deutsche Welle" empfangen?
Nennen Sie einige überregionale Tageszeitungen in Deutschland!
Welche vier täglichen Veröffentlichungen sind der Wirtschaft gewidmet?

Übung 7. Merken Sie sich:

Wenn Sie in Deutschland telefonieren wollen und Ihnen kein privates Telefon zur Verfügung steht, gehen Sie zu einem öffentlichen Fernsprecher. Diese gelben Telefonzellen finden Sie fast in jeder Straße. Sie können da auch Ferngespräche führen. Besorgen Sie sich aber vorher eine Telefonkarte (zu 12 oder 50DM), denn die meisten Fernsprecher in Telefonzellen kann man nur mit Hilfe von Telefonkarten benutzen. Münzautomaten sind selten. Anschlüsse im Inland können Sie direkt wählen. Die Gebühren werden nach Zeiteinheiten berechnet. Mit drei Groschen (10-Pfennig Stücke) kann man eine Verbindung herstellen. Je größer die Entfernung zum Gesprächspartner ist, desto schneller muß man Münzen nachwerfen. Sie können auch 1 DM, 2 DM und 5 DM Münzen verwenden. Wenn Sie z.B. nach Rußland telefonieren wollen, wählen Sie zunächst 007, dann die Vorwahlnummer ihrer Stadt (z.B. 8202 für Tscherepowez) und ihre Telefonnummer zu Hause oder im Büro. Wenn Sie richtig gewählt haben, ist nach einer halben Minute die Verbindung hergestellt.

Übung 8. Inszenieren Sie einen Dialog. Es geht um folgendes: Sie möchten ein Fußballspiel im Fernsehen sehen, aber Ihre Frau zieht einen Spielfilm vor.

Zeigen Sie in diesem Dialog, wie Sie zu einem Kompromiß kommen

Übung 9. **Rollenspiel.** Sie haben Besuch. Ihr Gast kommt aus der ehemaligen DDR und kann ziemlich gut Russisch sprechen. Er interessiert sich dafür, wie viele Programme Sie im Fernsehen empfangen können. Er möchte z.B. ein Wirtschaftsmagazin sehen, das im Rahmen einer Fernsehsendung gebracht wird. Führen Sie dazu ein Gespräch.

Text N 3 b
MARKTPLATZ INTERNET

Die Pioniere des Internet wollten die Völkerverständigung fördern. Bill Gates wittert dort vor allem eines: Geld. Der Gründer des amerikanischen Softwarekonzerns Microsoft predigt den "reibungslosen Kapitalismus". Alle Angebote der Erde würden künftig auf der Infobahn zu finden sein, schwärmt Gates. Man könne sie dann am Bildschirm prüfen, vergleichen oder gleich nach eigenen Wünschen maßfertigen lassen. Regionale Marktnischen verschwinden, die Globalisierung der Märkte wird endlich perfekt.

Noch ist dieser digitale Weltmarkt Zukunftsmusik. Nach einer Studie für die Mediagruppe München wird es vier Jahre dauern, bis die Internet-Umsätze in Europa auf mehr als drei Milliarden Dollar steigen. Am Ende des Jahrhunderts, so die Autoren der Studie, wird ein Anschluß an die Netzwelt für Firmen so selbstverständlich sein wie heute das Faxgerät. Derzeit setzen Deutschlands Online-Händler nur kleinere Millionenbeträge im Netz um, und selbst weltweit ist die Milliardengrenze wohl noch nicht erreicht. Gleichwohl hat Michael Fuchs auf seinen Reisen um die Welt den Cybermarkt schon entdeckt. Der Präsident des Bundesverbands des Deutschen Groß- und Außenhandels fordert, daß die deutschen Unternehmen endlich aufwachen und sich ins Internet begeben. Seine eigene Großhandelsfirma mit Stammsitz in Koblenz wickelt in Asien längst Aufträge über das Netz der Netze ab.

Tatsächlich entstehen im Internet virtuelle Einkaufspassagen nicht nur für Verbraucher, sondern auch für Unternehmer. In den Vereinigten Staaten hat die junge Firma Industry-Net bereits 4500 Anbieter elektronisch vereint. Gegen eine Gebühr von bis zu 250000 Dollar im Jahr kaufen sie sich einen Platz im Verzeichnis und die Möglichkeit, das eigene Unternehmen on line zu präsentieren. Rund 200 000 Kaufinteressenten haben sich angemeldet. Bald sollen die Unternehmen auf dem digitalen Marktplatz auch verhandeln und einkaufen können.

Später wird es dann möglich sein, dort Spezialaufträge auszuschreiben und dem besten Anbieter gleich den Zuschlag zu erteilen. Dazu muß freilich eine Kreditagentur die Bonität der Kunden überprüfen, eine Bank den Geldfluß sichern und eine Lieferfirma die Ware auch zustellen. Ist das System erst einmal aufgebaut, will Industry-Net von allen beteiligten Parteien eine Kommission kassieren — kein Wunder, daß die Netzfirma den Atem der Konkurrenz im Nacken spürt.

Schon jetzt kündigen asiatische Regierungsstellen wie das Hongkonger Energieministerium öffentliche Aufträge im Internet an. Kraftwerksbauer können sich daraufhin schon einmal via Bildschirm bewerben. Die detaillierten Angebote kommen aus Sicherheitsgründen noch per Post.

Im Verband Deutscher Maschinen- und Anlagenbau (VDMA) diskutierten jüngst Firmenvertreter über das Internet. Man müßte da wohl dabeisein, meinten einige der Mittelständler; andere wollten erst einmal prüfen und abwarten. Dafür dürfte nicht mehr allzuviel Zeit sein.

Noch kommuniziert man vor allem intern über den Computer. So können Entwickler in Indien mit den Kollegen in Europa und Amerika gemeinsam an Plänen für neue Anlagen arbeiten. Und eilt es einmal, geht die Arbeit rund um die Uhr und rund um die Welt weiter.

Der amerikanische Computerkonzern IBM will zudem den weltweiten Einkauf digital koordinieren. Im riesigen internen Unternehmensnetz können sich die Beschaffer dann unter allen Angeboten der IBM-Vertragspartner das billigste heraussuchen. Viele Großunternehmen bauen ihre eigenen Computernetze weiter aus und integrieren darin Zulieferer und feste Kunden. Aber sie trauen sich mit ihren Daten kaum auf das Internet. Da könne man gleich Postkarten verschicken, heißt es.

Weil im öffentlichen Netz der Netze noch keine ausreichenden Sicherheitsstandards herrschen, schrecken auch die deutschen Kreditinstitute vor dem Cyberraum zurück. Während hiesige Bankkunden über den Computerdienst Telekom-On-line, eine Weiterentwicklung des früheren Bildschirmtexts, immerhin ihr Konto einsehen und Geld überweisen können, begnügen sich die meisten Geldhäuser im Internet damit, Informationsdienste anzubieten.

"Zeit", 10.05.96

Wörter

das Internet — интернет
der Pionier, -e — пионер, первый в области
der Softwarekonzern, -e — концерн по производству программного обеспечения
die Infobahn, -en — информационный банк
der Bildschirm, -e — экран
die Marktnische, -n — ниша на рынке
der Internetumsatz, -e — оборот на интернет
das Faxgerät, -e — факсовый аппарат
der Onlinehändler — провайдер он-лайн (прямая линия)
der Cybermarkt, -e — рынок кибернетики
die Gebühr, -en — налог, сбор
der Kaufinteressent, -en — заинтересованный в покупке
die Netzfirma, -en — фирма, занимающаяся сетями, провайдер
der Mittelständler — человек среднего достатка
der Beschaffer — поставщик
der Cyberraum, -e — кибернетическое пространство
der Bankkunde, -n — клиент банка
der Informationsdienst, -e — информационная служба
fördern — способствовать
prüfen — проверять
vergleichen, i, i — сравнивать
verhandeln — вести переговоры
umsetzen — претворять в жизнь
sich begeben — отправляться, идти
abwickeln — развивать
vereinen — объединять
sichern — обеспечивать, гарантировать
zustellen — доставлять
ankündigen — объявлять, оглашать
der Entwickler — развивающий, способствующий развитию
heraussuchen — выискивать
ausbauen — расширять, выстраивать
sich trauen auf — осмеливаться
zurückschrecken, a, o — ужасаться, пугаться
einsehen Akk. — просматривать, заглядывать
überweisen, ie, ie — переводить (деньги)
sich begnügen — удовлетворяться, довольствоваться
digital — цифровой
on line — "он-лайн" ("на линии")

Übung 1. Hören Sie sich den Text an und übersetzen Sie ihn.

Übung 2. Nennen Sie Synonyme.

der Pionier	der Beschaffer	zustellen
der Bildschirm	sich begeben	sich begnügen
der Internetmarkt	abwickeln	

Übung 3. Wie lauten die Substantive?

zustellen	sich bewerben	überweisen
vereinen	ausbauen	prüfen
umsetzen	einsehen	verhandeln

Übung 4. Suchen Sie im Text Wörter heraus, die die Komponente "Markt" enthalten und übersetzen Sie diese.

Beispiel : **Markt**platz

Übung 5. Suchen Sie im Text Wörter heraus, die mit dem Begriff "Computer" zusammenhängen und übersetzen Sie diese.

Übung 6. Beantworten Sie die folgenden Fragen zum Inhalt des Textes.

Warum heißt der Text "Marktplatz Internet"?
Welche Aufgabe hatten die Pioniere des Internet?
Welche Erwartung hat der Multimilliardär Bill Gates an das Internet?
Ist das Internet als Weltmarkt schon eine Selbstverständlichkeit?
Wann voraussichtlich ist ein Anschluß an das Internet so selbstverständlich wie heute das Faxgerät?
Wie lautet die Bezeichnung des Marktes, die mit "Internet" zusammenhängt?
Welche Vorteile hat das Internet für Unternehmer?
Wie verhalten sich deutsche Firmen dem Internet gegenüber?
Wer möchte in Zukunft den weltweiten Einkauf digital koordinieren?

Übung 7. Definieren Sie nun den Begriff "Internet".

Übung 8. Erläutern Sie den Aufbau, die Aufgaben und die Zukunft von "Internet".

Übung 9. **Rollenspiel.** Ihr Freund hat einen Anschluß an das Internet seit einem Jahr. Sie haben vor, auch einen Anschluß an die Netzwelt zu beantragen. Deshalb interessieren Sie sich für die Vorteile des Internet im Vergleich zum Faxgerät. Stellen Sie ihm Fragen, was ihm das Internet bietet und ob er auch noch ohne Internet auskommen könnte.

Thema N 4
BETRIEBE, UNTERNEHMUNGEN

Text N 1
UNTERNEHMUNGEN

Grammatik : Attributnebensätze

Unternehmungen sind rechtlich organisierte Institutionen, die Sachgüter und/oder Dienstleistungen produzieren.

Die Abgrenzung zwischen **Betrieb** und **Unternehmung** ist nicht eindeutig: Einerseits ist die Unternehmung als rechtlicher Überbau eines oder mehrerer technisch-organisatorischer Produktionseinheiten, die als Betriebe bezeichnet werden, den Betrieben übergeordnet.

Andererseits werden als „Betrieb" alle Arten von Institutionen bezeichnet, in denen Güter produziert werden, also auch private Haushalte, öffentliche Verwaltungen, Betriebe in zentral gelenkten Volkswirtschaften, während Unternehmungen nur solche Betriebe darstellen, die auf Gewinnerzielung ausgerichtet sind und ihren Wirtschaftsplan selbst bestimmen können. In diesem Fall wäre der Begriff „Betrieb" weiter gefaßt, als der der „Unternehmung".

Wenn es nicht um rechtliche Fragen geht, kann man Unternehmung und Betrieb synonym verwenden.

Unternehmungen in der modernen Industrie- und Dienstleistungsgesellschaft sind nicht auf ihren wirtschaftlichen Zweck beschränkt, der im Vordergrund steht, sondern sie erfüllen in der Gesellschaft auch politische, soziale, kulturelle und ökologische Funktionen. Die Unternehmung muß damit als ein Subsystem des Systems Gesellschaft angesehen werden.

Solche Unternehmungen erweisen sich damit als zweckbestimmte, offene, soziotechnische Systeme. Die Zweckbestimmung liegt in der Schaffung von Leistungen (Sachgüter und Dienstleistungen) für Außenstehende, in der Sicherung des Einkommens für ihre Mitglieder, in der

Erwirtschaftung von Steuern, Gebühren und in der Erfüllung von sozialen und kulturellen Leistungen für Mitglieder und Außenstehende. Offen ist die Unternehmung, weil vielfältige Beziehungen zu anderen Subsystemen der Gesellschaft, z.B. zu Haushalten, öffentlichen Einrichtungen, anderen Unternehmungen und zur natürlichen Umwelt bestehen.

Durch die Unternehmung erfolgt eine Umwandlung verschiedenartiger Inputs (Betriebsmittel, Werkstoffe, Arbeit usw.) zu Output (Produkten) in der durch das Unternehmensziel bestimmten Quantität und Qualität.

Unternehmungen treffen ihre wirtschaftlichen Entscheidungen selbstständig. Diese Entscheidungen werden auf Märkten koordiniert.

Wörter

die Unternehmung, -en — предприятие
die Institution, -en — организация, учреждение
das Sachgut, -er — товар
die Art, -en — вид, род
die Gewinnerzielung, -en — получение прибыли
das Subsystem, -e — подсистема
die Zweckbestimmung, -en — определение цели; назначение
das Einkommen — доход
die Einrichtung, -en — учреждение
das Input — вход, ввод
das Output — выход, вывод
die Quantität, -en — количество
die Qualität, -en — качество
der Absatzmarkt, -e — рынок сбыта
bezeichnen — обозначать, называть
auf etwas aus sein — стремиться к чему-либо
der Begriff, -e — понятие
rechtlich — правовой
synonym — синонимичный
beschränkt sein auf Akk. — быть ограниченным чем-либо
ansehen, a, e — рассматривать
sich erweisen, ie, ie — оказываться
erfolgen — происходить, следовать
Entscheidung treffen — принимать решение

	Einzelunter-nehmen	Personengesellschften		Kapitalgesellschaften	
		offene Handels-gesellschaften	Kommandit-gesellschaften	Gesellschaft mit beschränk-kter Haftung	Aktien-gesellschaft
Gesetzliche Grundlage	1-104 HGB	105-160 HGB	161-177 HGB	GmbHGes	AktGes
Bezeichnung der (Mit-) Eigentümer	Inhaber	Gesellschafter	Komplementär Kommanditist	Gesellschafter	Aktionär
Gründungs-kapital	beliebig	beliebig	beliebig	50.000 DM Stammkapital	100.000 DM Grundkapital
Leitungs-befugnis	Inhaber	Gesellschafter je nach Vertrag	Komplemen-täre	Geschäftsfüh-rer, bei bestimmten Sachver-halten	Vorstand Aufsichtsrat
Haftung	unbeschränkt	unbeschränkt	Komplementäre unbeschränkt Kommanditisten nur mit Einlage	nur mit Einlage	nur mit Einlage
Gewinnsteuer	Gewinn unterliegt der Einkommensteuer. Je nach Höhe der Einkünfte und den persönlichen Verhältnissen zwischen 0 und 53 % Steuer			Gewinn unterliegt der Körperschaftssteuer. Bei einbehaltenen Gewinnen 50% Steuer. Bei ausgeschütteten Gewinnen 36% Steuer (wird beim Empfänger als Vorauszahlung die Einkommensteuer angerechnet).	
Finanzierungs potential	abhängig vom privaten Vermögen des	abhängig vom privaten Vermögen der	abhängig vom privaten Vermögen der	Aufnahme von Gesell-schaften möglich	Ausgabe neuer Aktien möglich
Eigenkapital	Inhabers	Gesellschafter	Komplementäre; Aufnahme vieler Kommanditisten möglich		

Übung 1. Hören Sie sich den Text an.

Übung 2. Wie lauten die Substantive?

unternehmen	begreifen	erfolgen
einrichten	ansehen	entscheiden
bezeichnen	bestehen	

Übung 3. Nennen Sie die Komponenten der Zusammensetzungen und übersetzen Sie.

Sachgut	Subsystem
Zweckbestimmung	Dienstleistungsgesellschaft
Absatzmarkt	Unternehmensziel

Übung 4. Nennen Sie Synonyme.

der Betrieb	die Einrichtung	entscheiden
die Unternehmung	ansehen	das Produkt
die Art	sich erweisen	

Übung 5. Suchen Sie im Text Wortverbindungen mit folgenden Vokabeln und übersetzen Sie.

organisierte	wirtschaftliche	private
öffentliche	soziotechnische	modernen
natürlichen	kulturellen	ökologische
verschiedenartiger	rechtlicher	

Übung 6. Suchen Sie im Text den Absatz, wo die Begriffe „Input" und „Output" vorkommen. Merken Sie sich ihre Bedeutung.

Grammatik: Attributnebensätze

Ich arbeite im Moment an einem Text, der „Unternehmung" heißt.	В данный момент я работаю над текстом, который называется "Предприятие".
Ich übersetze die Textstelle, die viele neue Begriffe enthält.	Я перевожу отрывок из текста, который содержит много новых понятий.

Übung 7. Merken Sie sich:

— Ein Attributnebensatz bezieht sich auf ein Substantiv.
— Das konjugierte Verb steht am Satzende.
— Der Nebensatz wird eingeleitet durch „der, die, das, welcher und andere W-Wörter".
Vgl. : Die Frage, warum sie dem Sprachunterricht fernbleibt, ist unklar.

Übung 8. Suchen Sie im Text Äußerungen, wo Attributsätze vorkommen. Übersetzen Sie sie ins Russische.

Übung 9. Prüfen Sie anhand von Fragen, ob Sie den Text und die neuen Begriffe richtig verstehen.

Sind Unternehmungen Institutionen, die Sachgüter und Dienstleistungen produzieren?
Sind Betriebe Institutionen?
Was ist dem Begriff „Betrieb" untergeordnet?
Für welche Bezeichnung kann man die Begriffe „Unternehmung" und „Betrieb" synonym verwenden?
Welche Funktionen erfüllen Unternehmungen in der modernen Industriegesellschaft?
Als was kann also die Unternehmung gelten?
Worin liegt ihre Zweckbestimmung?

Übung 10. Lesen Sie den Text durch. Benutzen Sie zum Verstehen die Verständnishilfen. Fassen Sie den Inhalt des Textes kurz zusammen.

Toyota steigert die Gewinne

Toyota Motor Corp., Nagoya. Dieser größte japanische Autoproduzent hat jetzt für das Geschäftsjahr 1995/96 (31. März) einen nichtkonsolidierten Gewinn vor Steuern in Höhe von 340,7 Milliarden Yen oder umgerechnet rund 5,24 Milliarden DM vorgelegt. Damit erreichte der japanische Hersteller trotz gleichzeitig fallender Umsätze eine Steigerung von 8,2 Prozent gegenüber dem Vorjahr. Dieses führt der Hersteller auf massive Kosteneinsparungen zurück.

Für das laufende Geschäftsjahr 1996/97 rechnet Japans einkommensstärkstes Unternehmen mit einer Gewinnsteigerung von 40,9 Prozent auf 480 Milliarden Yen oder umgerechnet rund 7,38 Milliarden DM.

Die schwache Inlandsnachfrage und ein sinkender Export führten zu einem Rückgang der Umsätze auf 7,95 Billionen Yen (122,3 Milliarden DM). Gleichzeitig aber leitete der Hersteller straffe Sparmaßnahmen ein, die zu Einsparung in Höhe von 130 Milliarden Yen führten und den

Umsatzrückgang kompensierten. Die Abwertung des Yen in der zweiten Hälfte des zurückliegenden Geschäftsjahres half Toyota außerdem, die Auswirkung der Währungsschwankungen gering zu halten. Der Betriebsgewinn des Unternehmens stieg als Folge um 13,7 Prozent auf 235,2 Milliarden Yen.

Toyota weitete im vergangenen Geschäftsjahr seine Fertigung im Ausland weiter aus und produzierte dort 1,283 Millionen Fahrzeuge. Damit produzierte der Hersteller erstmals mehr Autos im Ausland, als er dorthin exportierte. Insgesamt fielen die Exporte um 17,7 Prozent auf 1,66 Millionen Fahrzeuge. Im Inland will Toyota nach Aussagen des Managements den Marktanteil von 40 Prozent durch die Einführung zahlreicher neuer Modelle wieder zurückgewinnen.

Der Hersteller geht für das laufende Geschäftsjahr von einer Steigerung des Betriebsgewinns in Höhe von 70,1 Prozent auf 400 Milliarden Yen aus. Auf konsolidierter Basis, einschließlich der insgesamt 213 Toyota nahestehenden Unternehmen, wurde ein Umsatz von 10.71 Billionen Yen erreicht, ein Prozent weniger als im Vorjahr. Die Betriebsgewinne der Gruppe stiegen um 2,1 Prozent auf 348 Milliarden Yen.

Die Toyota-Gruppe will die Investition im neuen Geschäftsjahr auf 590 Milliarden Yen (gegenüber 471,3 Milliarden Yen im vergangenen Jahr) erhöhen. Es soll vor allem in die Produktentwicklung und Expansion der Produkte im Ausland investiert werden.

1996, Juli, Frankfurter Allgemeine

Verständnishilfen

steigern — увеличивать
Steuer — налог
zurückführen — объяснять
Inlandsnachfrage — спрос внутри страны
Einsparung — экономия
Fertigung — зд.: производство
Steigerung — увеличение
Umsatz — оборот

Text N2
RECHTSFORMEN VON UNTERNEHMEN

Grammatik : Attributnebensätze (Fortsetzung)

Wem sind die nicht schon beim Lesen von Wirtschaftszeitungen vielen Abkürzungen aufgefallen, hinter denen sich unterschiedliche Rechtsformen von Unternehmen verbergen: AG, GmbH, OHG, KG, GmbH & Co.KG und viele andere? Etwa 30 verschiedenartige Rechtsformen kann man unterscheiden, von denen die meisten jedoch nur für sehr wenige Unternehmen z.B. in Deutschland Bedeutung haben. Wir werden hier nur die wichtigsten darstellen.

Zunächst unterscheidet man zwischen Betrieben des öffentlichen Rechts und Betrieben des Privatrechts. Öffentlich-rechtliche Betriebe finden wir bei Bund, Ländern und Gemeinden als Rundfunk- und Fernsehanstalten, Sparkassen und Banken, Universitäten, Elektrizitäts- und Wasserwerke, Verkehrsbetriebe, Schlachthöfe, Büchereien und vieles andere mehr.

Bund, Länder und Gemeinden sind jedoch auch häufig Eigentümer von privatrechtlichen Unternehmen, die meist als Aktiengesellschaften geführt werden, wie z.B. die Lufthansa.

Im privaten Recht dominieren 5 Rechtsformen, die in der nachfolgenden Tabelle genauer beschrieben sind. Sie unterscheiden sich vor allem durch die Fragen der:

Haftung und Übernahme des Risikos;

Befugnis der Geschäftsleitung;

Finanzierung;

Besteuerung.

Bei den Einzelunternehmen und den Personengesellschaften ist immer ein persönlicher Bezug zu dem Inhaber gegeben. Er ist i.d.R. für die Leitung zuständig und haftet auch meist mit seinem gesamten Vermögen für Schulden der Unternehmung. Die Gewinne dieser Firmen werden als Einkommen der einzelnen Eigentümer versteuert.

Bei den Kapitalgesellschaften ist dagegen die Beziehung zu den Eigentümern eigentlich eine Nebensache. Wichtig ist nur der eingezahlte Kapitalanteil, nicht die Person, die sich dahinter verbirgt. Sehr oft sind die Eigentümer gar nicht bekannt. Die Leitung der Unternehmungen liegt in den Händen von Angestellten-Geschäftsführern, bei Aktiengesellschaften auch Vorstand genannt. Die Eigentümer haften für Schulden der Firma nur mit ihrer Kapitalanlage. Die Gewinnsteuer wird bei der Unternehmung, nicht bei den Eingentümern erhoben. Die Einkommensteuer hat daher auch den Namen „Körperschaftssteuer".

Daneben sollte man die Genossenschaften nicht vergessen, die in verschiedenen Wirtschaftsbereichen (Bank- und Versicherungswesen, Fischerei) und Regionen (ländliche Gebiete) eine große Rolle spielen. Bei ihnen sind die Kunden meist gleichzeitig Eigentümer mit ganz geringen Kapitalanteilen. Durch die Vielzahl der Genossen kommen jedoch hohe Summen zusammen.

Wörter

die Abkürzung, -en — сокращение, аббревиатура
die Rechtsform, -en — правовая форма
der Bund — федерация, союз; зд.: ФРГ
das Land, -er — земля
die Gemeinde, -n — община
der Eigentümer — владелец, собственник
die Aktiengesellschaft, -en — акционерное общество
die Haftung — ответственность
die Befugnis, -se — право, полномочие
die Besteuerung — налогообложение
der Inhaber — владелец
die Nebensache, -n — второстепенное дело, мелочь
der Kapitalanteil, -e — доля капитала
der Vorstand, -e — правление
die Gewinnsteuer, -n — налог на прибыль
die Einkommensteuer, -n — подоходный налог
die Genossenschaft, -en — товарищество
der Wirtschaftsbereich, -e — область экономики
das Versicherungswesen — страховая деятельность
der Kunde, -en — клиент
sich handeln um Akk. — вести речь о чем-либо
sich beziehen auf, o, o — касаться, ссылаться
existieren — существовать
gestalten — придавать вид, оформлять
auffallen, ie, a — бросаться в глаза
darstellen — изображать
zuständig sein für — быть компетентным в чем-либо
versteuern — облагать налогом
erheben, o, o — повышать, поднимать
zusammenkommen — сходиться, собираться

Übung 1. Hören Sie sich den Text an.

Übung 2. Schlagen Sie im Abkürzungswörterbuch nach und stellen Sie fest, was die Abkürzungen *AG, GmbH, OHG, KG* u.a. bedeuten.

Übung 3. Übersetzen Sie den Text mit Hilfe des Wörterbuchs.

Übung 4. Schreiben Sie alle Äußerungen, die Attributnebensätze enthalten, heraus und übersetzen Sie.

Übung 5. Prüfen Sie, ob Sie den Text richtig verstanden haben. Beantworten Sie dazu folgende Fragen:

Wie viele Rechtsformen von Unternehmen werden insgesamt unterschieden?
Zwischen welchen Betrieben gilt es vor allem zu unterscheiden?
Wie viele Rechtsformen dominieren im privaten Recht?
Durch welche Merkmale unterscheiden sie sich?
Zu welchen Betrieben zählen normalerweise Rundfunk- und Fernsehanstalten, Sparkassen, Universitäten, Verkehrsbetriebe?
Was für ein Betrieb ist die Lufthansa?

Übung 6. Beantworten Sie folgende Fragen zur Rechtsform einer OHG.

Was bedeutet OHG?
Wie heißt der Eigentümer eines solchen Unternehmens?
Wie groß muß das Gründungskapital sein?
Wie hoch ist die Haftung des Betriebes?
Wie hoch sind die Gewinnsteuern?

Übung 7. Entziffern Sie die Abkürzung GmbH.

Wie lautet die Abkürzung auf russisch?
Von wem wird eine GmbH geleitet?
Wie heißen die Eigentümer einer GmbH?
Mit welchem Kapital kann man eine GmbH (in Deutschland) gründen?
Womit haftet eine GmbH?
Wie hoch sind die Steuern der GmbH?

Übung 8. Was bedeutet „AG"?

Wie heißt der Miteigentümer einer AG?
Welches Grundkapital braucht man, um eine AG zu gründen?
Von wem wird eine AG geleitet?
Können Sie einige AGs in Deutschland nennen?

Übung 9. **Rollenspiel.** Ihr Vater ist Arbeiter und Aktionär der Severstahl AG. Zu Besuch haben Sie einen Gast aus Deutschland. Er ist bei Mercedes-Benz tätig und Aktionär der Mercedes-Benz AG.

Sprechen Sie über die beiden Unternehmen, über die Besonderheiten beider AGs. Einige Angaben über die AG Mercedes-Benz können Sie dem Thema 12 entnehmen.

Text N3

EIN PAAR STAATLICHE GIGANTEN

Viele Länder Osteuropas kämpfen noch mit dem unausgewogenen Verhältnis von großen, kleinen und mittleren Betrieben, die sie aus der Zeit des Sozialismus geerbt haben. Damals gab es außer in Ungarn und in Polen kaum private Unternehmen. Die Industrie war in Kombinaten zusammengefaßt; die Landwirtschaft arbeitete in großen genossenschaftlichen Einheiten. Die großen Kombinate sind noch lange nicht alle zerschlagen. In den meisten osteuropäischen Ländern ist nur die „kleine Privatisierung", die Entstaatlichung der kleinen und mittleren Betriebe (Einzelhandelsgeschäfte, Hotels, Gaststätten, Handwerksbetriebe, Kleinindustrie) abgeschlossen.

Beim Stand der großen Privatisierung gibt es starke Unterschiede. Hier sind die mitteleuropäischen Staaten weiter als östliche Länder. In Ungarn hat die Suche des Staats nach Einnahmequellen dazu beigetragen, daß die Privatisierung sich beschleunigt hat. Die ungarische Regierung hat die Unternehmen gegen Bargeld vor allem an ausländische Investoren verkauft, um ihr chronisches Defizit zu verringern.Die daraus entstandenen privaten Unternehmen mit überwiegend ausländischer Beteiligung sind erfolgreich — zum Beispiel das Tochterunternehmen von General Motors, die Opel Magyarorszag Jarmugyarto Kft, Ungarns sechstgrößtes Unternehmen.

Die Konsequenz und die Geschwindigkeit der großen Privatisierung ist auch eine Frage nach der Rolle, die sich der jeweilige Staat in der Wirtschaft noch vorbehält. Je mehr Unternehmen als „strategisch" bewertet werden, desto geringer ist die Zahl der Privatisierungsobjekte. Als strategisch gelten vor allem Unternehmen, die Infrastruktur bereitstellen, die einen Versorgungsauftrag erfüllen, oder die Rüstungsgüter produzieren.

In Rußland gibt es derzeit nach vorsichtigen Schätzungen etwas mehr als eine Million Kleinunternehmer; das ist im Verhältnis zur russischen Erwerbsbevölkerung von fast hundert Millionen Menschen nur eine sehr niedrige Selbständigenquote von einem Prozent. In der Europäischen Union liegt diese Quote im Durchschnitt bei zwölf Prozent. Auch in den mitteleuropäischen Staaten ist der Mittelstand besser entwickelt als in Rußland. In der Tschechischen Republik sind schon Ende 1993 rund eine

Million kleine und mittlere Unternehmen registriert gewesen, was eine Selbständigenquote von 10,6 Prozent ergibt. In Ungarn beläuft sich diese Quote auf 12,1 Prozent, in der Slowakei auf 5,4 Prozent und in Polen (die Kleinbauern mitgerechnet) auf knapp 24 Prozent.

Sich über die Größe, die Beschäftigtenzahlen und die finanziellen Verhältnisse der Unternehmen ein Bild zu machen, fällt in Rußland besonders schwer. Vor allem dem russischen Energie-Giganten Gazprom ist kaum eine Information zu entlocken. Der Energieversorger United Energie System of Russia (das Unternehmen mit den höchsten Gewinnen in Rußland) und Gazprom (an zweiter Stelle) tragen ihren Ruf als Giganten auch im internationalen Vergleich zu Recht: Gemessen an den geschätzen Gewinnen, zählen sie zu den hundert größten Unternehmen der Welt. Die Erlöse von United Energy Systems beliefen sich 1994 auf rund 35 Billionen Rubel (gut zehn Milliarden DM). Das Unternehmen beschäftigt etwa 200 000 Arbeitskräfte. Gazprom erzielte Erlöse von 33 Billionen Rubel und einen Gewinn von ebenfalls gut fünf Billionen Rubel; die Zahl der Angestellten belief sich auf 30 000.

Auch die anderen hundert (nach ihren geschätzen Gewinnen) größten Unternehmen in Rußland arbeiten in der Energiewirtschaft, im Bergbau, im Kommunikationswesen und in der Metallurgie. Anders als in Rußland sind viele der hundert größten Unternehmen in der Tschechischen Republik nicht mehr in staatlicher Hand. Die Chemopetrol (Erlöse 1994 rund 25 Milliarden Kronen), das drittgrößte Unternehmen, ist im vergangenen Jahr privatisiert worden, ebenso die SPT Telecom, das viertgrößte (und Monopol-)Unternehmen (Erlöse rund 22 Milliarden Kronen). Zu den zehn größten Unternehmen zählen jedoch auch die staatliche Eisenbahngesellschaft Ceske Drahy und das Gemeinschaftsunternehmen zwischen der deutschen Volkswagen AG und der tschechischen Regierung, die Skoda Automobilova, das zweitgrößte Unternehmen des Landes.

1996, Juli, Frankfurter Allgemeine

Wörter

die Entstaatlichung, -en — приватизация
der Stand, -e — положение, состояние
der Unterschied, -e — различие
die Einnahmequelle, -n — источник дохода
die Beteiligung, -en — участие
das Tochterunternehmen — дочернее предприятие, филиал
die Konsequenz, -en — последовательность

die Schätzung, -en — оценка
der Kleinunternehmer — мелкий предприниматель
der Mittelstand — среднее сословие
die Beschäftigtenzahl, -en — количество работников
der Erlös, -e — выручка
der Angestellte, -n — служащий
das Gemeinschaftsunternehmen — совместное предприятие
beitragen, u, a — содействовать, вносить вклад
sich beschleunigen — ускоряться, торопиться
verringern — уменьшать, сокращать,
bewerten — оценивать
sich belaufen auf — составлять (какую-либо сумму)
schwerfallen, fiel schwer, schwergefallen — тяжело даваться
beschäftigen — занимать, давать работу

Übung 1. Hören Sie sich den Text an.

Übung 2. Schreiben Sie aus dem Text alle Bezeichnungen für den Begriff „Betrieb" heraus und übersetzen Sie.

Übung 3. Aus welchen Bestandteilen bestehen die folgenden Wörter? Übersetzen Sie die Wörter ins Russische.

Osteuropa	Bargeld	Arbeitskräfte
Einzelhandelsgeschäft	Privatisierungsobjekt	Kommunikationswesen
Handwerksbetrieb	Rüstungsgüter	Bergbau
Kleinindustrie	Erwerbsbevölkerung	Eisenbahngesellschaft
Tochterunternehmen	Selbständigenquote	Versorgungsauftrag
Einnahmequelle	Kleinbauer	

Übung 4. Wie lauten die Adjektive zu

Osteuropa	Rußland	Osten
Ungarn	Tschechien	Westen
Polen	Mitteleuropa	Slowakei

Übung 5. Merken Sie sich, wie in Deutsch die Betriebe nach ihrer Größe heißen.

ein Großbetrieb, ein Kleinbetrieb

Übung 6. Beantworten Sie die folgenden Fragen zum Inhalt des Textes.

Gab es in der Zeit des Sozialismus private Unternehmen in Osteuropa?
Wie waren die Industrie und die Landwirtschaft organisiert?
Welche deutlichen Unterschiede fallen beim Prozeß der Privatisierung zwischen einzelnen Ländern Osteuropas auf?
Was ist für Ungarn charakteristisch?
Wie viele Kleinunternehmer gibt es zur Zeit in Rußland?
Sind dies viele im Vergleich zu der Europäischen Union?
Welche Giganten der russischen Industrie sind im Text angesprochen?
Wie groß sind ihre Erlöse?
Weshalb zählen Sie zu den hundert größten Unternehmen der Welt?

Übung 7. Inszenieren Sie einen Dialog zwischen einem russischen Marketing-Studenten und einem Studierenden aus Prag, der auch zu Hause Management und Marketing studiert. Gegenstand des Gesprächs sind Probleme zeitlicher Perspektive sowie gesellschaftlicher Konsequenzen der Privatisierung in der Tschechischen Republik und in Rußland. Gebrauchen Sie dabei modale Äußerungen: „ich glaube", „ich nehme an", „ich denke" usw.

Übung 8. **Rollenspiel.** Sie studieren Wirtschaftsdeutsch. Auf Einladung eines Landwirts weilen Sie in Deutschland, in Niedersachsen. Herr Themann zeigt Ihnen seinen Betrieb, er bewirtschaftet mehr als 100 Hektar Ackerland. Darüber hinaus betreibt er eine Schweinezucht und mästet etwa 700 Schweine pro Jahr. Sein Betrieb ist hoch technisiert. Neben seinem Sohn Rolf beschäftigt er nur noch einen festangestellten Arbeiter. Für Sie ist es natürlich sehr interessant zu erfahren, wie Herr Themanns Betrieb organisiert ist. Stellen Sie ihm Fragen dazu. Seinerseits interessiert sich Herr Themann für den derzeitigen Stand der Landwirtschaft in Rußland. Welche Auskünfte können Sie ihm darüber geben?

Thema N 5
MARKT

Text N 1
MARKT

Grammatik : 1) Pronomen "man"; 2) Präsens Passiv

Ein "Markt" bildet sich überall dort, wo sich Anbieter und Nachfrager treffen und ihre gegenseitigen Wünsche mitteilen. Der eine möchte eine Ware, der andere Geld, der eine möchte eine Wohnung haben, der andere eine vermieten usw. Der Markt kann also über Telefon, über Zeitungsinserate geschaffen werden, aber auch im Geschäft und am Marktplatz sein. Der Markt muß sich nicht nur auf einen festen Ort beschränken: Man spricht auch von Weltmarkt, Ölmarkt oder Rohstoffmarkt und meint dann unter Umständen die Arbeiter und Nachfrager eines ganzen Landes, Kontinentes oder gar der ganzen Erde.

In einer Wirtschaft, in der der ganze Wirtschaftsablauf über den Markt gesteuert wird, bleibt die Produktionsplanung und -entscheidung dem einzelnen Produzenten überlassen; der Staat hat ihm nicht hineinzureden. Er muß aber bei seiner Entscheidung beachten, daß er nur dann verkaufen kann, wenn er den anderen Menschen solche Güter anbietet, die diese benötigen. Er muß also selbst dafür sorgen, daß er bei seiner Arbeit Güter produziert, die am Markt von anderen Menschen auch nachgefragt werden. Je besser er diesen Wünschen entspricht, um so mehr Vorteile hat er davon: Er wird dann selbst gut verdienen und sich die Wünsche erfüllen können, die er selbst hat. Der Markt soll sicherstellen, daß sich die individuellen Wünsche erfüllen lassen.

Am Markt treffen also Angebot und Nachfrage aufeinander, wobei das Ergebnis dieses Geschehens die Preise sind. Die Preise signalisieren, ob von bestimmten Gütern mehr produziert als nachgefragt wird; dann sinken die Preise und es wird weniger interessant, diese Produktion weiter zu betreiben, oder weniger produziert als nachgefragt wird; dann steigen die Preise und es wird reizvoller, die Produktion auszudehnen.

Man unterscheidet verschiedene **Arten von Märkten.** Entsprechend den gehandelten Leistungen oder Waren gibt es Märkte für Grund und Boden, Arbeitsmärkte und Kapitalmärkte, Warenmärkte und Wertpapiermärkte und viele andere. Auf dem Boden- und Immobilienmarkt werden bebaute und unbebaute Grundstücke, gewerbliche Räume (z.B. Büroräume) und Wohnräume gehandelt. Angebot und Nachfrage treffen in diesem Bereich in der Zeitung aufeinander oder wenn Immobilienmakler zwischen Verkäufer und Käufer, Vermieter und Mieter vermitteln. Auf dem Arbeitsmarkt wird die menschliche Arbeitskraft angeboten und nachgefragt (z.B. beim Arbeitsamt oder in Stellenanzeigen bzw. -gesuchen in der Zeitung). Auf dem Kapitalmarkt geht es um Kredite und Kapitalanlagen (z.B. Darlehen, Hypotheken, Gläubigerpapiere).

Bei den Gütermärkten differenziert man zwischen Konsum- und Investitionsgütermarkt. Auf dem Konsumgütermarkt werden die Güter des täglichen Bedarfs den Verbrauchern angeboten (z.B. Nahrungsmittel, Kleidung). Auf dem Investitionsgütermarkt treffen Unternehmer aufeinander und Produktionsmittel (z.B. Maschinen und Anlagen) werden ausgetauscht.

Derjenige Anbieter, der sich Mühe gibt, mit möglichst geringen Kosten zu produzieren, wird bei diesem Prozeß am ehesten die Nachfrager auf sich ziehen und viel verkaufen können. Der nicht Leistungsfähige wird dagegen untergehen. Der Markt soll also die Leistung belohnen.

In der Marktwirklichkeit geschieht es allerdings sehr oft, daß Anbieter und Nachfrager Absprachen treffen oder sich zusammenschließen und damit den Leistungswettbewerb verfälschen. Am gefährlichsten sind dabei die "Monopole", die den Wettbewerb ganz ausschalten. Der Markt kann dann seine Steuerungsfunktion nicht mehr erfüllen.

Markt (3)

Wörter

der Markt, -e — рынок
der Weltmarkt — мировой рынок
der Ölmarkt — нефтяной рынок
der Rohstoffmarkt — рынок сырья
der Arbeitsmarkt — рынок труда
der Kapitalmarkt — рынок капитала
der Warenmarkt — рынок товаров
der Immobilienmarkt — рынок недвижимости

der Gütermarkt — рынок имущества
der Konsummarkt — потребительский рынок
die Waren — товары
das Geld, -er — деньги
der Anbieter — поставщик
der Nachfrager — покупатель, заказчик
der Produzent, -en — производитель
das Angebot an — предложение чего-л.
die Nachfrage nach — спрос на что-л.
der Verkäufer — продавец
der Käufer — покупатель
der Preis, -e — цена
der Verbraucher — потребитель
schaffen, schuf, geschaffen — работать, трудиться
steuern — управлять, руководить
verkaufen — продавать
anbieten, bot an, angeboten — предлагать
produzieren — производить
nachfragen, fragte nach, nachgefragt — справляться, осведомляться, разузнавать
sinken, sank, gesunken — тонуть, падать (о ценах)
steigen, stieg, gestiegen — подниматься, расти, увеличиваться
austauschen, tauschte aus, ausgetauscht — менять
belohnen — вознаграждать

Übung 1. Hören Sie sich den Text an, lesen Sie ihn durch und übersetzen Sie.

Übung 2. Merken Sie sich die Wörter und ihre Bedeutungen.

Übung 3. Überprüfen Sie, ob Sie richtig verstanden haben, indem Sie folgende Fragen beantworten:

Wann bildet sich ein "Markt"?
Kann ein Markt über Telefon entstehen?
Welche Arten von Märkten unterscheidet man?
Wo treffen Angebot und Nachfrage aufeinander?
Was ist das Ergebnis dieses Geschehens?
Welche Güter werden auf dem Konsumgütermarkt angeboten?
Was bedeutet "Immobilienmarkt"?
Was versteht man unter "Arbeitsmarkt"?

Übung 4. Merken Sie sich die Wortbildung.

anbieten — das Angebot — der Anbieter
nachfragen — die Nachfrage — der Nachfrager
produzieren — die Produktion — der Produzent
verkaufen — der Verkauf — der Verkäufer

Übung 5. Übersetzen Sie.

am Marktplatz	bebaute und unbebaute Grundstücke
man spricht von Weltmarkt	beim Arbeitsamt
unter Umständen	in Stellenanzeigen
er muß beachten, daß ...	die Güter des täglichen Bedarfs
Güter anbieten	mit möglichst geringen Kosten
Güter benötigen	Der Markt soll die Leistung belohnen.
die Produktion weiter betreiben	

Übung 6. Definieren Sie.

Was ist Markt?	Wer ist Anbieter?
Wer ist Nachfrager?	Was ist Ölmarkt?

Übung 7. Merken Sie sich.

auf dem Arbeitsmarkt	**am** Marktplatz
auf dem Kapitalmarkt	**am** Markt
im Geschäft	

Übung 8. Sagen Sie,...

wo man die Güter des täglichen Bedarfs kaufen kann	wo man Schuhe kauft
wo ich Brot kaufen kann	wo man Wohnungen kauft
	wo man Kleidung kaufen kann

Übung 9. Merken Sie sich die Namen großer deutscher Warenhäuser.

Neckermann, C&A, Karstadt, Brinkmann, Kaufhof, Woolworth u.s.w.

Übung 10. Beantworten Sie folgende Fragen. Benutzen Sie die Wörter der rechten Spalte.

Wie können die Preise sein?	groß, hoch, niedrig
Wie kann die Nachfrage sein?	groß, hoch
Was kann man auf dem Arbeitsmarkt kaufen?	Arbeitslose, Arbeitskräfte
Gibt es am Marktplatz einen Ölmarkt?	
Wieviel kostet ein Anzug?	300 DM, teuer; billig
Wann sinken die Preise?	bei schlechtem Wetter, wenn mehr produziert als nachgefragt wird

Grammatik: Pronomen "man"

Man spricht von Weltmarkt .	Говорят о мировом рынке.
Man unterscheidet verschiedene Arten von Märkten.	Различают разные типы рынков.

Beachten Sie die Übersetzung der Verbform und die Person.

Übung 11. Suchen Sie im Text Äußerungen, wo "man" gebraucht wird, und schreiben Sie sie heraus.

Übung 12. Vergleichen Sie und übersetzen Sie.

Wir sprechen von Weltmarkt, Ölmarkt oder Rohmarkt .
Man spricht von Weltmarkt, Ölmarkt oder Rohmarkt.

Übung 13. Verwandeln Sie in eine Äußerung mit "man".

Wir produzieren Büromaschinen, Computers.

Übung 14. Übersetzen Sie.

В Германии производят автомобили, суда, металл, обувь, одежду, телевизоры, стиральные машины и другие товары. Различают несколько типов рынка, например рынок труда, рынок недвижимости, рынок ценных бумаг и т.д. Говорят о рынке потребительских товаров и рынке инвестиций.

Grammatik: Präsens Passiv

Wir benutzen dazu das Präsens von "werden" und das Partizip II des Verbs.

Die Wirtschaft wird über den Markt gesteuert.	Экономика регулируется рынком.
Auf dem Bodenmarkt werden Grundstücke gehandelt.	На земельном рынке торгуют земельными участками.
Auf dem Arbeitsmarkt werden die menschlichen Arbeitskräfte angeboten.	На рынке труда предлагается человеческая рабочая сила.

Übung 15. Suchen Sie im Text und schreiben Sie alle Äußerungen heraus, wo das Präsens Passiv vorkommt.

Übung 16. Übersetzen Sie die Äußerungen ins Russische.

Übung 17. Setzen Sie in die 3. Person Singular des Präsens Passiv.

bilden, mitteilen, vermieten, schaffen, steuern, anbieten, verkaufen, nachfragen, produzieren, handeln

Übung 18. Bilden Sie Äußerungen mit den Verben im Präsens Passiv; benutzen Sie dabei die Substantive, die im Text vorkommen.

Übung 19. Übersetzen Sie.

Экономика регулируется рынком. На рынке встречаются продавец и покупатель, предложение и спрос. Цены снижаются, когда предложение больше, чем спрос, т.е. когда товаров производится больше, чем требуется. Цены растут, когда производится меньше, чем требуется, т.е. когда спрос больше, чем предложение.

Übung 20. Merken Sie sich, wie man in einem großen Geschäft, sagen wir mal, "Real", "Minimal", oder "Edeka" Lebensmittel einkauft:

1) Supermarkt oder Spezialmärkte je nach Bedarf auswählen.
Sich erkundigen, welcher Preis angebracht ist.
2) Pfandsystem beim Einkaufswagen.
Einkaufswagen findet man in der Nähe des Eingangs.
Sie sind ineinandergeschoben und miteinander verkettet. Um einen Wagen zu lösen, steckt man eine 1-DM-Münze in einen Kasten am Griff. An dem Kasten ist eine Beschreibung angebracht. Folgen Sie dieser.
3) Die meisten Türen öffnen und schließen sich automatisch. Achten Sie darauf, nicht im Eingangsbereich stehen zu bleiben.
4) Hinweis auf die Wegführung (Eingang/Ausgang): Eingang und Ausgang können nur in eine Richtung durchschritten werden.
5) Wie man sich über das Warenangebot informiert?
Hinweisschilder
Regale abgehen
Personal fragen.
6) Hinweis auf spezielle Abteilungen:
Das Obst muß man meist selber abwiegen, auf jeden Fall für jede Sorte eine Tüte nehmen.
Es gibt eine Waage, auf die man nacheinander die Tüten legt. Für jede Sorte Obst und Gemüse gibt es eine Taste, die man nun drücken muß.
Man erhält einen Zettel, den man auf die Tüte klebt.
7) Vergleichen Sie die Produkte nach Preis;

Inhalt;
Verpackung.
Achten Sie auf Sonderangebote.

8) Bevor man alle Waren auf das Fließband legt, trennt man sie von denen des Vordermannes ab. Die Kassiererin summiert die Preise.

Falls man eine Tüte benötigt, muß man der Kassiererin Bescheid sagen. Anschließend nennt Sie den Gesamtpreis, den man auch auf der Kasse ablesen kann.

Die Waren, die von der Kassiererin registriert wurden, kann man bereits vorher einpacken.

9) Überflüssige Verpackungen kann man in die dafür vorgesehenen Behälter in der Nähe des Ausgangs werfen. Achten Sie auf die Unterscheidung von Papier und Plastik.

10) Fahren Sie den Wagen nur dahin, wo Sie ihn hergenommen haben.

Achten Sie wieder auf die Beschreibung am Wagen und denken Sie an Ihr Pfand.

11) Öffnungszeiten der Geschäfte:
Mo-Fr: 9.00 — 18.30 (20.00);
Sa: 9.30 — 14.00 (16.00);
So: geschlossen
Aber: Achten Sie auf den Aushang an den Ladentüren, manchmal gibt es Abweichungen.

Übung 21. Lesen Sie den Dialog zum Thema "Einkaufen im Supermarkt" durch, merken Sie sich die wichtigsten Besonderheiten beim Einkaufen in Deutschland.

Einkaufen im Supermarkt.

A: Gastgeber. *B:* Gast
A: Möchtest du mit dem Bus oder mit dem Auto einkaufen fahren?
B: Ich glaube, ich nehme lieber den Bus.
A: O.K! Du nimmst am besten Linie 4, die um n-Uhr am X-Platz abfährt. Du steigst vorne im Bus ein, erklärst dem Fahrer, daß du an der Haltestelle Z aussteigen möchtest. Dann zahlst du den vom Fahrer genannten Preis, nimmst dein Ticket (nicht wegwerfen!) und setzt dich hin. Auf der Anzeige vorne im Bus kannst du erkennen, wann du aussteigen mußt. Sobald Z im Display erscheint, drückst du auf einen der roten Halte-Wunsch-Knöpfe, wartest, bis der Bus stoppt und steigst aus. Gleich gegenüber befindet sich der Supermarkt, mit der großen Leuchtanzeige W.

Vorm Eingang von W. findest du die Einkaufswagen. Du nimmst ein Markstück, steckst es in die dafür vorgesehene Öffnung am Griff des Wagens und ziehst den Wagen aus der Reihe der anderen. Mit dem Einkaufswagen betrittst du den Verkaufsraum. Die Waren liegen alle in Regalen, die entsprechenden Preise sind am Regal angebracht. Die Artikel, die dir zusagen, packst du in den Wagen. Achte auf das Verfallsdatum der Produkte.

B: Was tue ich, wenn ich Obst kaufen möchte?

A: Du fährst mit deinem Wagen in die ausgeschilderte Obstabteilung. Dort nimmst du dir eine der Plastiktüten vom Ständer neben der Waage. Achte darauf, daß du immer nur eine Obstsorte pro Tüte packst. Die volle Tüte stellst du auf die Waage und wiegst ab, indem du auf das entsprechende Früchte- oder Gemüsesymbol auf dem oberen Teil der Waage drückst. Den von der Waage ausgedruckten Preisaufkleber klebst Du auf die Tüte.

B: Wie bezahle ich die Waren, wenn ich alles im Wagen habe?

A: In den meisten Supermärkten findest du den Ausgang links. Dort befinden sich auch die Kassen. Du reihst dich hinten in die Schlange ein, und wenn du an der Reihe bist, legst du alle Waren aus deinem Wagen auf das Transportband. Die Kassiererin/der Kassierer tippt oder scant den Preis/die Artikelnummer (Barcode) in die Kasse ein.

Der Gesamtpreis wird dir genannt und erscheint gleichzeitig auf dem Display der Kasse. Den geforderten Betrag händigst du der Kassiererin/ dem Kassierer aus und erhälst Wechselgeld und Kassenzettel zurück. Anhand der Kassenzettel kannst du die Richtigkeit der Rechnung überprüfen und bei Unklarheiten (z.B. falschen Beträgen) die Kassiererin fragen.

B: Und dann?

A: Du lädst die Waren in die Tasche, die ich dir mitgeben werde und schiebst den Wagen zum Ausgang. Draußen bringst du ihn zu dem Ständer, von dem du ihn genommen hast und reihst ihn hinten in die Schlange ein. Vom vorderen Wagen nimmst du die Kette und steckst sie in die dafür vorgesehene Öffnung an deinem Wagen. Beachte die Zeichnung an dem Wagen.

Nachdem du dies getan hast, kannst du die Mark wieder entnehmen und mit dem Bus zurück fahren.

Übung 22. **Rollenspiel.** Sie sind zu Besuch bei einem Autohändler. Er heißt Meier und verkauft Jahreswagen "Mercedes". Das Geschäft geht nicht besonders gut. Stellen Sie Herrn Meier Fragen, warum das Geschäft nicht gerade floriert (процветает), womit es zusammenhängt.

Text N 2
VERBRAUCHERPREISE IM SEPTEMBER 1993

Ware	Einheit	Preis in DM Sept.93	Veränderung in Prozent Sept.92	Aug.93
Nahrungsmittel/Getränke				
Rindfleisch zum Schmoren	1 kg	19,32	–0,3	—
Schweinekotelett 1	kg	13,95	–2,7	–0,4
Jagdwurst	1 kg	19,94	+2,1	+0,1
Salami inländ. Herkunft	1 kg	30,82	+1,4	–0,3
Seelachsfilet	1 kg	13,30	–7,9	–1,0
Brathähnchen (Tiefkühl)	1 kg	5,38	–0,9	—
Deutsche Eier, Klasse 3	10 St.	2,65	+1,1	+1,5
Vollmilch, Packung	1 l	1,36	+0,7	–0,7
Camembert	125 g	2,03	+1,0	—
Dt. Markenbutter	250 g	2,06	–1,9	–0,6
Pflanzen-Margarine	500 g	1,80	–3,0	–0,5
Dunkles Mischbrot	1 kg	3,96	+2,1	—
Langkornreis	250 g	1,93	+5,2	—
Erdbeer-Konfitüre	450 g	2,60	+0,7	—
Vollmilch-Schokolade	100 g	1,07	–2,7	–1,0
Apfelsaft	1 l	1,67	+0,6	–0,7
Mineralwasser	0,7 l	0,72	+4,3	—
Bohnenkaffee	500 g	7,88	–1,4	+0,6
Flaschenbier	0,5 l	1,08	+6,9	+0,9
Kartoffeln Klasse 1	2,5 kg	2,89	–0,6	–0,7
Tomaten	1 kg	3,45	+4,5	+4,3
Tafeläpfel	1 kg	3,16	–19,0	–6,5
Apfelsinen	1 kg	3,51	+6,6	+2,9
Bekleidung/Schuhe				
Herrenhose	1 St.	137,27	+5,3	+0,2
Damenrock	1 St.	113,41	+2,7	—
Strampelanzug	1 St.	29.00	+4,4	+0,5
Herrenschuhe	1 Paar	178,37	+2,8	–0,1
Drogerieartikel				
Zahnbürste	1 St.	2,98	+5,7	+1,0
Geschirrspülmitte	1 l	13,49	–1,1	–0,3
Vogelfutter	250 g	2,17	+5,2	+1,4
Hausrat				
Bratpfanne, Edelstahl	1 St.	71,40	+2,8	–0,3
Dampfbügeleisen	1 St.	86,58	–1,2	—
Glühlampe	1 St.	2,05	—	—

Ware	Einheit	Preis in DM Sept.93	Veränderung in Prozent	
			Sept.92	Aug.93
Kraftfahrzeugbedarf/ Brennstoffe/Mieten				
Autobatterie 12 Volt	1 St.	103,39	+3,4	—
Normalbenzin bleifrei	10 l	13,30	−2,0	−1,3
Heizöl	100 l	46,68	−2,6	−1,6
Altbauwohnung: Bad, 2 Zimmer		370,85	+3,5	+0,8
3-Zimmer-Whg:Balkon, ca.	75 m²	740,24	+6,5	+0,5
Leistungen und Tarife				
Besohlen Herrenschuhe	1 x	31,77	+3,1	+0,3
Strom, Haushalt	200 kWh	63,02	+1,7	—
Gas	1000 kWh	75,42	−21,0	—
Reinigung H.-Schuhe	1 x	17,08	+5,4	+0,1
Waschen und Mangeln	1 x	18,55	+5,6	—
Autowäsche	1 x	9,15	+2,7	+0,3
Taxifahrt, 3 km	1 Fahrt	11, 28	+2,2	
Haarschneiden für Herren	1 x	28,84	+6,2	+0,1
Dauerwelle für Damen	1 x	90,37	+7,1	+0,3
Krankenhausaufenthalt	1 Tag	483,43	+3,1	—
Oper, 2. Rang Mitte	1 Karte	35,50	+10,9	+2,9
Farbfilmentwicklung	1 Film	4,25	+4,0	—
Vergrößerung	1 Bild	0,69	—	—
Fernsehreparatur	1 Std.	68,30	+4,4	—

Wörter

    das Rindfleisch — говядина
    die Jagdwurst — охотничья колбаса
    das Brathähnchen — жареная курица
    das Ei, -er — яйцо
—   die Vollmilch — цельное молоко
    dunkles Mischbrot — черный хлеб
    die Erdbeerkonfitüre — клубничный джем
    die Schokolade — шоколад
    der Apfelsaft — яблочный сок
    das Mineralwasser — минеральная вода
—   der Bohnenkaffee — кофе в зернах
    die Tomate — помидор
    die Apfelsine — апельсин

die Herrenhose, -n — мужские брюки
der Damenrock, -e — женская юбка
die Herrenschuhe — мужские туфли
die Zahnbürste — зубная щетка
die Bratpfanne, -n — сковородка
die Glühlampe, -n — лампа накаливания
das Normalbenzin — обычный бензин
die Altbauwohnung — квартира в старом фонде
der Strom — электричество
die Autowäsche — мойка машины
die Taxifahrt — проезд на такси
das Haarschneiden — стрижка волос
die Dauerwelle — химическая завивка волос
der Krankenhausaufenthalt — пребывание в больнице
die Fernsehreparatur — ремонт телевизора

Übung 1. Überprüfen Sie, ob die Verbraucherpreise im September im Gegensatz zum Vorjahr so waren, wie Sie sie der Tabelle entnehmen.

Ein Kilo Rindfleisch kostete 1993 19 DM 32 Pfennige.
Ein Kilo Jagdwurst kostete 19DM 94 Pfennig.
Ein Kilo Mischbrot kostete 3 DM 96 Pfennige, stimmt es?
Stimmt es auch, daß 500 g Bohnenkaffee sieben Mark und **88 Pfennige** kosteten?
Was kostete ein Kilo Tomaten?
Waren die Tafeläpfel billiger als Tomaten?
Was zahlte man für eine Zahnbürste?
Was kostet eine Drei-Km-Fahrt?
Stimmt es wirklich, daß ein Tag Krankenhausaufenthalt etwa 483 DM kostete?

Übung 2. Sie sehen, die Substantive sind ohne Artikel und Pluralform.

Schlagen Sie im Wörterbuch nach und fügen Sie Artikel und Pluralsuffixe, wo notwendig, hinzu.

Übung 3. Beantworten Sie die folgenden Fragen.

Welche Güter zählen zu den Nahrungsmitteln?
Welche Getränke sind in der Verbraucherpreisliste genannt?
Welche Drogerieartikel sind in der Tabelle angeführt?

Was gehört zu den Hausratsartikeln?
Welche Verben besagen, daß sie Dienstleistungen bezeichnen?

Übung 4. Übersetzen Sie.

Bohnenkaffee, Tafeläpfel, Jagdwurst, Schweinekotelett, Vogelfutter, Dampfbügeleisen, Glühlampe, Dauerwelle, Farbfilmentwicklung.

Text N 3
DAS EURO-GELD IST BESSER ALS SEIN RUF
7 Vorteile für Unternehmer

Grammatik: Konditionalis I; Komparativ als Steigerungsstufe; Konjunktiv des Verbes „sein" — „wäre"

Wer sich heute auf den europäischen Binnenmarkt begibt, nimmt an einer gigantischen Geldvernichtungsaktion teil. Der Testfall: Ein Reisender, der mit 10000 DM in der Tasche eine Tour durch die Union macht und dabei in jedem Mitgliedsstaat sein Geld in die jeweilige Landwährung tauscht, ist am Ende der Fahrt um 4944 Mark ärmer, ohne auch nur einen Pfennig tatsächlich ausgegeben zu haben. Gesamtschaden der Wechselkursverluste für die europäische Wirtschaft: 30 Milliarden Mark pro Jahr.

Gibt es eine einheitliche europäische Währung, büßt unser Reisender keine Mark ein. Solche Vorzüge leuchten ein. Nach einer Umfrage der EU-Komission befürworten 53 Prozent der Europäer die Währungsunion. Nur die Dänen und Briten sind mehrheitlich dagegen. Und die Deutschen. Gerade einmal 36 Prozent stehen hinter dem Maastrichter Vertrag, nach dem Euro-Geld spätestens 1999 eingeführt werden soll.

Dieses Stimmungsbild ist das Ergebnis einer öffentlichen Diskussion um die Währungsunion, in der die Angstmacher den Ton angeben. An der Spitze der Bewegung steht der Frankfurter Währungsexperte Professor Wilhelm Hankel. Wenn die Deutschen ihre heißgeliebte D-Mark gegen das neue Euro-Geld eintauschen, so prophezeit der Schwarzseher, dann ziehen Inflation, Massenarbeitslosigkeit und Kapitalflucht über Deutschland.

Die Risiken dieses Projekts werden von den Befürwortern der Währungsunion nicht verdrängt. Doch sie haben es bislang versäumt, rechtzeitig und laut genug die andere Seiten der Bilanz aufzuzeigen. Das Euro-Geld bringt den Europäern, den Unternehmen handfeste Vorteile: mehr Sicherheit für Exportgeschäfte, stabile Preise und einen Schub für den Binnenmarkt.

Mit diesem Beweis wollen die Schrittmacher der Währungsunion nun in die Gegenoffensive gehen. So fordert der Vorsitzende des Wirtschafts-Währungsausschusses im Europäischen Parlament, der Deutsche Karl von Wogau, eine großangelegte Informationskampagne. Von Wogau: „Wir müssen Akzeptanz für das Euro-Geld schaffen. Dazu gehört, den Menschen erst einmal klarzumachen, daß sie die einheitliche Währung nicht mit dem Vermögensverlust bezahlen.

Doch die Gegner der Währungsunion schüren die Furcht vor dem neuen Geld mit Behauptungen, die einer Überprüfung nicht standhalten. Vor allem diese: Rekordschuldner wie Italien oder Belgien würden sich mit Hilfe der Eurowährung sanieren — zu Lasten der Deutschen. Tatsache aber ist, daß kein Mitgliedsland der Währungsunion sich in den Tresoren der Europäischen Zentralbank nach Bedarf bedienen kann. Im Gegenteil, das Instrumentarium von Sanktionsmaßnahmen der europäischen Währungshüter gegen strategische Schuldenmacher in den Regierungen ist schärfer als das der Deutschen Bundesbank.

So warnt Altkanzler Helmut Schmidt auf einer Bankier-Tagung in Hamburg, „eine Währungsunion ist zwar auch ohne politische Zusammenarbeit möglich, umgekehrt funktioniert dies aber nicht."Die Folgen wären verheerend. Die Europäischen Nachbarn würden sich zu einer Koalition gegen die übermächtige D-Mark zusammenschließen, Deutschland würde — zum dritten Mal in diesem Jahrhundert — politisch isoliert. Und das, warnt Schmidt, bedeutet Auftrieb für alle nationalistischen Kräfte. Der Schaden einer gescheiterten Währungsunion wäre nicht nur politischer Natur. Auch die Wirtschaft wäre übel dran, befürchtet Hilmar Kopper, Vorstandssprecher der Deutschen Bank. Im Impulse-Interview sagte Kopper: „Es besteht die Gefahr der Renationalisierung der Wirtschaftspolitiker und auch das Risiko eines aufflammenden Protektionismus.

Gerd Kühlhorn Impulse 7/95

Wörter

der Binnenmarkt, -e — внутренний рынок
das Euro-Geld — общеевропейские деньги, "евро"
das Exportgeschäft, -e — экспортный бизнес
die Währungsunion, -en — валютный союз
der Vorzug, -e — преимущество
die Kapitalflucht, -e — утечка капитала
der Vorteil, -e — преимущество
der Tresor, -en — сейф
die EU-Kommission, -en — комиссия Европейского Союза

der Ruf, -e — слава
das Ergebnis, -se — результат
der Währungsexperte, -n — эксперт по валюте
der Gegner — противник
der Befürworter — сторонник
das Risiko, Risiken — риск
die Landwährung, -en — национальная валюта
die Wirtschaft, -en — экономика
tauschen in Akk. (Geld) — обменивать на что-либо (валюту)
einbüßen — терять
den Ton angeben — задавать тон
befürworten — высказываться за
dagegen sein — быть против
einführen — вводить
sanieren — оздоравливать
zu Lasten — за счет
zu Gunsten — в пользу
sich bedienen — обслуживаться
der Protektionismus — протекционизм
bezahlen — оплачивать

Übung 1. Hören Sie sich den Text an, übersetzen Sie ihn ins Russische.

Übung 2. Überprüfen Sie, ob Sie den Text richtig verstanden haben.

Warum ist dieser Text so betitelt?
Welche sieben Vorteile soll der „Euro" für Unternehmer bringen?
Wann wird das Euro-Geld eingeführt?
Was behaupten die Gegner des „Euro"?
Welche zwei Länder sind Rekordschuldner?
Ist eine Währungsunion auch ohne politische Zusammenarbeit möglich?
Warum ist Deutschland für die Einführung des „Euro"?

Übung 3. Suchen Sie im Text Adjektive, die mit dem Substantiv vorkommen, und übersetzen Sie diese.

Muster : europäischer Binnenmark   *Muster :* europäischer Vorteil
    — Wirtschaft   — Geld
    — Währung   — Schuldenmacher
    — Diskussion   — Zusammenarbeit
    — D-Mark   — Nachbarn
    — Eurogeld   — Preise

Übung 4. Merken Sie sich die Rektion der Verben.

sich begeben auf Akk.	klarmachen D. Akk.
tauschen Akk. in Akk.	standhalten D.
befürworten Akk.	sich bedienen G.
eintauschen gegen Akk.	

Übung 5. Nennen Sie sinnverwandte Wörter.

der Vorzug	das Ergebnis
tauschen	einbüßen

Übung 6. Nennen Sie Antonyme.

der Gegner	befürworten
der Vorteil	zu Lasten

Übung 7. Suchen Sie Textstellen mit den Antonymen in der Übung 6.

Grammatik: Konditionalis I

Ich **würde** den Text **übersetzen**.	Я **бы перевёл** текст.
Die Nachbarn **würden** sich **zusammenschließen**.	Соседи **объединились бы**.

Übung 8. Übersetzen Sie.

Wie würden Sie diesen Text übersetzen?
Was würde die Einführung des „Euro" bringen?
Wie würdest du diesen Text betiteln?
Welche Vorteile würde der „Euro" bringen?
Warum würden sich die Nachbarn Deutschlands gegen die D-Mark zusammenschließen?

Grammatik: Komparativ als Steigerungsstufe

gut	besser
arm	ärmer
viel	mehr
scharf	schärfer

Übung 9. Übersetzen Sie die Formen der Adjektive und Adverbien.

Übung 10. Suchen Sie Textstellen mit dem Komparativ und übersetzen Sie ins Russische.

Übung 11. Merken Sie sich das Sprichwort.

Vertrauen ist gut, Kontrolle besser.

Grammatik: Konjunktiv des Verbs „sein" — „wäre"

Die Folgen **wären** verheerend.	Последствия **были бы** губительными.
Der Schaden **wäre** nicht nur politischer Natur.	Вред **был бы** не только политического свойства.
Auch die Wirtschaft **wäre** übel dran.	И экономика **пострадала бы** от этого.

Übung 12. Übersetzen Sie.

Es wäre gut, wenn es warm wäre, ich würde spazierengehen. Es wäre gut, wenn du mich heute besuchen würdest. Es wäre schön, wenn du mich anrufen würdest.

Übung 13. Übersetzen Sie.

Ты бы перевела этот текст? Было бы хорошо, если бы ты домашние задания сделала сегодня. Было бы лучше, если бы текст был покороче и попроще. Было бы интереснее, если бы она рассказала о себе.

Übung 14. Was wäre, wenn ...

Was würden Sie tun, wenn Sie einen Mercedes besäßen?
Was würden Sie tun, wenn Sie mehr Geld hätten?
Was würden Sie tun, wenn jetzt Sommer wäre?
Was würden Sie tun, wenn Sie jetzt in Deutschland wären?

Übung 15. Merken Sie sich:

Land	*Bürger*	*Sprache*
Belgien	Belgier	Französisch
Dänemark	Däne	Dänisch
Deutschland	Deutscher	Deutsch
die Türkei	Türke	Türkisch
die USA	Amerikaner	Englisch
England	Engländer	Englisch

Land	Bürger	Sprache
Finnland	Finne	Finnisch
Frankreich	Franzose	Französisch
Großbritannien	Brite	Englisch
Holland	Holländer	Holländisch
Italien	Italiener	Italienisch
Norwegen	Norwege	Norwegisch
Rußland	Russe	Russisch
Schweden	Schwede	Schwedisch

Übung 16. Beantworten Sie folgende Fragen.

Muster : — Sie kommen aus Frankreich? — **Ja, ich bin Franzose.**
1) Sie kommen aus Deutschland?
2) Sie kommen aus Rußland?
3) Sie kommen aus den USA?
4) Sie kommen aus England?
5) Sie kommen aus Schweden?
6) Sie kommen aus der Türkei?

Übung 17. Lesen Sie das Interview durch und sagen Sie kurz, worum es geht.

SPD-Europapolitikerin Heidemarie Wieczorek-Zeul im Interview: EU-Länder notfalls mehr Zeit lassen.

„Währungsunion ist unverzichtbar"

KOBLENZ. Als Vollendung des Europäischen Marktes sowie als Wegbereiter einer politischen Einheit sieht die SPD-Europapolitikerin Heidemarie Wieczorek-Zeul die Europäische Wirtschafts- und Währungsunion.

Im Interview mit unserer Zeitung plädiert sie dafür, die Stabilität nicht zu vernachlässigen, sondern den Ländern gegebenenfalls mehr Zeit zu lassen, um die Kriterien zu erfüllen. Hier das Interview im Wortlaut:

Ist eine einheitliche Währung überhaupt notwendig?

Wieczorek-Zeul: Unbedingt. Der Gemeinsame Europäische Markt ist unvollendet, wenn als letzte verbliebene Trennung die unterschiedlichen Währungssysteme beibehalten werden. Gerade für die deutsche Wirtschaft, deren wichtigste Handelspartner die anderen Mitgliedsstaaten der Europäischen Union sind, ist die Währungsunion im Prinzip unverzichtbar.

Was kann der „Euro" politisch bewegen, hin zu einer echten Union mit gemeinsamer Politik?
Wieczorek-Zeul: Ich glaube, daß der „Euro" ein Katalysator sein kann, um ein koordiniertes Handeln der europäischen Regierungen zu erreichen. Es ist doch heute schon so, daß die Ökonomien der westeuropäischen Länder in einem so hohem Maß miteinander verflochten sind.

Macht die „Kernlösung" Sinn, also zuerst die EU-Länder mit starker Währung in den „Euro" einzubringen?
Wieczorek-Zeul: Es gelten hier die Kriterien des Maastricht-Vertrags — das heißt an der Währungsunion kann zunächst nur teilnehmen, wer dauerhaft stabile Währungen und niedrige Inflationsraten vorweisen kann.Um so wichtiger ist es, daß eine Nachfolge des Europäischen Währungssystems bereits vor 1999 in Kraft treten muß. Dadurch soll erreicht werden, daß zwischen diesen Ländern und denen, die zunächst nicht an der Währungsunion teilnehmen werden, ein stabiler Währungsaustausch garantiert werden kann.

Wie stark, wie stabil wird der „Euro" sein?
Wieczorek-Zeul: Wir wollen,daß der „Euro" genauso stark und stabil wird wie die Mark. Um das zu garantieren, hat die SPD bei der Ratifizierung des Maastricht-Vertrags durch den Deutschen Bundestag erreicht, daß vor der Beteiligung Deutschlands an der Währungsunion der Bundestag sein Einverständnis geben muß. Das Desaster in der deutschen Wirtschafts- und Finanzpolitik läßt allerdings befürchten, daß wir die strengen Stabilitätskriterien nicht erfüllen werden. Und die Massenarbeitslosigkeit, die von der Bundesregierung nicht bekämpft wird, hat zu verminderten Steuereinnahmen geführt. Das Maßnahmenpaket, das die Bundesregierung in der letzten Woche vorgelegt hat, verschärft die Massenarbeitslosigkeit im übrigen noch weiter.

Welchen Einführungstermin halten Sie für realistisch?
Wieczorek-Zeul: Im Vertrag ist das Datum 1999 fixiert. Ob aber dieses Datum gehalten werden kann, entscheiden vor allen Dingen die ökonomischen Fakten. Wenn 1999 nicht genug Länder die Stabilitätskriterien erfüllen, müssen wir uns noch etwas Zeit lassen.

(Das Gespräch führte Frank Syre)
Rhein-Zeitung Nr.104 4./5. Mai 1996

Übung 18. **Rollenspiel.** Sie sind Student. Sie haben Besuch. Ein Herr Müller ist bei Ihnen zu Gast. Sie sprechen über das künftige Euro-Geld und den Rubel. Fragen Sie Herrn Müller, was er über den „Euro" weiß. Ihr Gast interessiert sich, ob der Rubel einmal zu einer harten Währung wird. Nehmen Sie dazu Stellung.

Thema N 6
MARKETING

Text N 1
MARKETING

Grammatik : 1) Reflexiv gebrauchte Verben; 2) Pronomen „man" (Wiederholung); 3) Präsens Passiv (Wiederholung)

In der Zeit nach dem Zweiten Weltkrieg bestand ein großer Nachholbedarf der Bevölkerung in allen Konsumbereichen. Es entwickelte sich ein typischer **Verkäufermarkt,** in dem den Anbietern praktisch alles aus der Hand gerissen wurde, was sie produzerten. Nach dem Abflauen der ersten Konsumwelle wandelten sich aber die Verhältnisse zwischen Anbietern und Nachfragern. Bei vielen Gütern bildete sich nun ein **Käufermarkt**, auf dem der Nachfrager die dominierende Stellung hatte. Die Anbieter mußten sich nun im Wettbewerb bewähren und konnten sich nicht mehr darauf verlassen, daß sie alles verkauften, was sie produzierten. Damit hatte die Geburtsstunde des **Marketing** geschlagen.

Das Wort „marketing" kommt aus den USA und kann im Deutschen mit „etwas auf den Markt bringen" übersetzt werden. Es ist aber nicht mit „Verkauf" gleichzusetzen, durch den die Mittel für den weiteren Bestand der Unternehmung zurückfließen.

-- Ware --
Einkauf -------------------------- Fertigung ------------------------------ Verkauf
-- Geld --

Marketing muß als völlige Umorientierung des unternehmerischen Denkens, als neue Unternehmensphilosophie angesehen werden. Es geht nicht mehr darum, das zu verkaufen, was die Unternehmung produziert, sondern das zu leisten, was die Kundenwünsche zufriedenstellt. Die Orientierung an den Kundenwünschen ist oberstes Leitbild der Unternehmung;

sie stehen im Mittelpunkt aller betrieblichen Entscheidungen. Dies gilt nicht nur für die Vertriebsabteilung, sondern für alle Unternehmensbereiche.

Das Verkaufen fängt bei einer marketingorientierten Unternehmung schon mit dem Einkauf an, denn Art und Qualität der Rohstoffe sind unter Umständen schon ausschlaggebend für die Zufriedenheit des Kunden mit dem Endprodukt.

Man unterscheidet im Marketing oft vier Aktivitätsbereiche in der Unternehmung, die sicherstellen sollen, daß der Markt und die Unternehmung möglichst vollkommen harmonieren: 1) die Produktpolitik; 2) die Kommunikationspolitik; 3) die Kontrahierungspolitik; 4) die Distributionspolitik.

Zur Produktpolitik gehören alle Bemühungen, durch Art und Eigenschaften der Produkte, durch Gestaltung des Sortiments, durch Garantieleistungen, Produktpflege und Kundendienst den Markt zu erschließen.

Diese Produktpolitik ist wirkungslos, wenn nicht sichergestellt wird, daß die Kunden auch von den Besonderheiten unserer Produkte erfahren. Dazu benötigen wir die Kommunikationspolitik. Durch Werbung, public relations, besondere Verkaufsaktionen und hervorragend geschultes, entgegenkommendes Verkaufspersonal muß die Verbindung zum Nachfrager gefestigt werden.

Unterstützt wird die Kommunikationspolitik wiederum durch die Kontrahierungspolitik, bei der es um die gemeinsame Ausgestaltung der Kaufverträge geht. Natürlich spielen die Preise, die gelegentlich für jeden Kunden unterschiedlich sein können, eine wichtige Rolle. Daneben kommt es jedoch auf die Lieferungs- und Zahlungsbedingungen, Nebenleistungen u.a. an.

Alle diese Einsatzbereiche des Marketing können wirkungslos sein, wenn nicht die Distributionspolitik dafür sorgt, daß die Ware auch reibungslos zum Kunden gelangt. Unzureichende Verkaufsstellen, langwierige Transporte, nachlässige Vertreter oder schlechte Kontakte zum Einzelhandel, der die Ware an den Endverbraucher weitergeben soll, machen alle anderen Bemühungen zunichte.

Alle Maßnahmen müssen so aufeinander abgestimmt sein und harmonieren, daß die bestmögliche Marktstellung erreicht wird. Gute Werbung, die mir die Kunden ins Haus lockt, kann durch unfreundliche Verkäufer, die die Kunden wieder verjagen, umsonst gewesen sein. Marketing erfordert eine Gesamtkonzeption.

Markt (3)

Wörter

der Verkäufermarkt, -e — рынок продавцов
der Käufermarkt, -e — рынок покупателей
der Kundenwunsch, -e — желание клиента
die Orientierung an D., -en — ориентация на что-либо
die Vertriebsabteilung, -en — отдел сбыта

das Endprodukt, -e — конечный продукт
— die Produktpolitik — реализационная политика
  die Kommunikationspolitik — коммуникативная политика
  das Sortiment — ассортимент
  die Werbung, -en — реклама
— public relations — связи с общественностью, работа с общественностью
  das Verkaufspersonal — персонал, занимающийся продажей
  der Kontakt, -e zu, mit — контакт
  die Maßnahme, -n — мероприятие
  der Konsumbereich, -e — область потребления
  die Lieferungsbedingung, -en — условие поставки
— die Zahlungsbedingung, -en — условие оплаты
  sich wandeln — превращаться
— sich bewähren — проявлять себя, оправдать себя
  zufriedenstellen — оставлять довольным, удовлетворять
  anfangen, i, a — начинать
  sicherstellen — обеспечивать
  erschließen, o, o — осваивать
  benötigen — нуждаться
  festigen — укреплять
  unterstützen — поддерживать
— gelangen — добираться, достигать
  weitergeben, a, e — передавать
  zunichtemachen — уничтожать
  erfordern — требовать
  es geht um — речь идет о ...
  hervorragend geschult sein — быть хорошо обученным
— entgegenkommend — предупредительный
  reibungslos — беспрепятственный

Übung 1. Hören Sie sich den Text an und übersetzen Sie ihn.

Übung 2. Beantworten Sie folgende Fragen; prüfen Sie dabei, ob Sie den Text richtig verstanden haben.

Wann entwickelte sich ein typischer Verkäufermarkt?
Was versteht man darunter?
Wann schlug die Geburtsstunde des Marketing?
Woher kommt der ‚Begriff' und was bedeutet er?
Worum geht es beim Marketing vor allem?
Welche vier Aktivitätsbereiche unterscheidet man im Marketing?
Was versteht man unter Produktpolitik?
Wozu benötigt man die Kommunikationspolitik?

Wofür sorgt die Distributionspolitik?
Ist Marketing ein Teil des Unternehmens?

Übung 3. Unterstreichen Sie diejenigen Verbe im Text, die im Zusammenhang mit Marketing besonders häufig verwendet werden.

Grammatik: Reflexiv gebrauchte Verben

Die Anbieter mußten sich im Wettbewerb bewähren (reflexiv).	Продавцы должны были показать себя достойно в соревновании.
Die Verhältnisse zwischen Anbietern und Nachfragern wandelten sich.	Отношения между продавцами и покупателями изменились.
Es bildete sich nun ein Käufermarkt (reflexiv in der Rede).	Образовался рынок покупателей.

Übung 4. Suchen Sie im Text alle Äußerungen mit reflexiv gebrauchten Verben und übersetzen Sie.

Übung 5. Merken Sie sich: einige Verben sind immer reflexiv, andere (wie z.B. bilden u.a.) sind nur in der Rede reflexiv (oder können es sein).

Übung 6. Übersetzen Sie.

Man erinnert sich. Man wandelt sich. Man kann sich darauf verlassen. Man unterscheidet vier Bereiche. Man kann diesen Text ohne Wörterbuch nicht übersetzen. Mann kann (dabei) den Inhalt kaum verstehen.

Übung 7. Suchen Sie im Text alle Äußerungen im Präsens Passiv und übersetzen Sie.

Übung 8. Übersetzen Sie.

Dieser Text ist nicht sehr leicht zu übersetzen. Da wird dem Anbieter alles aus der Hand gerissen. Das Wort „Marketing" wird mit „etwas auf den Markt bringen" übersetzt. Es wird aber nicht mit „Verkauf" gleichgesetzt. Zur Produktpolitik werden alle Bemühungen gerechnet, den Markt zu erschließen. Sie bewährt sich, wenn die Kunden auch von den Besonderheiten der Produkte erfahren.

Übung 11. Sehen Sie sich die Werbung an. Worum wird geworben?

Karriere im Handel

Chance für einen Diplom-Kaufmann oder — Volkswirt bei einer der ersten deutschen Handelsadressen

Wir sind eine deutsche Handelsgruppe mit dezentraler Führungsstruktur im Bereich Food/Non-food. Über ein dichtes Filialnetz haben wir — auch in anderen Ländern — stets die Hand am Puls des Marktes. Unser Name — auch Sie kennen ihn — genießt bei Verbrauchern aller Bevölkerungsschichten einen uneingeschränkt positiven Ruf. Unsere geradlinige Konzeption hat uns zu einem der anerkannt Größten unserer Branche werden lassen. Das solide, kontinuierliche und durch Ertragsstärke gekennzeichnete Wachstum verdanken wir nicht zuletzt der hohen Motivation unserer Mitarbeiter.

An diesem erfolgreichen Unternehmenskurs zu partizipieren ist unser Angebot an Sie. Dazu planen wir zuerst Ihren Einsatz im Gesamtgeschäftsführungsbereich, der geeignet ist, alle Facetten unseres Geschäftes kennenzulernen sowie unternehmerisches Denken und Handeln hautnah zu erfahren. In Vorbereitung auf eine Führungsposition in einer unserer selbständigen Gesellschaften wirken Sie in einer etwa dreijährigen Phase an der Erarbeitung von Unternehmensstrategien mit. Sie lösen komplexe Fragestellungen aus Vertrieb, EDV, Logistik oder Verwaltung und setzen Ihre erarbeiteten Lösungen anschließend selbstverantwortlich um. Zeitgleich werden Sie sukzessiv mit den wesentlichen Linienfunktionen unseres Geschäftes vertraut, die Sie in Ihrer späteren Führungsaufgabe aus eigener Anschauung kennen müssen.

Wenn Sie nach Ihrem universitären Hochschulstudium heute bis ca. 33 Jahre alt sind, möchten wir Sie gerne kennenlernen. Sie haben Ihre erste berufliche Station in der Konsumgüterindustrie, in einem der führenden, renommierten Handelshäuser oder in einer WP-Gesellschaft mit nachhaltigem Erfolg absolviert. Sie sind lern- und leistungsmotiviert und wollen Ihre persönliche und berufliche Zukunft sowie die Zukunft "Ihres" Unternehmens kreativ mitgestalten. Als Persönlichkeit besitzen Sie Mut zur Entscheidung. Sie überzeugen durch fachübergreifendes Denken und Handeln und beherrschen Englisch. Mobilität innerhalb Deutschlands, um eine spätere Führungsposition zu übernehmen, ist für Sie selbstverständlich.

Ein ungewöhnlich rascher Weg, der Sie fordert und den wir honorieren. Unser Berater, Herr Frank Salomon, steht Ihnen telefonisch — auch an diesem Sonntag von 11.00 bis 13.00 Uhr — zur Verfügung. Er berät und informiert Sie. Sie können ihm Ihre Bewerbung mit handschriftlichem Lebenslauf auch sofort zuleiten. Vorab gerne per Telefax. Er antwortet umgehend, verbürgt sich für die Einhaltung von Sperrvermerken.

Übung 12. Sehen Sie sich die Werbung an. Was ist das Ziel dieser Werbung?

L'oréal

Wir sind weltweit die Nummer 1 im Kosmetikmarkt. Unser Erfolg beruht auf Wettbewerbsvorteilen in der Forschung, einer hohen Innovationsfähigkeit, Spitzenqualität unserer Produkte sowie der Marktnähe und Schnelligkeit in der Umsetzung. Dies wird unterstützt durch unsere moderne Unternehmensorganisation: Kleine, dynamische Profitcenter mit flachen Hierarchien und großen Freiräumen. Für diese suchen wir Menschen mit einer positiven Ausstrahlung, "Macher"-Qualitäten und der Fähigkeit zur Teamarbeit.

Zum 1. Juli 1996 oder früher suchen wir Hochschulabsolventen als

Führungsnachwuchs im Vertrieb

Nach kurzer, intensiver Einarbeitungszeit übertragen wir Ihnen eigenverantwortlich einen Bezirk, den Sie selbständig managen. Sie betreuen und beraten unsere bestehenden Kunden und gewinnen neue dazu. Nach einer zweijährigen erfolgreichen Tätigkeit übertragen wir Ihnen weitere Aufgaben im Bereich Key-Account-Management oder Mitarbeiterführung.

Der Weg ist das Ziel ...,

... wenn Sie diese Philosophie teilen, sind Sie bei uns richtig. Wir suchen den Führungsnachwuchs, der seine berufliche Karriere **ausschließlich im Vertrieb** sieht. Der Einstieg in den Vertrieb ist zwar kein leichter Weg, aber mit Sicherheit ein Weg, der jede Menge Spaß, Erfolgserlebnisse und freie Entfaltungsmöglichkeiten bietet. Wir erwarten von Ihnen ein ausgeprägtes Selbstbewußtsein, Kontaktstärke, Optimismus, eine positive Ausstrahlung sowie liebenswürdige Hartnäckigkeit und die Freude daran, Ihre Überzeugungsfähigkeit täglich aufs neue unter Beweis zu stellen. Für uns ist nicht so entscheidend, was sie studiert haben, sondern viel mehr Ihr absoluter Wille, im Verkauf Ihren Weg nach oben zu machen.

Wir bieten Ihnen eine intensive Einarbeitung, starke Marken, modernes Marketing und kundenorientierte Verkaufspolitik aus einem Guß. Schnelle Entscheidungswege und nicht zuletzt Teamarbeit in einem unkomplizierten, leistungsfördernden Umfeld. Die Art, wie wir miteinander umgehen, wird Ihnen gefallen.

Interessiert? Dann rufen Sie uns an. Wir haben Informationsmaterial für Sie bereitgelegt, das Sie zum Ortstarif unter Tel.: 0180/232 93 93 — auch an diesem Wochenende zwischen 16.00 und 19.00 Uhr — anfordern können. Bewerber aus dem Ausland wählen bitte die 06172/92640. Ihre aussagefähigen Bewerbungsunterlagen inklusive eines Anschreibens, aus dem Ihre Motivation für den Vertrieb hervorgeht, senden Sie bitte bis spätestens 15. Mai 1996 unter Kennziffer F M4280 an die von uns beauftragte Beratungsgesellschaft MARES GMBH Personalmarketing, z.H. Jörg Dötter, Christophstraße 33, 40225 Düsseldorf.

Übung 13. Sehen Sie sich dieses Stellenangebot an. Was sind die Aufgaben des Mitarbeiters, was erwartet man von ihm, was bietet man ihm?

Wir suchen zum nächstmöglichen Termin eine/n Mitarbeiter/-in R/2 Marketing und Öffentlichkeitsarbeit Die Aufgaben der Abteilung R/2 Marketing liegen in der Aufarbeitung der Anwendungsfunktionalität sowie der Erarbeitung und Umsetzung von Informationskonzepten.

Ihr Aufgabengebiet:
Internes und externes Informationsmanagement für Kunden, Partner und SAP-Mitarbeiter.
Entwicklung und Umsetzung von umfassenden Informationskonzepten, z.B. Roll-Out-Planung der SAP-Migrationsumgebung R/2 nach R/3.
Aufbereitung innovativer Themen, wie z.B. Koexistenz-Szenarien.
Bereitstellung von Informationen mit Hilfe von Multimedia.

Wir erwarten von Ihnen:
Sichere Kenntnis des R/2 und R/3 Systems.
Erfahrung im Marketing.
Sicherheit in der Vermittlung komplexer Themen sowie stilsichere Ausdrucksfähigkeit in der deutschen und englischen Sprache.
Kreativität bei der Umsetzung innovativer Ideen und der Betreuung von Kunden.
Gute Kenntnis der MS-Office-Anwendungen ist Voraussetzung.

Wir bieten Ihnen:
Ständig neue Herausforderungen in einem technologisch führenden und weltweit expandierenden Unternehmen.
Angenehme Arbeitsatmosphäre im Team junger Kolleginnen/Kollegen.
Persönliche und fachliche Weiterentwicklung durch kontinuierliche Aus- und Weiterbildung.
Umfangreiche Sozial- und Zusatzleistungen.

Bitte bewerben Sie sich mit aussagefähigen Unterlagen unter dem Kennwort "FAZ/158/R/2 Marketing".
Für telefonische Vorabinformationen steht Ihnen Herr Stefan Müller / Personalabteilung

(Tel.: 06227/34-2190) zur Verfügung. Unternehmens-/Bewerberinformationen erhalten Sie über Internet http://www.sap-ag.de

SAP AG
Postfach 14 61 — 69185 Walldorf/Baden

Übung 14. Sehen Sie sich das Stellenangebot an. Ist es für Sie reizvoll?

Software—Ingenieur, Systemmanager

Wir sind ein international erfolgreich agierendes Unternehmen innerhalb eines großen Konzernverbundes mit Sitz in Süddeutschland.

Für unseren Produktbereich "Informations- und Kommunikationssysteme" suchen wir eine/n Diplom-Informatiker/in für die Entwicklung von Echtzeitsoftware für "embedded systems" in bemannten/unbemannten Fluggeräten und Fahrzeugen.

Im wesentlichen beinhaltet die Aufgabe: Analyse, Design, Implementierung und Integration nach nationalen und internationalen Standards und Methoden mit entsprechenden CASE Tools (SA, OOA, SD, OOD etc) sowie das System Management für Entwicklungs-, Test- und Stimulationsumgebungen mit CASE Tools wie SUN/Solaris, VAX/VMS, VME Systeme/UNIX, LynxOS, Echtzeitbetriebssysteme und für das Kommunikationsnetz (PC), Novell Net, Windows NT, TCP/JP.

Neben fundierten Kenntnissen in Software-Entwicklungsstandards und Methoden erwarten wir:

Kenntnisse in Netzwerken und Protokollen.

tiefgreifende Systemkenntnisse UNIX, Windows 3.11, Windows NT und Echtzeitbetriebssysteme.

Programmiersprachen Ada, CC++, ASM.

Englischkenntnisse.

Teamfähigkeit.

Wir bieten Ihnen die Entwicklungschancen in einem Großkonzern und natürlich eine leistungsgerechte Bezahlung. Wenn Sie diese breit angelegte Aufgabe reizt, freuen wir uns auf Ihre komplette Bewerbung. Bitte richten Sie diese an den Anzeigendienst der Steinbach & Partner GmbH Managementberatung, An der Brunnenstube 16, 88212 Ravensburg, Kennziffer RW 620. Unter Telefon 0751/14103 erhalten Sie von Frau Roswitha Wessbecher gern ergänzende Auskunft.

Steinbach & Partner GmbH Managementberatung
Stuttgart — Frankfurt — München — Düsseldorf — Bonn — Hamburg — Basel — Ravensburg — Kassel

Übung 15. Lesen Sie die Werbung durch. Welche Qualifikationen sind für die Hypo-Bank maßgeblich?

Bei der HYPO dreht sich alles um den Kunden. Seine Meinung und sein Vertrauen sind uns äußerst wichtig.

Diese Ausschreibung richtet sich deshalb an Top-Berater/-innen, die sich aufgrund ihrer Fachkenntnis und ihres Vertriebserfolges dafür interessieren, unsere anspruchsvollen Firmenkunden zu begleiten.

Wir erwarten nachhaltigen Erfolg im Vertrieb bei einem weit überdurchschnittlichen Ertragsanspruch sowie mehrjährige Erfahrung in der Betreuung und Akquisition komplexer Firmenverbindungen. Ein hohes Maß an Fachwissen und Können in allen Sparten des Auslandsgeschäfts, einschließlich des internationalen Finanzierungsgeschäfts setzen wir ebenso voraus, wie vorbildliche Zusammenarbeit mit den Firmenkundenbetreuern und Spezialisten unseres Hauses. Darüber hinaus zeichnen Sie sich durch zielstrebiges Vorgehen bei der Ausschöpfung der Marktchancen aus und sind bereit, die Verantwortung für Ihre Tätigkeiten zu übernehmen.

Genau so stellen wir uns den/die

Außenhandelsberater/in

für unsere Filiale **Frankfurt/Main** vor. Wir bieten Ihnen dafür alle Möglichkeiten einer großen, international agierenden Bank. Dazu gehören natürlich eine leistungsgerechte Bezahlung sowie moderne Mitarbeiterförderung. Wenn Sie interessiert sind, dann senden Sie uns Ihre Bewerbungsunterlagen:

Bayerische Hypotheken- und Wechsel-Bank AG
Filiale Frankfurt,
z. Hd. Herrn Heppe,
Bockerheimer Landstr. 33-35,
60325 Frankfurt/Main.

Hypo-bank
Markt (3)

Text N 2

SEHR PERSÖNLICH
Neues Marketing

Grammatik : Infinitiv mit „zu", „ohne ...zu", „um ... zu"

Was haben Edzard Reuter, Lothar Späth und Johannes Paul II. gemeinsam? Alle drei lieben Champagner der Marke Krug und haben deshalb einen festen Platz in der Datenbank der Traditionskellerei.

Alle drei teilen aber auch ein Los, das sie Millionen anderer Konsumenten gleichmacht — ihre Verbrauchsgewohnheiten werden möglichst genau erfaßt und elektronisch für das Marketing aufbereitet.

Datenbank-Marketing oder auch Beziehungsmarketing nennt sich der neue Kundenfang per Datenbank, der es Unternehmen wie Krug erlaubt, ihre Konsumenten zielgerecht anzusprechen und zu bewerben.

Ob Daimler-Chef, Zeiss-Fürst oder Papst — vor der Elektronik werden alle zum gläsernen Kunden. Hochleistungsrechner, kombiniert mit neuronalen Netzwerken, machen es mittlerweile möglich, eine Fülle von Daten miteinander zu verknüpfen und Konsumentenprofile zu erstellen.

Die Informationen für die direkte Ansprache und den persönlichen Informationsaustausch zwischen Kunden und Verkäufer liefern — meist ohne es zu wissen — die Konsumenten selbst. Ins Datennetz verfängt sich mittlerweile fast jeder. Erfaßt werden Namen, Wohnort, Geburtsdatum, Religion bis hin zur Kinderschar. Aber auch Schuhgröße, Taillenumfang, Beinlänge und Körbchengröße registriert der Computer und wertet die Daten für Marketingzwecke aus.

Als Vorreiter des Datenbank-Marketing gelten die Amerikaner. Dort durchleuchten Industrie, Handel, Banken und Versicherungen den Kunden schon seit Jahren nach allen Regeln der Computerkunst. Nahezu alle Geschäftsvorgänge — vom Kauf einer Flasche Milch bis zur Buchung eines Fluges — werden erfaßt. So rationalisieren die Daten nicht nur Einkauf und Buchhaltung, sie liefern auch wertvolle Hinweise für das Marketing.

Längst sind sich amerikanische Hersteller und der Einzelhandel einig, daß Datenbank-Marketing zum wichtigsten Absatzinstrument der neunziger Jahre wird.

Das erkennen auch die deutschen Marketingstrategen. Vor allem die großen Versandhäuser wie Quelle und Otto wissen dank ihrer elektronischen Großhirne bereits genauestens über ihre Kunden Bescheid.

Die dafür nötigen Informationen liefern die Kunden bereitwillig selbst mit jeder Bestellung. Automatisch verraten sie in der Spalte „Konfektionsgröße" nicht nur, daß sie immer dicker werden (und sich damit vielleicht für den Sonderkatalog „Gesünder leben" qualifizieren, sondern auch, ob heranwachsende Kinder im Haushalt leben. Dann würde der Quelle-Computer empfehlen, der Familie den Kinderkatalog „Eurokids" zu senden. Ganze Abteilungen befassen sich deshalb nur mit den Verhältnisprofilen ihrer Kunden. Sie wissen, welche Produkte König Kunde am häufigsten bestellt, wie viele Teile der Ware er im Schnitt wieder zurückschickt, wie hoch die Bestellsummen sind und vor allem wie es um seine Zahlungsmoral bestellt ist.

Database-Marketing ist längst keine Modeerscheinung mehr, sondern ein wirksames Instrument, um erfolgreich im Wettbewerb bestehen zu können.

Wörter

die Datenbank, -en — банк данных
das Los, -e — жребий, судьба
die Verbrauchsgewohnheit, -en — потребительские привычки
— das Datenbank-Marketing — маркетинг на основе банка данных
der Kundenfang, -e — "ловля" клиентов
das Konsumentenprofil, -e — профиль потребителя
die Ansprache, -n — обращение
der Informationsaustausch — обмен информацией
das Datennetz, -e — сеть данных
der Vorreiter — пионер в области, "скачущий впереди"
die Versicherung, -en — страхование
die Computerkunst, -e — компьютерное искусство
der Hinweis, -e — ссылка, указание
der Hersteller — производитель
das Absatzinstrument, -e — инструмент сбыта
— das Versandhaus, -er — предприятие, торгующее по почте
das Großhirn, -e — большой мозг
die Spalte, -n — столбец
der Haushalt, -e — домашнее хозяйство
— das Verhaltensprofil, -e — манера поведения
die Bestellsumme, -n — сумма заказа
die Zahlungsmoral — платежная мораль
— die Modeerscheinung, -en — проявление моды
gemeinsam haben — иметь сообща
teilen — делить
gleichmachen — уравнивать
erfassen — разрабатывать
aufbereiten — подготавливать
ansprechen, a, o — привлекать
bewerben a, o — добиваться
verknüpfen — связывать, объединять
erstellen — разрабатывать
liefern — поставлять
auswerten — оценивать
gelten, a, o — стоить, цениться
durchleuchten — просвечивать
sich einig sein — быть единодушным
Bescheid wissen — знать
die Bestellung, -en — заказ

verraten, ie, a — обнаруживать
sich befassen — заниматься чем-либо
bestellt sein um — обстоять (о деле) с чем-либо

Übung 1. Hören Sie sich den Text an.

Übung 2. Wie lauten die Verben von

die Ansprache	der Hersteller	die Auswertung
die Versicherung	die Bestellung	die Bewerbung
der Hinweis	die Lieferung	die Aufbereitung ?

Übung 3. Zerlegen Sie die Komposita in ihre Bestandteile.

Muster : das Versandhaus = der Versand + das Haus

Datenbank, Verbrauchsgewohnheit, Kundenfang, Konsumentenprofil, Informationsaustausch, Computerkunst, Absatzinstrument, Großhirn, Konfektionsgröße, Verhaltensprofil, Bestellsumme, Zahlungsmoral, Modeerscheinung

Übung 4. Mit welchen Adjektiven sind die Substantive im Text verbunden? Übersetzen Sie die Wortverbindungen ins Russische.

Platz, Kundenfang, Kunde, Ansprache, Informationsaustausch, Hinweis, Hersteller, Absatzinstrument, Marketingstrategen, Versandhäuser, Großhirne, Informationen, Kinder, Instrument

Grammatik: Infinitiv mit „zu", Infinitiv „ohne...zu", Infinitiv mit „um...zu"

Sie machen es möglich eine Fülle von Daten miteinander **zu verknüpfen.**	Они позволяют совмещать большое количество данных друг с другом.
Die Informationen liefern die Konsumenten selbst, **ohne** es **zu wissen**.	Потребители поставляют информацию, сами того не зная.
Datenbankmarketing ist ein wirksames Instrument, **um** erfolgreich im Wettbewerb **zu bestehen.**	Маркетинг на основе банка данных является действенным инструментом, чтобы успешно выдержать конкуренцию.

Übung 5. Suchen Sie im Text alle Äußerungen mit Infinitivkonstruktionen und übersetzen Sie.

Übung 6. Übersetzen Sie.

Ich kann diesen Text übersetzen, ohne ein Wörterbuch zu benutzen.
Ich benutze den Computer, um ein Rollenspiel zu inszenieren.
Ich benutze dieses Gerät, um dir ein Fax-Schreiben zu übermitteln.
Ich schlage vor, es uns anzusehen.
Es ist schwer für mich, Infinitivkonstruktionen zu verwenden.

Übung 7. Beantworten Sie die folgenden Fragen; benutzen Sie als Antwort Infinitiv- Konstruktionen mit „um...zu".

Muster : — **Wozu** brauchst du das Wörterbuch? — **Um** diesen schwierigen Text **zu übersetzen**.

Wozu braucht der Manager eine Datenbank?
Wozu bringst du diesen Text extra heute?
Wozu brauchst du diese Daten?
Wozu liest man solche Texte in deutsch?
Wozu schreibst du immer wieder neue Wörter heraus?
Wozu setzt du diesen Text auf?
Wozu sitzt du abends am Computer?

Übung 8. Übersetzen Sie ins Deutsche. Verwenden Sie dabei Infinitiv- Konstruktionen „ohne...zu".

Этот текст не переведешь, не зная значения некоторых терминов.
Потребители сами поставляют информацию, не желая этого.
Не имея банка данных, сегодня нельзя заниматься менеджментом.
Не зная компьютера, невозможно сегодня быть хорошим менеджером.
Не владея немецким или английским языком, ты не будешь иметь успеха в менеджменте.
Не работая прилежно и систематически над языком (arbeiten an D), ты не сможешь его изучить.

Übung 9. Beantworten Sie folgende Fragen zum Text.

Woher wissen Sie, daß Daimler-Benz Chef Reuter, „Zeiss-Fürst" Späth und Papst Johannes Paul der Zweite Champagner der Marke Krug bevorzugen?
Sind Ihre Namen in der Datenbank von „Krug" gespeichert?
Welche Daten werden normalerweise erfaßt?

Wer gilt als Vorreiter des Datenbankmarketing?
Wer bereitet Informationen über Kunden auf?
Warum sind diese Daten so wichtig für das Marketing?
Was ist Datenbank-Marketing heute und welche Perspektiven hat es?

Übung 10. Inszenieren Sie einen Dialog zwischen einem Informatikstudenten und einem Management-Studenten. Gegenstand des Gesprächs: Die Bedeutung der Datenbank für das Marketing.

Übung 11. **Rollenspiel.** Sie sind Student am Fachbereich „Wirtschaft, Management und Marketing". Sie haben ein Gespräch mit einem erfahrenen Vertreter aus dem mittleren Management über die Bedeutung der Datenbank für das Versandhaus „Quelle". Welche Fragen stellen Sie ihm?

Text N 3
WEGWEISER ZUM RICHTIGEN MARKETING-MIX

Grammatik: Rektion der Verben

Vier-Phasen-Modell: Die Unternehmensberatung Roland Berger & Partner hat ein Modell entwickelt, mit dessen Hilfe die Risiken der osteuropäischen Wirtschaft in der Marketing-Strategie berücksichtigt werden können.

Grundlage für das sogenannte Vier-Phasen-Modell ist eine Untersuchung, bei der die Länder Osteuropas anhand von 80 Faktoren analysiert wurden. Obwohl sich die einzelnen Länder in unterschiedlichen Stadien der marktwirtschaftlichen Anpassung befinden, läuft der Prozeß nach einem nahezu identischen Schema ab. Natürlich kann es aufgrund politischer Ereignisse zeitweilig wieder rückwärtsgehen, im idealtypischen Fall stellt sich jedoch die Entwicklungsrichtung des produzierenden Sektors und des Konsumverhaltens gleich dar.

Die länderspezifische Analyse erlaubt eine Positionierung des Landes auf dem Weg zur Marktwirtschaft, die Prognose der weiteren Entwicklung. Zunächst wird überprüft, ob es überhaupt notwendig ist, in Osteuropa aktiv zu werden, denn nicht für jedes Unternehmen ist das der beste Markt. Weiterhin ergibt sich aus der Analyse, welche Schritte in welchem Land und zu welchem Zeitpunkt für ein bestimmtes Unternehmen interessant sind.

Laut Studie befinden sich praktisch alle osteuropäischen Länder innerhalb der Phase 2, lediglich Polen hat den Schritt in die dritte Phase bereits geschafft. Ungarn und die Tschechische Republik befinden sich an der Grenze zur dritten Phase. Rußland und die GUS-Staaten beginnen erst mit dem Übergang von der Plan- zur Marktwirtschaft.

Phase 2 ist durch folgende Merkmale gekennzeichnet: Der aus Phase 1 angestaute Kaufkraftüberhang wird freigesetzt, und es entsteht für einen begrenzten Zeitraum ein enormer Nachfragesog. Jetzt müssen Vertriebs- und Logistiksysteme aufgebaut und die optische Präsenz durch Werbung gesichert werden. Dabei muß sich die Produkt-Markt-Strategie frühzeitig an den lokalen Bedingungen orientieren.

Mit Beginn der dritten Phase paßt sich der Konsum an die schlechte wirtschaftliche Lage an. In Polen beispielsweise ist der beobachtete Rückgang die logische Konsequenz einer Arbeitslosenquote von 16 Prozent.

„Nationale Tendenzen" und eine fortgeschrittene Verunsicherung der Verbraucher sind entscheidende Parameter für das Marketing. Häufig solidarisieren sich die Konsumenten in dieser Phase wieder verstärkt mit den lokalen Produkten.

Markt (3)

Vier-Phasen-Modell

Das von Roland Berger und Partner entwickelte Modell spiegelt die zu erwartende Entwicklung der osteuropäischen Wirtschaft in vier Phasen wieder

Wörter

der Wegweiser — проводник, указатель
das Marketing-Mix — Kombination verschiedener Maßnahmen zur Absatzförderung — комбинация различных мероприятий в области сбыта
das Vier-Phasen-Modell — четырехфазовая модель
die Grundlage, -n — основа
die Untersuchung, -en — исследование
die Anpassung, -en — приспособление
das Schema — схема
das Ereignis, -se — событие
die Entwicklungsrichtung, -en — направление развития
das Konsumverhalten — конъюнктура потребления
die Marktwirtschaft — рыночная экономика
der Schritt, -e — шаг
die Studie, -n — исследование
die Unternehmensberatung, -en — консультация по предпринимательству, аудит
die Phase, -n — фаза
der Übergang, -e — переход
die Planwirtschaft — плановая экономика
das Merkmal, -e — признак
der Nachfragesog — рост спроса
das Vertriebssystem, -e — система сбыта
das Logistiksystem, e — система логистики, доставки товара
die Produkt-Markt-Strategie, -n — поведение продукта на рынке
die Bedingung, -en — условие
der Konsum — потребление
der Rückgang, -e — возврат к старому, регресс
die Verunsicherung, -en — неуверенность
die Abfolge, -n — последовательность
die Intensität — интенсивность
der Lebensstandard, -e — жизненный стандарт
die Stagnation, -en — стагнация
die Rezession, -en — кризис
der Aufschwung, -e — взлет, подъем
der Kaufkraftüberhang, -e — превышение спроса над предложением
ablaufen, -ie, a — протекать
rückwärtsgehen, i, a — идти назад
sich darstellen — изображаться
sich befinden, a, u — находиться

gekennzeichnet sein durch — быть обозначенным
freisetzen — освобождать
sich anpassen an Akk. — приспосабливаться

Übung 1. Hören Sie sich den Text an.

Übung 2. Wie lauten die Verben von :

die Untersuchung	die Beratung	die Stagnation
die Anpassung	der Übergang	der Ablauf
das Ereignis	der Rückgang	die Sicherung
der Schritt	die Verunsicherung	

Übung 3. Zerlegen Sie die Komposita in ihre Bestandteile.

das Merketing-Mix, das Vier-Phasen-Modell, die Entwicklungsrichtung, das Konsumverhalten, die Marktwirtschaft, die Planwirtschaft, die Unternehmensberatung, der Nachfragesog, das Vertriebssystem, das Logistiksystem, der Lebensstandard, der Kaufkraftüberhang.

Übung 4. Mit welchen Adjektiven sind die Substantive im Text verwendet?

Länder, Stadien, Anpassung, Schema, Ereignisse, Analyse, Entwicklung, Markt, Unternehmen, Republik, Präsenz, Bedingun , Lage, Konsequenz, Tendenzen, Produkten.

Grammatik: Rektion der Verben

sich anpassen an Akk.	*приспосабливаться к чему-либо*
Der Konsum paßt sich **an die** wirtschaftliche Lage an.	Потребление приспосабливается **к** экономическому положению.
sich orientieren an D.	*ориентироваться на что-либо*
Dabei muß sich die Marktstrategie frühzeitig **an den** lokalen Bedingungen orientieren.	При этом рыночная стратегия достаточно рано должна ориентироваться **на** местные условия.
arbeiten an D.	*работать над чем-либо*
Ich arbeite **an dem** (am) Text.	Я работаю **над** текстом.
beitreten D.	*вступать во что-либо*
Ich trete **dem** Verband von Managern bei.	Я вступаю **в** ассоциацию менеджеров.

Übung 5. Merken Sie sich anhand der Beispiele: Jedes Verb hat seine Rektion, d.h. es verbindet sich mit dem Substantiv mittels einer bestimmten Präposition oder ohne sie (Beispiel 4). Achten Sie darauf: Die Rektionen stimmen von Sprache zu Sprache selten überein.

Übung 6. Setzen Sie die Substantive in den passenden Kasus.

Alle drei lieben Champagner und haben ein... festen Platz in der Datenbank.

Dort „durchleuchten" Industrie, Handel, Banken und Versicherungen d... Kunden.

Alle Geschäftsvorgänge — von d.. Kauf einer Flasche Milch bis zu d... Buchung eines Fluges — werden erfaßt. Die dafür nötigen Informationen liefern die Kunden bereitwillig selbst mit jed... Bestellung.

Übung 7. Beantworten Sie folgende Fragen, beachten Sie die Rektion der Verben. Benutzen Sie elliptische (kurze) Äußerungen.

Muster: — Wofür interessierst du dich? — Für Management und Marketing.

Woran arbeitet der Computerspezialist?
Welche Daten braucht er für die Datenbank?
Woran paßt sich der Konsum an?
Woran muß sich die Marktstrategie orientieren?

Übung 8. Beantworten Sie Fragen zum Inhalt des Textes.

Was ist Grundlage für das Vier-Phasen-Modell?
Was ist der Gegenstand der Untersuchung?
Was ist typisch für Phase 1?
Wodurch ist Phase 2 gekennzeichnet?
Wodurch zeichnet sich Phase 3 aus?
Was ist das Wesen (суть) der vierten Phase?
Finden Sie das Vier-Phasen-Modell interessant?
Für wen ist das Modell vor allem nutzbringend?
Ist das Modell für künftige Marketing-Spezialisten aufschlußreich?

Übung 9. Inszenieren Sie einen Dialog über das Wesen des Vier-Phasen-Modells.

Übung 10. **Rollenspiel**. Sie sind Marketing-Student. Sie sind im Büro eines Marketing-Spezialisten in Deutschland. Er möchte in Rußland aktiv werden, aber nicht für jedes Unternehmen ist unser Land der beste Markt. Sprechen Sie mit ihm über den Übergang von der Planwirtschaft zur Marktwirtschaft. Beachten Sie dabei auch das Vier-Phasen-Modell.

Thema N 7
MARKETINGINSTRUMENTE — WERBUNG UND PUBLIC RELATIONS

Text N 1
WERBUNG

Die Entstehung der Wirtschaftswerbung ist verknüpft mit dem Beginn der Herstellung von Waren und Dienstleistungen.

Der Ursprung des Wortes „werben" liegt in dem althochdeutschen Wort „werban", das „sich drehen", „hin und her gehen", „sich bemühen" und „etwas betreiben" bedeutet. In diesem Sinn ist „Werbung" nicht nur im wissenschaftlich-politischen Bereich von Bedeutung, sondern auch im privaten Leben, wo man für sich oder um jemand anderen werben kann.

Für Wirtschaftszwecke wurde die Werbung schon in der Antike eingesetzt: Ausrufer für den Verkauf im antiken Ägypten, Tafeln mit Warenlisten in Babylon, Güte- und Herkunftszeichen auf Münzen usw. zeugen davon.

Werbung ist Teil einer Kette aus Ursache und Wirkung: Markt — Handel — Wettbewerb — Werbung. Das eine ist ohne das andere nicht möglich. Zum Wettbewerb gehört auch Marketing, zu dem alle geschäftlichen Maßnahmen und Tätigkeiten zählen, die den Fluß der Waren und Dienstleistungen vom Hersteller zum Konsumenten regeln. Ein Teil des Marketing ist die Kommunikationspolitik eines Unternehmens, bei der die Werbung eine entscheidende Rolle spielt. Werbung ist also ein Teil des Marketing.

Als Marketinginstrument von Firmen hat Werbung verschiedene Aufgaben und Ziele:
1. Bekanntmachung des Produktes
2. Schaffung einer positiven Einschätzung des Produktes
3. Verkauf des Produktes.

Zur Erreichung dieser Ziele werden in der Werbepraxis, in den Werbeagenturen und Werbeabteilungen der Unternehmen verschiedene

Werbemittel eingesetzt. Werbemittel lassen sich hauptsächlich in visuelle (Plakate, Anzeigen, Prospekte, Flugblätter, Tragetaschen, Werbebriefe), in akustische (Hörfunkspot) und in audiovisuelle (Fernsehspot, Werbefilm) Werbebotschaften unterteilen. Mit Hilfe dieser Werbemittel transportieren die Werbeträger die Werbebotschaften der Werbungstreibenden zu den Umworbenen. Sie üben eine Übermittlungs- bzw. Transportfunktion aus. Zu den Werbeträgern gehören Tageszeitungen, Anzeigenblätter, Fernsehen, Rundfunk, Plakatwand, Schaufenster, Messestand, Verpackungen.

Die Werbewirtschaft läßt sich somit in drei Gruppen gliedern:
1. Die werbenden Firmen (Dienstleistungsunternehmen wie Banken, Versicherungen, Handel, Beratung)
2. Die Werbeagenturen (sie gestalten und erstellen die Werbemittel)
3. Die Werbeträger (sie tragen die Werbebotschaft an die Zielpersonen heran).

Markt (3)

Wörter

die Herstellung, -en — производство
der Ausrufer — глашатай
die Warenliste, -n — список товаров
das Gütezeichen — товарный знак
die Münze, -n — монета
die Marktwirtschaft, -en — рыночная экономика
der Wettbewerb, -e — соревнование
die Bekanntmachung, -en — ознакомление, объявление
die Firma, -en — фирма
sich bemühen um A. — стараться
betreiben, ie, ie — заниматься
werben, a, o — вербовать, агитировать
einsetzen — вставлять
regeln — регулировать
ausüben — выполнять
gliedern — члениться
gestalten — придавать вид, оформлять
erstellen — изготовлять
herantragen, u, a — приносить

Übung 1. Hören Sie sich den Text an.

Übung 2. Nennen Sie die Synonyme zu

zählen
erstellen
werben
betreiben

die Herstellung
der Konsument
einsetzen

Übung 3. Mit welchen Verben sind im Text die Substantive gebraucht?

Marketing		Tragetaschen		Fernsehen
Fluß			Fernsehspot		Rundfunk
Werbemittel		Werbefilm		Plakatwand
Plakate			Tageszeitung		Schaufenster
Anzeigen		Werbeträger

Übung 4. Wissen Sie, was zu den Werbeträgern gehört, welche Werbemittel es gibt?

Übung 5. Nennen Sie visuelle Werbemittel.

Übung 6. Zählen Sie akustische und audiovisuelle Werbemittel auf.

Übung 7. Unterstreichen Sie, was zu den Werbeträgern zählt.

Anzeigeblätter, Rundfunk, Schaufenster, Messestand, Werbefilm, Tragetasche, Verpackungen, Prospekte, Anzeigen.

Übung 8. Beantworten Sie nun die Fragen zum Text.

Was bedeutet das Wort «werben»?
Ist Werbung auch im privaten Leben von Bedeutung?
Seit wann wurde die Werbung eingesetzt?
Sind Ausrufer, Tafeln mit Warenlisten, Gütezeichen auf Münzen Werbung?
Wie kann man den Begriff «Werbung» definieren?
Welche Aufgaben hat Werbung?
Können Sie sich an verschiedene Werbemittel erinnern?
Welche Funktionen haben die Werbeträger?
Was gehört zu ihnen?
In welche Gruppen gliedert man die Werbewirtschaft?

Übung 9. Inszenieren Sie einen Dialog über Werbemittel. Gebrauchen Sie dabei als Antworten performative Äußerungen (ich glaube, ich denke, ich nehme an), aber auch Modalwörter (natürlich, wahrscheinlich, vielleicht).

Übung 10. **Rollenspiel.** Sie sind angehender (начинающий) russischer Marketing-Spezialist. Ihre Branche ist Werbung. Zu Besuch haben Sie einen deutschen Manager, der sich sehr gut in Werbungsfragen auskennt. Er möchte in Rußland aktiv werden. Sprechen Sie über Werbung, wie sie in Deutschland gemacht wird; fragen Sie ihn nach den Tendenzen in der Werbung.

Übung 11. Lesen Sie das Gespräch über die Sprache der Werbung, benutzen Sie dabei Wörter-Verständnishilfen. Nehmen Sie Stellung zum Inhalt des Dialogs.

«Scheußlich, aber erlaubt»

Herr Morasch, was halten Sie davon, daß Coca-Cola in der Werbung seine Plastikflasche als «unkaputtbar» bezeichnete?
Morasch: Ich finde, das ist eine sprachliche Scheußlichkeit. Das geht linguistisch gar nicht, weil man aus dem Adjektiv ‚kaputt' kein Verb machen kann. Aber in der Werbung will ich das auch durchgehen lassen.
Wie muß ihrer Meinung nach ein Werbetext gestaltet oder in einem Slogan formuliert werden, damit Sie ihn sprachlich in Ordnung finden?
Morasch: Das alles entscheidende Kriterium für die Qualität der Sprache in der Werbung ist die Verständlichkeit. Und Verständlichkeit, das zeigen unsere Untersuchungen, erfordert eine korrekte Sprache.
Erfüllt die Werbesprache diese Kriterien?
Morasch: In der Regel nicht. Wir interviewten Testpersonen, um herauszufinden, ob sie einen Text so verstehen und emotional so erleben, wie es sich ein Unternehmen von einer Werbekampagne verspricht und für die es viel Geld bezahlt.
Uns fallen nicht so sehr solche Raffinessen auf, sondern eher zerbröckelte Sätze oder sprachliche Bilder wie «Hosen wie Drahtseile!».
Morasch: Beides finde ich voll daneben, die zerhackte Syntax wie die Metapher. Ich weiß nicht, was der Werbetexter damit erreichen will...
Würden Sie sich zu einem Ökologie-Seminar anmelden, dessen Veranstalter Sie mit dem Wort «Umweltzungen» lockt?
Morasch: Ich finde das ganz grauenhaft, weil hier die Sprache verunstaltet wird.
Brecht hat doch auch mit Verfremdungen wie «die ware Liebe» gespielt.
Morasch: Das ist ein wunderbarer Kunstgriff: Der löst beim Leser einen Aha-Effekt aus und eröffnet ihm sofort eine neue Sichtweise zum Thema Liebe. Nur dann sind die Manipulationen unserer Sprache sinnvoll.
Für wie sinnvoll halten Sie Wortschöpfungen, zum Beispiel den Slogan «Jugend froscht», der offenbar Teens und Twens zu einem Strandurlaub mit einer Charterfluggesellschaft animieren soll?

Morasch: Hier, glaube ich, gibt ein Unternehmen Geld aus und schadet sich sogar.

Scheint da nicht doch daß der Oberlehrer durch die Wortschöpfung nur gelten läßt, wenn sie wie «morgenschön» von Goethe stimmt?

Morasch: Nein. Wörter aus der Werbesprache wie «zitronenfrisch», «körperfreundlich» oder «hautsympathisch» finde ich sehr schön. Sie ermöglichen einen besseren Eindruck von einem Produkt als eine umständliche Beschreibung. Ich bin sehr dafür, die deutsche Sprache für Neuerungen zu öffnen. Doch ich bin dagegen, die Verbraucher, besonders die Heranwachsenden, mit falscher Grammatik wie «die meiste Kreditkarte» oder mit falscher Rechtschreibung zu konfrontieren. Das ist bei der heutigen Verbreitung von Werbung verantwortungslos.

Was würden Sie ihrem Sohn sagen, wenn er Ihnen ein Jahr vor dem Abi sagen würde «unabiturbar»?

Morasch: Das hört man.

Wörter-Verständnishelfen

die Plastikflasche, -n — пластиковая бутылка
die Scheußlichkeit, -en — мерзость
der Werbetext, -e — текст рекламы
der Slogan — рекламный лозунг
die Qualität — качество
die Werbesprache — язык рекламы
der Auftraggeber — заказчик
die Raffinesse, -n — изысканность
die Verfremdung, -en — отчуждение
der Kunstgriff, -e — искусный прием
die Sichtweise, -n — взгляд
die Wortschöpfung, -en — словотворчество
der Eindruck, -e — впечатление
die Neuerung, -en — новшество
der Verbraucher — потребитель
das Abi = das Abitur — окончание школы или гимназии
halten — думать, считать
bezeichnen — обозначать
gestalten — придавать вид, оформлять
erfordern — требовать
interviewen — брать интервью
auffallen — бросаться в глаза

locken — заманивать
verunstalten — изуродовать, обезобразить
auslösen — возбуждать, вызывать
konfrontieren — противопоставлять

Text N 2
PUBLIC RELATIONS ODER ÖFFENTLICHKEITSARBEIT

Grammatik: Passiv des Zustands im Präsens

Der Begriff «public relations» stammt ursprünglich aus den USA. In Deutschland wurde der Begriff erstmals 1938 von Carl Hundhausen eingeführt. Jedoch begann erst nach dem Zweiten Weltkrieg die eigentliche Entwicklung der public relations in der Bundesrepublik. Das in den fünfziger Jahren einsetzende «Wirtschaftswunder» machte public relations für die Unternehmen notwendig und interessant. Public relations (PR) wird meist mit «Öffentlichkeitsarbeit» übersetzt, wobei dieser Eindeutschungsversuch jedoch umstritten ist. Bei public relations geht es darum, Verbindungen (relations) von Unternehmen und Öffentlichkeit (public) herzustellen.

Öffentlichkeitsarbeit ist inzwischen als wirksames Marketinginstrument anerkannt und etabliert. Es wird immer wichtiger, sich nach außen wie nach innen mit Produkten und Profil, Images und Idealen darzustellen, statt einfach nur Waren und Dienstleistungen zu vermarkten. Wie die Werbung ist auch die Öffentlichkeitsarbeit ein Teil der Kommunikationspolitik von Unternehmen, welche wiederum ein Teil des Marketing ist. Im Gegensatz zur Werbung ist Öffentlichkeitsarbeit aber kein einseitiger Vorgang, sondern gewissermaßen ein Prozeß, an dem die Öffentlichkeit selbst beteiligt wird. Außerdem geht es nicht darum, Produkte und Dienstleistungen anzupreisen und zu verkaufen (Werbung), sondern Informationen über ein Unternehmen als Teil der Gesellschaft zu vermitteln.

Ziel der Öffentlichkeitsarbeit ist es, das Vertrauen und Verständnis für das zu schaffen, was das Unternehmen tut.

Öffentlichkeitsarbeit kann als interne und externe Öffentlichkeitsarbeit ausgestaltet sein. Bei der internen Öffentlichkeitsarbeit werden die Mitarbeiter eines Unternehmens z.B. mittels Hauszeitschriften, Betriebsferien, Mitarbeiterbefragung und anderen Kommunikationsformen angesprochen. Sie sollen sich mit dem Unternehmen identifizieren können, Vertrauen in den eigenen Betrieb haben und somit motiviert werden.

Die externe Öffentlichkeitsarbeit spricht das breite Publikum an. Die Pressearbeit ist dafür eines der klassischen Mittel. Der Kontakt mit den Medien, die Vermittler zwischen Unternehmen und Öffentlichkeit sind, ist sehr wichtig. Durch Presse-gespräche, Pressekonferenzen werden die Informationen nach außen gegeben. Ebenso gehören der «Tag der offenen Tür», Betriebsbesichtigungen, Firmenveranstaltungen und Firmenjubiläen zu den Möglichkeiten der externen Öffentlichkeitsarbeit.

Eine zukunftsträchtige Form ist das Sponsoring. Die Unternehmen engagieren sich häufig im sozialen und kulturellen Bereich. Sie fördern Sportler und Künstler, schreiben Wettbewerbe aus usw. Die Schaffung einer imagebildenden Atmosphäre für Unternehmen im Dialog mit der Öffentlichkeit wird ergänzt durch den Informations- und Wissenstransfer an ein breites Publikum. Die Sponsoring-Formen haben sich in den letzten Jahren differenziert entwickelt. Nicht nur Sport- und Kultursponsoring, sondern auch Sozio- und Ökosponsoring werden von den Unternehmen betrieben. Meist gilt für das Sponsoring das Motto «Tue Gutes und rede darüber!»

Wörter

der Begriff, -e — понятие

public relations = Öffentlichkeitsarbeit — работа/связи с общественностью

die Verbindung, -en — связь

die Öffentlichkeit — общественность

das Produkt, -e — продукт

das Profil, -e — профиль

das Image, -s — имидж

der Vorgang, -e — процесс

das Vertrauen — доверие

das Verständnis, -se — понимание

Medien — средства массовой информации

der Vermittler — передатчик

das Sponsoring, -e — спонсорство

der Bereich, -e — отрасль

der Wissenstransfer — трансфер знаний

das Sportsponsoring — спортивное спонсорство

das Ökosponsoring — экологическое спонсорство

das Motto, -s — девиз
stammen — происходить
einführen — вводить
vermitteln — передавать, распространять
anpreisen — рекламировать
sich engagieren — участвовать
fördern — способствовать
ausschreiben — назначать
gelten, a, o — зд.: подходить
intern — внутренний
extern — внешний

Übung 1. Hören Sie sich den Text an.

Übung 2. Nennen Sie Synonyme zu

die Öffentlichkeitsarbeit	intern
der Wissenstransfer	extern
stammen	**anpreisen**
ansprechen	**vermitteln**
sich engagieren	

Übung 3. Wie lauten die Substantive?

werben	darstellen	fördern
einführen	vorgehen	ergänzen
einsetzen	verkaufen	entwickeln
übersetzen	vermitteln	betreiben
herstellen	schaffen	
anerkennen	ansprechen	

Übung 4. Wie lauten die Verben?

der Begriff die	Mitarbeiterbefragung
die Entwicklung	das Vertrauen
das Unternehmen	der Vermittler
der Versuch	die Firmenveranstaltung
die Verbindung	das Sponsoring
die Arbeit	der Wissenstransfer
das Verständnis	

Grammatik: Passiv des Zustands im Präsens

Dieser Versuch ist umstritten.	Эта попытка спорна.
Öffentlichkeitsarbeit ist als Marketinginstrument anerkannt und etabliert.	Паблик рилейшенс признан и утвердился в качестве инструмента маркетинга.

Übung 4. Merken Sie sich: Eine Passiv-Form des Zustands im Präsens hat das Verb *sein* (→ ist..) + Partizip 2 des Vollverbs (vgl.: anerkennen → anerkannt).

Übung 5. Übersetzen Sie.

Der Begriff «public relations» ist aus dem Englischen übernommen. Es wird mit «Öffentlichkeitsarbeit» übersetzt. Diese Übersetzung ist jedoch umstritten. Unter «Öffentlichkeitsarbeit» versteht man die Selbstdarstellung von Unternehmen. Bei public relations geht es dagegen um die Verbindungen zwischen Unternehmen und Öffentlichkeit. Öffentlichkeitsarbeit ist inzwischen als Instrument des Marketing anerkannt.

Übung 6. Übersetzen Sie ins Deutsche; beantworten Sie die Fragen.

Дверь закрыта?   Перевод продуман (durchdacht)?
Ключ найден?   Все работы сданы?
Аудитория открыта?   А это упражнение выполнено?
Работа выполнена?   Все тетради собраны (eingesammelt)?
Книга закрыта?   Работа закончена?

Übung 7. Beantworten Sie nun diese Fragen zum Inhalt.

Woher stammt der Begriff «public relations»?
Wer hat ihn in Deutschland eingeführt?
Mit welchem Terminus wird er übersetzt?
Ist Öffentlichkeitsarbeit als Marketingistrument anerkannt?
Warum ist dieser Begriff so wichtig fürs Marketing?
Als Bestandteil welcher Politik wird er verstanden?
Ist Marketing ohne public relations effektiv?
Was ist das Ziel der Öffentlichkeitsarbeit?
Wie ist sie organisiert?
Was versteht man unter externer Öffentlichkeitsarbeit?
Was gehört dazu?

Was ist Sponsoring?
Was ist das Ziel des Sponsoring?
Welche Arten von Sponsoring gibt es heute?

Übung 8. Inszenieren Sie einen Dialog über den Begriff «public relations», seine Funktion, Ziele und Arten. Benutzen Sie dabei die Formen vom Passiv des Zustands und die Wörterliste.

Übung 9. **Rollenspiel.** Sie sind Marketing-Student und spezialisieren sich auf «public relations». Sie treffen sich mit einem Amerikaner, der Deutsch spricht. Sprechen Sie mit Herrn Smith über die externe Öffentlichkeitsarbeit, fragen Sie ihn nach seiner Erfahrung, welche Formen und Arten von Öffentlichkeitsarbeit er in den USA praktiziert. Wie spricht seine Agentur das breite Publikum an; welche Formen der externen public relations zieht er vor (предпочитает) und warum findet er diese effektiv?

Text N3
WELCHE AUFGABE HAT DIE WERBUNG?

Grammatik: Modalwörter — *natürlich, sicher, bestimmt, vielleicht* usw. Wiederholung : Konditionalis I

Auf der Suche nach Antworten trafen sich zu einem Streitgespräch Prof. Dr. Carl-Heinz Moritz von der Stiftung Warentest und Lothar Leonhard, Chairman von Ogilvy & Mather (Frankfurt/Main).

C.-H. M.: Herr Leonhard, angenommen, Sie erhalten ein Angebot für einen 20-Millionen-Etat. Auftraggeber ist ein Fahrradhersteller, von dem Sie wissen, daß er gefährlichen Schrott baut. Würden Sie diesen Auftrag annehmen?

L.L.: Bisher ist mir das noch nicht passiert. Aber unsere Agentur würde es sich sehr wohl leisten, darüber nachzudenken. Ich bin aber sicher, der Hersteller würde in jedem Fall eine Agentur finden, die den Auftrag annimmt. Am Ende würde sich auch noch eine Agentur finden, die eine Kampagne gegen die Werbung machen würde.Der Wettbewerb um Aufträge ist eben sehr hart.

C.-H. M.: Und umgekehrt? Kommt es vor, daß Sie Ihrem Kunden sagen: « Ihr Produkt ist so schlecht, das müssen Sie ändern!»?

L.L.: Natürlich wollen wir am liebsten immer für das beste und schönste Produkt arbeiten. Das kann man sich leider nicht aussuchen. Aber wir führen manchmal solche Gespräche. Allerdings sind wir nicht in der Lage, den absoluten Ratgeber zu spielen.

C.-H. M.: Nehmen wir etwas Schädliches. Zum Beispiel Zucker. Wenn Sie eine Kampagne für eine Kinder-Milchschnitte kreieren und die Kinder dadurch ihre Wurstbrote in den Müll werfen, dann ist das gefährlich für die Gesundheit der Kinder. Reden Sie darüber mit dem Kunden?

L.L.: Nur, wenn man sich mit ihm versteht. Wir müssen uns in erster Linie seinem Erfolg verpflichtet fühlen. Im Zweifel wird er in einem solchen Gespräch nachweisen können, daß Wurstbrote und falsche Fette schon mehr angerichtet haben als sein Produkt.

C.-H. M.: Natürlich ist eine Milchschnitte am Tag nicht schädlich, wenn der Rest gesund ist. Aber wenn mein Sohn sich ein Glas Nutella pro Tag reinhaut, ist das nicht mehr gesund.

L.L.: Und wenn wir zu distanziert oder gar ablehnend gegenüber dem Kunden sind, wird er sich eine Agentur suchen, die ihm nicht erzählt, ob er sein Produkt vermarkten soll. Meine Erfolgsverpflichtung ist nicht die Aufklärung über die Volksgesundheit, sondern sind steigende Verkaufszahlen.

C.-H. M.: Ich wollte Ihnen nicht vorwerfen, daß jede Konsumänderung durch die Werbung entsteht. Es ist ein wichtiges Rädchen im Konsumsystem. Man kann doch auch andere Botschaften vermitteln.

L.L.: Werbung allein macht niemanden zum Raucher. Werbung verändert die Marktanteile der Zigarettenmarken. Aber bleiben wir beim Rauchen: es gilt als gefährlich, als falsch. Dennoch: Die Werbung dafür zu verbieten, greift lediglich in die unternehmerische Freiheit ein. Es wäre konsequent, das Rauchen zu verbieten, wenn man es denn wirklich will...

C.-H. M.: Eins ärgert mich. Die Zahnarztfrau im weißen Kittel, die erzählt, wie das Mundwasser wirkt. Woher nimmt sie die Kompetenz?

L.L.: Wir dürfen ja keine Zahnärzte nehmen. Auf dem Kittel steht ja auch bestenfalls «Labor» oder «Forschungsteam»: Da müssen wir uns nichts vormachen. Es soll wirken wie ein Zahnarzt mit der entsprechenden Kompetenz. Es wird versucht, etwas vorzustellen, was es nicht gibt. Aber ein Schaden wird damit nicht angerichtet.

C.-H. M.: Aber reicht das aus? Würde die Stiftung nicht auch gern schlechte Produkte per Gesetz kennzeichnen?

C.-H. M.: Das ist natürlich reizvoll. Tatsächlich hat unser Vorstand öffentlich darüber nachgedacht, neben dem Öko-Engel den Öko-Teufel einzuführen. Aber das war mehr eine spontane Idee. Sie ist verpufft.

L.L.: Gott sei Dank! Das wäre ein Stempel der Diskriminierung gewesen. Man hätte damit über Nacht ganze Produktscheine vernichtet und natürlich Arbeitsplätze.

C.-H. M.: Trotzdem hoffen wir auf Einfluß. Unser Konzept: Wenn wir den Kunden richtig informieren, wird sich das von selbst erledigen.

L.L.: Oder aber, der Staat greift in unser Geschäft ein. Das Werbeverbot für Zigaretten ist noch nicht vom Tisch. Für Alkohol, Zucker und Autos liegt es in vielen Schubladen.

Markt (4)

Wörter

der Etat, -s — государственный бюджет
der Auftraggeber — заказчик
der Auftrag, -e — заказ
die Agentur, -en — агентство
die Kampagne, -n — кампания
der Ratgeber — советчик, консультант
das Fett, -e — жир
die Erfolgsverpflichtung, -en — обязательство успешности
die Aufklärung, -en — объяснение
die Volksgesundheit — здоровье нации
die Verkaufszahl, -en — количество продаж
die Konsumänderung, -en — изменение потребления
das Rädchen — колесико
das Konsumsystem, -e — потребительская система
die Botschaft, -en — весть
der Marktanteil, e — доля рынка
das Forschungsteam, -s — группа исследователей
der Schaden — вред
die Stiftung, -en — фонд, учреждение
das Gesetz, e — закон
der Vorstand, -e — правление
der Öko-Engel — эко-ангел
der Öko-Teufel — эко-дьявол
der Staat, -en — государство
das Werbeverbot, -e — запрет на рекламу
erhalten, ie, a — содержать
annehmen, a, o — принимать
passieren — случаться
vorkommen, a, o — происходить
kreieren — создавать, творить
nachweisen. ie, ie — доказывать, показывать

anrichten — причинять
sich reinhauen — проглатывать, есть
vermarkten — сбывать, продавать
vernichten — уничтожать
sich erledigen — разрешиться
sich etwas leisten — позволять себе что-либо
eingreifen, i, i — вмешиваться

Übung 1. Hören Sie sich das Gespräch an.

Übung 2. Wie lauten die Synonyme?

passieren	der Hersteller
vermarkten	der Etat
annehmen	die Botschaft
erhalten	das Forschungsteam

Übung 3. Aus welchen Bestandteilen bestehen die Komposita: der Auftraggeber, der Wettbewerb, die Milchschnitte, die Volksgesundheit, die Konsumänderung, das Konsumsystem, der Marktanteil, das Forschungsteam, der Öko-Engel, das Werbeverbot.

Übung 4. Mit welchen Verben sind die Substantive verbunden?

Angebot	Kampagne	Botschaft
Schrott	Ratgeber	Öko-Teufel
Auftrag	Nutella	Arbeitsplätze
Agentur	Produkt	Kunde

Grammatik: Modalwörter vom Typ „natürlich, bestimmt, vielleicht..."

Natürlich wollen wir für das beste und schönste Produkt arbeiten.	**Конечно**, мы хотим работать на самый лучший и красивый продукт.
Bestimmt ist eine Milchschnitte am Tag nicht schädlich.	**Конечно**, одна плитка молочного шоколада в день не вредна.
Das ist **natürlich** reizvoll.	Это, **конечно**, заманчиво.
— Ist das für die Gesundheit der Kinder gefährlich?	— Это вредно для здоровья детей?
— **Natürlich**.	— **Конечно**.

Übung 5. **Merken Sie sich**: Modalwörter wie „bestimmt, sicher, natürlich, freilich, offensichtlich, wahrscheinlich, vielleicht, kaum u.a." verleihen der Äußerung eine bestimmte modale Schattierung (модальный оттенок) — Sicherheit, Vermutung, Zweifel u.a. Sie werden verwendet: 1) im Rahmen der Äußerung (Beispiele 1,2,3) und 2) als relativ selbständige Äußerung (Beispiel 4) im Dialog.

Übung 6. Suchen Sie im Gespräch Äußerungen mit Modalwörtern und übersetzen Sie.

Übung 7. Beantworten Sie die Fragen, benutzen Sie als Antwort Modalwörter.

Würden Sie diesen Auftrag annehmen?
Kommt es vor, daß Sie Ihrem Kunden sagen, dieses Produkt ist schlecht?
Führen Sie manchmal solche Gespräche?
Ist das gesund, wenn Ihr Kind von früh bis spät Kaugummi im Mund hat?
Ist Werbung ein wichtiges „Rädchen" im Konsumsystem?
Ist Rauchen gefährlich?
Reicht diese Information aus?
Würde die Stiftung schlechte Produkte per Gesetz kennzeichnen lassen?
Greift der Staat in Ihr Geschäft ein (sagen wir: in Sachen Alkohol, Zigaretten)?

Übung 8. Merken Sie sich die modalen Antworten und übersetzen Sie Frage-Antwortäußerungen.

Ist Rauchen schädlich und gefährlich?
1) — Bestimmt. 2) — Natürlich. 3) — Sicher. 4) — Klar. 5) — Offentsichtlich. 6) — Wahrscheinlich. 7) — Vermutlich. 8) — Vielleicht. 9) — Wohl kaum. 10) — Kaum.

Übung 9. Inszenieren Sie einen Dialog über die Aufgaben der Werbung, verwenden Sie dabei als Antworten die Modalwörter.

Übung 10. Suchen Sie im Absatz 2 des Gesprächs alle Konditionalis I-Formen und übersetzen Sie.

Übung 11. Übersetzen Sie.

Würde die Stiftung nicht auch gern schlechte Produkte per Gesetz kennzeichnen lassen?

Sie erhalten ein Angebot für einen 2-Millionen -Etat. Auftraggeber ist eine Fahrradherstellerfirma. Sie wissen sie baut gefährlichen Schrott (металлолом) . Würden Sie diesen Auftrag annehmen?

***Übung 12*. Rollenspiel.** Sie sind künftiger Spezialist für Werbung. Sie treffen sich zu einem Gespräch mit dem Fachmann einer Werbeagentur. Sie stellen ihm viele Fragen; u.a., wie die Agentur heißt, seit wann sie besteht, wie viele Mitarbeiter da sind, für welche Firmen und Waren sie Werbung machen, ob der Wettbewerb um Aufträge groß ist, ob der erfahrene Manager mit seiner Arbeit zufrieden ist. Welche Ratschläge würde er Ihnen als angehendem Spezialisten geben?

Thema N 8
HANDEL

Text N 1
DER HANDEL

Grammatik : 1) Nominales Prädikat; 2) Imperfekt Aktiv

Der deutsche Handel hält seit Jahrzehnten einen Anteil von etwa 10 Prozent der Bruttowertschöpfung. Rund vier Millionen Menschen arbeiten inzwischen in den etwa 600 000 westdeutschen Unternehmen des Handels. Damit ist jeder achte Erwerbstätige in Deutschland im Handel beschäftigt. Trotz einer starken Konzentrationsbewegung ist der Wirtschaftsbereich immer noch stark mittelständisch geprägt. Rund die Hälfte aller Handelsunternehmen beschäftigt nicht mehr als zwei Personen. In neun von zehn Unternehmen sind weniger als zehn Beschäftigte tätig. Dazu gehören meist der Inhaber selbst und oft auch dessen Angehörige.
Großhandel. Die Unternehmen des Großhandels liefern Güter von Herstellern oder internationalen Märkten an Einzelhändler, Weiterverarbeiter oder Großverbraucher. Sie kaufen größere Mengen von Waren und verkaufen Sie in kleineren Posten weiter. Vor allem der Einzelhandel wird vom Großhandel mit kurz- und langlebigen Gebrauchs- und Verbrauchsgütern versorgt. 1949 machte der Großhandel einen Umsatz von etwa 50 Milliarden DM, 1992 war es knapp eine Billion DM.
Einzelhandel. Im Einzelhandel vollzog sich in den letzten Jahrzehnten ein tiefgreifender Strukturwandel. Vor allem das System der Selbstbedienung erlaubte eine starke Rationalisierung. Neue Betriebsformen wie Discount-Läden und Verbrauchermärkte entstanden. Der Wettbewerb ist dadurch noch schärfer geworden. Den Vorteil hat der Kunde: Niedrige Preise und ein großes Sortiment.
1949 setzte der westdeutsche Einzelhandel 28 Milliarden um. 1992 waren es in den alten Bundesländern 667 Milliarden, in den neuen Bundesländern

nach groben Schätzungen rund 120 Milliarden DM. Der Löwenanteil des Einzelhandelsumsatzes entfält auf Nahrungs- und Genußmittel (über 25 Prozent). Rund 13% machen Textilien und Bekleidung aus. Die rund 400 000 westdeutschen Einzelhandelsunternehmen beschäftigen ca. 2,5 Millionen Menschen.

Die Bundesrepublik nimmt im Welthandel zusammen mit den Vereinigten Staaten und Japan eine Spitzenstellung ein. Zu den Grundsätzen der deutschen Handelspolitik zählen:
— Internationale Arbeitsteilung
— Weltweiter Wettbewerb
— Interessenausgleich.

Außenhandel. Der Gesamtwert der Ein- und Ausfuhr der alten Bundesländer stieg von 19,7 Milliarden DM im Jahr 1950 auf über 1,3 Billionen DM im Jahr 1992. Im Jahr 1992 führte Deutschland Waren im Wert von 637,8 Milliarden DM ein und exportierte für 670,8 Milliarden DM.

Fast jeder dritte Erwerbstätige arbeitet heute in der Bundesrepublik für den Export. An der Spitze der Ausfuhrgüter stehen Fertigwaren wie Kraftfahrzeuge, Maschinen, chemische und elektrotechnische Erzeugnisse. Als Merkmale deutscher Exporte gelten weltweit ein hoher Qualitätsstandard, ein umfassender Service und die zuverlässige Einhaltung von Lieferfristen. Als Land mit hohen Löhnen hat sich Deutschland auf die Produktion von qualitativ und technologisch hochwertigen Erzeugnissen konzentriert.

Zu den wichtigsten Einfuhrgütern gehören Rohstoffe, Agrarprodukte, elektrotechnische Erzeugnisse und Textilwaren. Die enge Verflechtung der deutschen Wirtschaft mit dem Ausland bringt auch Abhängigkeit mit sich. Die Bundesrepublik ist anfällig gegen alle Störungen des Welthandels, weil Arbeitsplätze, Investitionen, Erträge und der Lebensstandard von seiner Entwicklung abhängig sind. Stabile Weltwirtschaft, freier Handel und ein geordnetes Währungssystem sind deshalb wichtige Lebensbedingungen für die deutsche Volkswirtschaft.

Handelspartner. Deutschlands wichtigster Handelspartner ist Frankreich. 1992 führte die Bundesrepublik für rund 87 Milliarden DM Waren und Dienstleistungen nach Frankreich aus. Die Einfuhr aus Frankreich erreichte das Volumen von gut 76,4 Milliarden DM. Weitere wichtige Exportländer für die deutsche Wirtschaft sind Italien, Großbritannien, die Niederlande und Belgien/Luxemburg. Danach folgen die Vereinigten Staaten, in die 1992 Waren im Wert von rund 42,6 Milliarden DM exportiert wurden. Auch bei der Einfuhr steht Frankreich an erster Stelle, gefolgt von den Niederlanden, Italien, Belgien/Luxemburg, Großbritannien und den Vereinigten Staaten. Insgesamt vollziehen sich 70 bis 75 Prozent des deutschen Außenhandels mit europäischen Staaten, 10 bis 15 Prozent mit dem asiatisch-pazifischen Raum, rund 7 Prozent mit Nordamerika und jeweils 2 Prozent mit Afrika und Lateinamerika. Das größte Ungleichgewicht herrscht seit Jahren im Handel mit Japan. Während Deutschland 1992 japanische Waren im Wert von 38 Milliarden importierte, kauften die Japaner in Deutschland lediglich für 14,6 Milliarden DM ein.

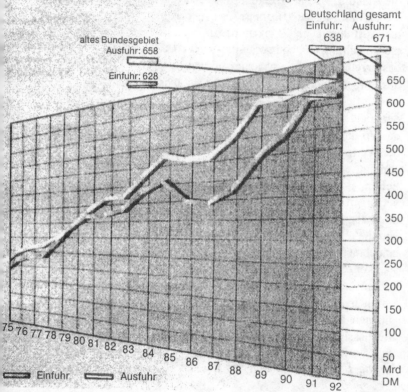

Ein- und Ausfuhr der Bundesrepublik Deutschland
(*tatsächliche Werte, altes Bundesgebiet*)

Wörter

der Handel — торговля
der Erwerbstätige, -e — трудящийся
- der Beschäftigte, -e — занятый на производстве
das Handelsunternehmen — торговое предприятие
der Großhandel — оптовая торговля
- der Großverbraucher — оптовый потребитель
der Einzelhandel — розничная торговля

der Einzelhändler — торговец в розницу
der Preis, -e — цена
die Selbstbedienung — самообслуживание
der Discountladen — магазин со сниженными ценами
der Kunde, -n — клиент
das Nahrungsmittel — продукты питания
die Spitzenstellung, -en — передовая позиция
der Außenhandel — внешняя торговля
die Ausfuhr — вывоз, экспорт
die Einfuhr — ввоз, импорт
das Ausfuhrgut, -er — экспортный товар
die Einhaltung — соблюдение
das Erzeugnis, -se — изделие, продукт
das Entwicklungsland, -er — развивающаяся страна
die Verflechtung, -en — сплетение
der Handelspartner — торговый партнер
das Volumen — объем
der Wert, -e — стоимость
geprägt sein — быть сформированным
liefern — поставлять
versorgen — снабжать
umsetzen — оборачивать (о денежных суммах)
entfallen, ie, a auf — выпадать, доставаться кому-либо
einnehmen, a, o — занимать
sich konzentrieren auf Akk. — концентрироваться на чем-либо
anfällig sein, gegen — быть подверженным чему-либо
lediglich — только, исключительно
abhängig sein, von — быть зависимым от чего-либо
zuverlässig — надежный

Übung 1. Hören Sie sich den Text an.

Übung 2. Suchen Sie im Text Synonyme zu den folgenden Wörtern.

die Ausfuhr   das Erzeugnis   der Kunde
die Einfuhr   zählen   der Erwerbstätige

Übung 3. Nennen Sie Antonyme, die im Text vorkommen.

die Ausfuhr   ausführen   das Produkt
die Einfuhr   gehören   der Binnenhandel
einführen

Übung 4. Stellen Sie fest: Mit welchen Adjektiven sind folgende Substantive im Text gebraucht?

Handel, Verflechtung, Preis, Märkte, Posten, Rationalisierung, Handelspolitik, Arbeitsteilung, Wettbewerb, Erzeugnisse, Exporte, Service, Einhaltung

Löhne, Einfuhrgüter, Wirtschaft, Staaten, Waren, Ungleichgewicht.

Grammatik: Nominales Prädikat

Der Wettbewerb **ist scharf.**	Конкуренция остра.
Frankreich **ist** wichtigster **Handelspartner** Deutschlands.	Франция — важнейший торговый партнер Германии.

Übung 5. Merken Sie sich: Ein nominales Prädikat hat eine Kopula (sein —ist...) und ein Nomen (Substantiv, Adjektiv u.s.w).

Übung 6. Suchen Sie im Text Äußerungen mit nominalem Prädikat (Adjektiv) und übersetzen Sie.

Beispiel : Der Wettbewerb ist dadurch schärfer geworden.

Übung 7. Suchen Sie im Text Äußrungen mit nominalem Prädikat (Substantiv) und übersetzen Sie.

Beispiel : Deutschlands wichtigster Partner ist Frankreich.

Grammatik: Imperfekt Aktiv von schwachen und starken Verben

Im Jahr 1992 **führte** Deutschland Waren im Wert von 637,8 Milliarden DM **ein.**	В 1992 г. Германия **импортировала** товаров на сумму 637,8 млрд немецких марок
Im Einzelhandel **vollzog sich** ein tiefgreifender Strukturwandel.	В мелкой торговле **произошло** глубокое структурное изменение.

Übung 8. Merken Sie sich: ein schwaches Verb erhält im Imperfekt das Suffix -te, starke Verben ändern ihren Stammvokal.

Vgl.: einführen — führte ein;   sich vollziehen — vollzog sich

Übung 9. Suchen Sie im Text Äußerungen, wo die Verben im Imperfekt Aktiv gebraucht sind; übersetzen Sie.

Übung 10. Suchen Sie im Wörterbuch zehn starke Verben und setzen Sie sie ins Imperfekt Aktiv und übersetzen Sie.

Muster: schreiben — schrieb

Übung 11. Wie lautet der Infinitiv?

war	stieg	kauften ein
vollzog sich	führte ein	erreichte
erlaubte	führte aus	importierten
setzte um		

Übung 12. Schreiben Sie Absatz I des Textes ins Imperfekt Aktiv um und übersetzen Sie.

Übung 13. Beantworten Sie die Fragen zum Text.

Welche Bedeutung hat der Handel für die Wirtschaft eines Landes?
Wieviel Millionen Menschen arbeiten zur Zeit im deutschen Handel?
Was versteht man unter „Großhandel"?
An wen liefern die Unternehmen des Großhandels ihre Güter?
Was bedeutet „Einzelhandel"?
Welchen Vorteil hat der Kunde vom Einzelhandel?
Was versteht man unter „Außenhandel"?
Wodurch ist der Außenhandel Deutschlands gekennzeichnet?
Was führt Deutschland aus, was ein?
Welche Länder sind wichtigste Handelspartner Deutschlands (sehen Sie sich die Tabelle an)?

Übung 14. Inszenieren Sie einen Dialog mit einem Einzelhändler. Er ist Bäcker. Sie kaufen bei Schmidts immer Brot.

Übung 15. Inszenieren Sie einen Dialog mit einem Großhändler. Seine Produkte sind Schuhe. Er heißt Deichmann. Seine Geschäfte sind überall in Deutschland.

Wofür würden Sie sich bei diesem Gespräch interessieren?

Übung 16. **Rollenspiel.** Sie sind Handelskaufmann. Sie kommen mit einem deutschen Unternehmer zusammen. Sie wissen, woran es im Moment in Rußland fehlt, was Mangelware ist. Sie sind bei einem Supermarkt tätig. Stellen Sie Ihrem deutschen Kollegen Fragen, die für Sie aktuell sind; lassen Sie sich beraten, er hat mehr Erfahrung im Marketing.

Text N 2
10 TRENDS, DIE DEN KONSUM REGIEREN

Grammatik: 1) Verben mit trennbaren Vorsilben; 2) „Werden" als Kopula.

Verkaufsstatistik ist gut und nützlich. Aber sie hat einen gravierenden Haken: Sie läßt nur Analysen innerhalb des bestehenden Sortiments zu. Ob das Unternehmen überhaupt auf dem richtigen Weg ist, ob es immer schnell genug den Wandlungen der Verbraucherwünsche folgt — das läßt sich aus den Verkaufsaufzeichnungen schwerlich herauslesen. Hier hilft beispielsweise der neueste Weg der Kölner Berater. Sie sind Spezialisten für Handelsmarketing. Besonders verdienstvoll: Anders als ähnliche Studien beschreiben sie nicht nur einzelne Trends, sondern auch deren Konsequenzen für die Marketingstrategien des Handels. Hier die wichtigsten Aussagen:

Der Trend und sein Stellenwert für den Handel	Erscheinungsformen	Konsequenzen für das Handelsmarketing
Immer mehr ältere aktive Konsumenten 8,25	Das Durchschnittsalter der Bevölkerung steigt, aber immer mehr ältere Menschen fühlen sich psychisch jung. Hohes Kaufkraftpotential der Älteren durch Renten, Vermögen, Lebensversicherungen, Erbschaften	Viele Ältere betreiben Shopping als Freizeitgestaltung. Sie haben hohe Qualitätsansprüche, Produkte mit Gütesiegel werden bevorzugt. Leicht verständliche Bedienungsanleitungen werden noch wichtiger. Zustellservice wird honoriert.
Verantwortung gegenüber der Umwelt 8,00	Die Mehrheit der Kunden bevorzugt umweltfreundliche Produkte. Sie meiden Firmen, welche die Umwelt verschmutzen. Mehr Menschen entwickeln ein Gefühl der individuellen Verantwortlichkeit für die Gesellschaft und deren Lebensräume.	Reparaturservice wird wichtiger. Widerstände gegen vermeintliche Neuheiten wachsen. Zertifikate über Umweltfreundlichkeit von Produkten werden unverzichtbar.
Zeitknappheit 7,25	Zeit wird im Berufsleben wie auch in der Freizeit zur Mangelware. Die Menschen möchten so vielen Aktivitäten wie möglich nachgehen. Sie kaufen immer mehr Produk-	Shopping-Center oder Stadtviertel, in denen alles zu haben ist, stehen hoch in der Gunst. Warteschlangen schrecken Kunden ab. Der Versandhandel profitiert.

Der Trend und sein Stellenwert für den Handel	Erscheinungsformen	Konsequenzen für das Handelsmarketing
	te für die Freizeitgestaltung, suchen immer bequemere Dienstleistungen.	
Ablenkung vom Alltag 7,25	Die Konsumenten wollen sich durch allerlei Ereignisse ablenken lassen — sie suchen Ausgleich für den Streß am Arbeitsplatz. Ein Ansatz ist der Erlebniskonsum. Die Freude am Einkaufen und Bummeln nimmt zu.	Dekorateure und Verkaufsspezialisten müssen um die Ware eine passende Szenerie aufbauen, die Produkte zu Stars auf der Bühne machen. Das Einkaufserlebnis wird zum Kurzurlaub vom Alltag, Ausflug in eine Traumwelt.
Die 2-Klassen Gesellschaft 6,75	Die Schere zwischen hohen und niedrigen Einkommen geht weiter auseinander. Gering Qualifizierte haben schlechte Aussichten auf einen Arbeitsplatz. Diese erheblich anwachsende Bevölkerungsschicht ist als Zielgruppe nicht zu vernachlässigen.	Die richtige Gewichtung der verschiedenen Preiskategorien (hoch/ mittel/niedrig) entscheidet über Erfolg oder Mißerfolg. Steigende Bedeutung bekommt auch der Schutz vor Ladendieben.
Wachsendes Gesundheitsbewußtsein 6,75	Immer mehr Verbraucher achten auf ihre Gesundheit, sie streben ein längeres und angenehmeres Leben an. Sie wissen, daß sie sich um ihre Gesundheit und ihr Wohlbefinden selbst kümmern müssen. Der Fitneßtrend wird sich weiter verstärken.	Alle Produkte, die eine Nähe zum eigenen Körper haben, sind betroffen — also Kleidung, Nahrungs- und Genußmittel, Stoffe, Bettwäsche. Die Waren müssen eine glaubwürdige und detaillierte Herkunftsbezeichnung aufweisen.
Der kritische und der fordernde Konsument 6,5	Der Verbraucher wird wählerischer, eignet sich vermehrt Produktkenntnisse an, prüft viel stärker die Qualität, läßt sich so leicht nichts vormachen. Wachsende Urteilsfähigkeit und Selbstvertrauen führen zum Verlust an Markentreue.	Dieser Trend ist eine Chance für engagiert kundenzentrierte Unternehmen. Der kritische Konsument legt weniger Wert auf den Prestige- oder Symbolwert; er ist empfänglicher für informative Werbung.
Zunehmende Individualität 6,25	Der Wunsch, sich von anderen abzuheben, wird das	Die Verbraucher suchen non-konformistische Produkt-

Der Trend und sein Stellenwert für den Handel	Erscheinungsformen	Konsequenzen für das Handelsmarketing
	Verhalten der Verbraucher stärker beeinflüssen. Die Konsumenten wollen sich verstärkt exklusive Wünsche erfüllen. Dennoch behalten sie ein klares Preisbewußtsein.	kombinationen, mit denen sie auffallen und in ihrer sozialen Gruppe akzeptiert werden. Beispiel: Der Kunde will alle Details selbst bestimmen, beim Kauf einer Küche etwa Form und Farbe.
Änderung der Haushaltgröße 6,25	Die Durchschnittsgröße der Haushalte nimmt weiter ab. 1- und 2- Personen-Haushalte legen zu. Gründe: mehr allein lebende Alte; mehr junge Leute, die einen eigenen Hausstand gründen; mehr Partnerschaften von kinderlosen Paaren.	Verstärkt auf kleine Packungsgrößen achten bzw. auf die leichte Teilbarkeit von großen Einheiten. Das klassische Kaffeeservice für sechs Personen ist out. Berufstätige haben wenig Zeit. Alles, was den Einkauf beschleunigt, wird honoriert.
Design gewinnt an Bedeutung 6,25	Design spielt künftig nicht nur in oberen Preislagen eine Rolle, es wird generell die Kaufentscheidung der Konsumenten prägen. Motto: Demokratisierung des Designs. Auch das Design von Einkaufsstätten wird wichtiger.	Das Sortiment sollte verstärkt designorientiert sein. Wichtig: Design-Mischmasch vermeiden. Designerserien haben gute Marktchancen. Die Verkäufer müssen perfekt über die Designer, deren Produkte angeboten werden, Bescheid wissen.

Wörter

der Konsum — потребление
der Trend, -s — тенденция
der Stellenwert, -e — место, его значение
die Umwelt — окружающая среда
die Ablenkung, -en — отклонение, отход
der Alltag — повседневность
der Erlebniskonsum — потребление, оставляющее впечатление
der Haken — крючок
die Wandlung, -en — превращение
der Verbraucherwunsch, -e — желание потребителя
regieren — управлять
die Erscheinungsform, -en — форма проявления

die Konsequenz, -en — последствие
die Aussage, -n — высказывание
die Studie, -n — исследование
die Bevölkerungsschicht, -en — слой населения
das Verhalten — поведение
das Design — дизайн
die Einkaufsstätte, -n — место покупок
— das Shopping, -s — процесс покупки
das Gütesiegel — знак качества
die Bedienungsanleitung, -en — инструкция по пользованию
— der Zustellservice — услуги по доставке
— der Versandhandel — торговля по почте
— das Einkaufserlebnis, -se — впечатление от процесса покупки
— der Ladendieb, -e — магазинный вор
das Kaffeeservice — кофейный сервиз
das Sortiment, -e — ассортимент
Wert legen auf — придавать значение
zunehmen, a, o — прибывать, увеличивать
abnehmen, a, o — убывать
bevorzugen — предпочитать
— profitieren — извлекать выгоду
auffallen, ie, a — бросаться в глаза
folgen, D. — следовать

Übung 1. Analysieren Sie die 10 Trends, die den Konsum bestimmen. Beachten Sie, welcher Trend welchen Stellenwert hat.

Übung 2. Nennen Sie Antonyme.

abnehmen	der Erfolg
profitieren	regieren

Übung 3. Nennen Sie Synonyme.

der Trend	das Produkt
kaufen	der Konsum
die Wandlung	das Design

Übung 4. Wie lauten die Substantive?

kaufen	verbrauchen	zunehmen
verkaufen	profitieren	regieren
konsumieren		

Übung 5. Wie lauten die Verben?

der Konsument	die Wandlung	das Verhalten
die Ablenkung	die Studie	das Einkaufserlebnis

Grammatik: Verben mit trennbaren Vorsilben

Die Freude am Einkaufen **nimmt** **zu**.	Радость от процесса покупки **растет**.
Sie **streben** ein längeres und angenehmeres Leben **an**.	Они **стремятся** к более продолжительной и приятной жизни.
Die Durchschnittsgröße der Haushalte **nimmt** weiter **ab**.	Средняя величина семьи **уменьшается** и дальше.

Übung 6. Merken Sie sich: Trennbare Vorsilben werden im Präsens, Imperfekt Aktiv und Imperativformen an das Ende der Äußerung gesetzt.

Vgl.: aufstehen — Ich stehe früh auf. — Ich stand früh auf. — Steh früher auf!

Übung 7. Suchen Sie im Text Äußerungen mit trennbaren Vorsilben und übersetzen Sie.

Übung 8. Wie lautet der Infinitiv?

nimmt zu, geht auseinander, streben an, nimmt ab, legen zu, schrecken ab, lassen zu.

Grammatik: Das Verb „werden" als Kopula

Der Verbraucher **wird** wählerischer.	Потребитель **становится** разборчивее.
Leicht verständliche Bedienungsanleitungen **werden** noch wichtiger.	Легкие инструкции по пользованию **становятся** еще более важными.

Übung 9. Merken Sie sich: Das Verb „werden" verwendet man auch als Kopula (связка).

Vgl: Verkaufsstatistik ist nützlich. Verkaufsstatistik wird nützlich.

Übung 10. Suchen Sie im Text alle Äußerungen, wo das Verb „werden" als Kopula verwendet ist, übersetzen Sie die Äußerungen ins Russische.

Übung 11. Suchen Sie Antworten auf die Fragen, die mit dem ersten Trend im Handel zusammenhängen.

Wie heißt dieser Trend?
Wie viele Gesichtspunkte umfaßt er insgesamt?
Welches sind seine Erscheinungsformen?
Welche Konsequenzen ergeben sich daraus für das Handelsmarketing?

Übung 12. Wie heißt die zweite Tendenz im Handel?

Wodurch kommt sie zum Ausdruck?
Welches sind die Konsequenzen für das Marketing?

Übung 13. Beachten Sie den siebten Trend.

Wie wird der moderne Konsument genannt?
Prüft er viel stärker die Qualität von Waren?

Übung 14. Womit ist der zehnte Trend im Handel verbunden? Wie heißt das Stichwort?

Warum spielt Design eine besondere Rolle?

Übung 15. Inszenieren Sie einen Dialog über 10 Tendenzen, die den Konsum von heute regieren.

Übung 16. **Rollenspiel.** Sie sind künftiger Handelsmanager. Sie kommen mit einem erfahrenen deutschen Spezialisten für das Handelsmarketing zusammen. Besprechen Sie mit ihm den Inhalt dieses Textes. Fragen Sie ihn, ob er die 10 Trends im Handel für Deutschland wirklich für wichtig und richtig hält.

Übung 17. Lesen Sie den Dialog durch und sagen, worum es dabei geht.

Verleger Florian Langenscheidt setzt auf den Triumph des elektronischen Buches

„Preisverfall bringt Masse"

Ihr Verlag setzt vehement auf High-Tech. Vom Buch zur Disc?
Bislang erzielten wir nur etwa 10 bis 15 Prozent unseres Umsatzes damit. Dabei können wir auf eine lange High-Technik-Generation

zurückblicken. Mein Ur-Ur-Großvater Professor Gustav Langenscheidt bestellte schon 1878 den gerade erfundenen Phonographen bei Thomas Alva Edison und gab 1902 den allerersten Fremdsprachenkursus auf Schallplatte heraus.

Seither hat sich die Medienlandschaft stark verändert.

Natürlich. Schon seit den siebziger Jahren arbeiten wir an Programmen für Bildplatte, Btx oder PC. Als wir auf den Markt kamen, war die Zeit noch nicht reif. Wir haben deshalb viel Lehrgeld bezahlt. Aber mit besseren Datenträgern mischen wir auf allen Gebieten mit.

Der Abschied vom traditionellen Taschenwörterbuch?

Keineswegs. Noch machen wir 85 Prozent unseres Umsatzes im Printbereich. Doch gleichzeitig gibt es alles auf Diskette und CD.

Wie schafft das Elektronik-Buch den Durchbruch?

Nur über den Preis.

Sind Preisbrecher in Sicht?

Elektronische Bücher sind naturgemäß teurer als gedruckte, aber leichter und bedienungsfreundlicher. Unser erster elektronischer Handheld mit 120000 englischen Stichwörtern und Redewendungen kostet nur noch rund 400 Mark, und die ersten CD-Rom bieten wir schon für weniger als 100 Mark an.

Jörg Bess, Capital 8/94

Übung 18. Studieren Sie die Handelsbilanz, nehmen Sie zum Inhalt des Artikels Stellung.

Pkw-Handelsbilanz: Deutschland erneut vor Japan

Im zweiten Jahr hintereinander lag Deutschland im Pkw-Handel mit Japan wertmäßig vorne. Laut Mitteilung des Statistischen Bundesamtes (StBA), Wiesbaden, exportierte Deutschland im vergangenen Jahr 139025 Personenkraftwagen im Wert von 6,18 Mrd. DM nach Japan, während Japan 283922 Personenkraftwagen im Wert von 5,44 Mrd. DM nach Deutschland lieferte.

Damit war auch 1995 das Exportvolumen Deutschlands wertmäßig höher als das Importvolumen im Pkw-Handel mit Japan. Erstmal seit Mitte der 70-er Jahre, als der Automobilhandel zwischen den beiden Ländern bedeutend geworden war, hatte 1994 die Bundesrepublik mit 5,97 Mrd. DM vor Japan mit 5,39Mrd. DM gelegen.

Die deutschen Pkw-Lieferungen auf den japanischen Markt stiegen 1995 im Vergleich zu 1994 um 9,7%. Der japanische Pkw-Export auf den deutschen Markt verzeichnete gegenüber 1994 ein leichtes Plus von 1,0%.

W.S.Kurier, 5/96

Übung 19. Sie kennen bestimmt die Automarke „Audi". Lesen Sie den Text über den Audikonzern. Merken Sie sich die Daten, die Ihnen wichtig erscheinen.

Audi AG, Ingolstadt.

1995 war ein äußerst positives Geschäftsjahr

Audi-Vorstandschef Dr. Herbert Demel berichtet auf der Bilanzpressekonferenz von einem beeindruckenden Zahlenwerk des AudiKonzerns. Audi wird auch innerhalb der VW-Gruppe offensichtlich immer selbstbewußter.

Je erfolgreicher Audi ist, um so stärker wird die Position unter den „VW-Kindern" ! Weltweit konnte Audi 1995 ca. 450000 neue Audis ausliefern, 19,2% mehr als 1994! In Deutschland entsprachen 204000 Auslieferungen an Kunden einer Steigerung von 26,9% gegenüber dem Vorjahr.

Auf der Produktionsseite nahm insbesondere die Anzahl der gefertigten Sechs- und Achtzylindermotoren zu.

Das Ergebnis des Jahres 1995 ist für Demel mit seiner Mannschaft „Ansporn, den eingeschlagenen Weg fortzusetzen. Wir wollen ein Ergebnis erzielen, das mindestens auf dem Niveau des letztjährigen liegt." Audi habe sich vorgenommen, 1996 mit mindestens 5% Plus bei den weltweiten Auslieferungen an Kunden stärker als der Gesamtmarkt zu wachsen.

Mit dem Audi A 4 Avant, der Ende Februar in den Markt eingeführt wurde, und dem Audi A 3, der im Herbst zu den Händlern kommen wird, sind die Ingolstädter mit weiteren innovativen Modellen für die Herausforderungen gerüstet.

Audi-Konzern	**1995**	**1994**
Produktion		
Automobile	446808	352589
Motoren	607175	544538
Auslieferungen an Kunden		
Automobile	448518	376180
BundesrepublikDeutschland	204138	160803
Westeuropa ohne Deutschland	174825	159927
Übrige Welt	69555	55450
Umsatzerlöse		
Mio DM	16678	13456
Belegschaft im Durchschnitt	32823	32215
Investitionen		

Mio. DM	865	1505
Abschreibungen		
Mio. DM	1035	914
Cash-flow		
Mio. DM	1774	1220
Ergebnis nach Steuer		
Mio. DM	111	22

Audi AG	1995	1994
Produktion		
Automobile	446808	352589
Motoren	502969	525500
Umsatzerlöse		
Mio. DM	16743	13476
Belegschaft im Durchschnitt	32558	32043
Ergebnis nach Steuer		
Mio. DM	160	30

Thema N 9
MANAGEMENT

Text N 1
MANAGEMENT

Grammatik: 1) Die Funktionen und Verwendung des Wortes "als"; Wiederholung — Attributnebensätze

Eine einheitliche Definition des Begriffes "Management" existiert nicht. Gegenüber den Begriffen wie "Unternehmensführung" oder "Unternehmensleitung" ist der aus dem anglo-amerikanischen Sprachgebrauch stammende Begriff "Management" umfassender.

Management kann man als die "Leitung von Organisationen" ansehen, was jedoch in einem zweifachen Sinn verwendet wird:

Management als Institution und
Management als Funktion.

Management als Institution

Management als Institution ist der Personenkreis, der mit der Leitung einer Institution betraut ist, wobei meist ein Unternehmen gemeint ist. Innerhalb dieser Personengruppe wird zwischen

Top-Management (obere Leitungsebene)
Middle-Management (mittlere Leitungsebene)
Lower-Management (untere Leitungsebene) unterschieden.

Management als Funktion

Management als Funktion ist die Gesamtheit aller Aufgaben, die der "Manager" als Führungskraft bzw. als Vorgesetzter ausübt. Die Management-Funktion kann von den Vorgesetzten an jeweils ihnen unterstellte Verantwortliche übertragen werden = Delegation von Verantwortung und Weisungsbefugnis.

Die Aufgaben des Managers werden dabei i.d.R. in zwei Schwerpunkten gesehen:

Leitung = sach-rationale Aufgaben wie Setzen von Zielen, Planen, Organisieren, Kontrollieren u.a.

Führung = sozio-emotionale Aufgaben wie Delegieren, Motivieren u.a.

Zusammenfassend kann man sagen.

"Management" ist der Personenkreis, der mit Leitungs- und Führungsaufgaben des Unternehmens betraut ist; Management bezeichnet gleichzeitig die Funktionen eines Vorgesetzten, die sich in Leitungs- und Führungsfunktionen unterscheiden lassen.

Diese beiden Erscheinungsformen des Managements sind wie folgt dargestellt.

Management will Menschen durch

Systeme und Prozesse,

Analyse und Problemlösung,

Entscheidungsfindung und Entscheidungsdurchsetzung,

Kommunikation und Interaktion so führen und so motivieren, daß dadurch ein

zielbestimmtes,

planvolles,

organisiertes,

kontrolliertes

Handeln im Unternehmen erreicht wird.

Erscheinungsformen des Managements

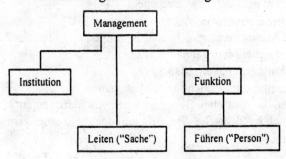

Wörter

die Definition, -en — дефиниция, определение
der Begriff, -e — понятие
die Leitung, -en — руководство

der Sinn, -e — смысл
der Personenkreis, -e — круг лиц
das Top-Management — менеджер высшего ~~уровня~~ звена, топ-менеджер
das Middle-Management — менеджер среднего ~~уровня~~ звена
das Lower-Management — менеджер нижнего ~~уровня~~ звена
die Gesamtheit, -en — общность
der Manager — менеджер
der Vorgesetzte, -n — председатель
die Führungsaufgabe, -n — задача по руководству
die Erscheinungsform, -en — форма проявления
die Abbildung, -en — иллюстрация, рисунок
die Problemlösung, -en — решение проблемы
die Entscheidungsfindung, -en — нахождение решения
die Entscheidungsdurchsetzung, -en — осуществление решения
die Interaktion, -en — интеракция
existieren — существовать
verwenden — использовать
betraut sein mit — поручено, доверено кем-либо
übertragen — передавать
das Handeln — действие
umfassend — обширный

Übung 1. Hören Sie sich den Text an und übersetzen Sie ihn.

Übung 2. Beantworten Sie nun die folgenden Fragen.

Was versteht man unter "Management"?
Welche drei Ebenen von Management gibt es?
Wieso ist Management gleichzeitig Institution und Funktion?
Was meint dabei Management als Funktion?
Welche Aufgaben hat ein Manager?
Woher stammt die Bezeichnung "Management"?
Wie lauten die deutschen Bezeichnungen von Management?
Decken sich die deutschen Begriffe und der anglo-amerikanische Begriff "Management" völlig?

Übung 3. Nennen Sie zwei Synonyme zum Begriff "Management".

Übung 4. Definieren Sie den Begriff "Management" als Funktion und Institution.

Übung 5. Wie heißt die Person?

das Management   die Unternehmensführung   die Unternehmensleitung

Übung 6. Nennen sie Synonyme zu

ansehen	verwenden	die Institution
definieren	ausüben	die Interaktion
existieren	darstellen	erreichen

Übung 7. Welche Attribute passen zum Wort "Management"?

Übung 8. Mit welchen Attributen ist der Begriff "Handeln" im Text verbunden?

Übung 9. Was bedeuten die Termini "Entscheidungsfindung" und "Entscheidungsdurchsetzung"?

Grammatik: Die Funktionen und Verwendung des Wortes "als"

Der Begriff "Management" ist **umfassender als** "Unternehmensführung"	Понятие "менеджмент" **шире, чем** "руководство предприятием".
Management **als** Institution.	Менеджмент **как** (в качестве) учреждения.
Als ich kam, war er schon weg.	**Когда** я пришел, его уже не было

Übung 10. Suchen Sie im Text alle Wortverbindungen mit "als" (как) und übersetzen Sie.

Übung 11. Schreiben Sie aus dem Text alle Äußerungen mit dem Attributnebensatz und übersetzen Sie.

Text N 2
WAS MACHT EIGENTLICH ... DER MITTELMANAGER?

Grammatik: 1) Fortsetzung: als-Funktionen; Wiederholung: Objektnebensätze

Professor Rolf Taubert und seine Kollegen Martin Henkel und Harry Fechtner haben den Arbeitsalltag von Führungskräften untersucht — ein Bericht.

Sie sind mitten unter uns; einige stehen im Rampenlicht der Öffentlichkeit; jeder weiß, wie wichtig sie sind. Aber was tun Manager eigentlich? Sie werden gut bezahlt; folglich muß ihre Arbeit wichtig sein. Ihre Arbeit muß anstrengender sein als die anderer Leute. Worin besteht sie?

Für Deutschland existieren unseres Wissens keine empirischen Untersuchungen über die tatsächliche Tätigkeit von Führungskräften in der Wirtschaft. Nur für die USA hat Henry Mintzberg solche Untersuchungen selbst angestellt oder aus der Literatur übernommen.

Die Frage, was Manager tatsächlich tun, stellte sich uns, als uns ein High-Tech-Unternehmen beauftragte, Kriterien für die Leistungsbeurteilung von Führungskräften zu erarbeiten. Auf der Suche nach einem Maßstab für individuelle Leistung untersuchten wir erst einmal das Alltagshandeln der Manager.

Folgende Kategorien für Einzeltätigkeiten erwiesen sich als praktikabel:

1) Fachtätigkeiten. Zum Beispiel Verkaufsverhandlungen, Schreiben von Gutachten, Begutachten von Plänen, aber auch Kopieren, Berechnen.

2) Personalmanagement. Vom Smalltalk mit der Sekretärin bis zu Gehaltsverhandlungen, Umsetzungen, Diskussion von Fortbildungsmaßnahmen.

3) Informationsmanagement. Darunter fassen wir Klatsch, Gespräche über Preise, Unternehmenspolitik, Entwicklungen, aber auch Zeitungslektüre.

4) Selbstmanagement: Führen des Terminkalenders, Kaffeekochen, Privates, Verabredungen, Weiterbildung, Organisation rund um den Dienstwagen.

Die Ergebnisse in Kurzform.

Der Arbeitstag einer Führungskraft dauert 7 bis 10 Stunden.

In dieser Zeit werden 50 bis 100 Einzeltätigkeiten durchgeführt.

Das bedeutet, daß viele Einzeltätigkeiten im Stakkato-Rhythmus aufeinander folgen und jeweils nur wenige Minuten dauern.

Die Führungskraft muß mehrere Sachverhalte gleichzeitig im Kopf haben und schnell umschalten können; eine beharrliche und gründliche Bearbeitung eines Sachverhalts findet in der Regel nicht statt. Die Führungskräfte reagieren auf "Probleme"; sie planen nicht, jedenfalls nicht langfristig und systematisch.

Die Führungskräfte verbringen mehr als 75 Prozent ihrer Arbeitszeit mit Gesprächen (direkte Gespräche, Meetings und Telephonate); kein einziger verbrachte mehr als 20 Prozent der Zeit mit Lesen und Schreiben, selbst wenn man Zeitungslektüre miteinbezieht.

Die meisten Gespräche finden nur zwischen Personen statt; Meetings und Konferenzen sind eher selten. Folge: Vieles wird mehrmals besprochen.

Einige Schlußfolgerungen:

Alle Manager, die wir beobachtet haben, denken in Konkurrenzkategorien. Trotz kooperativen Führungsstils gibt es auf der Ebene der Führungskräfte eine Konsenskultur, wie sie dem japanischen Management zugeschrieben wird. Die Manager verfolgen ihr privates, ihr Abteilungs- und ihr Firmeninteresse. Sie zeigen dem jeweiligen Konkurrenten die Zähne.

Manager denken kausal, instrumental, wie es überwiegend in der Volks- und Betriebswirtschaftslehre gelehrt wird. Maßnahme X bringt Ergebnis Y. Häufig sagen sie: "Das rechnet sich nicht". Sie reagieren auf ungeplante Ereignisse, benutzen dabei aber schematische Lösungsmuster; sie sind nicht offen für die neue Unübersichtlichkeit, sondern suchen stets die Übersicht.

Manager führen ihr Personal wie ein Kraftfahrzeug: Dieser Handgriff bewirkt dies, jenes Pedal das. Jeder hat seine eigene Methode, aber jeder hat eine Methode. "Ich bin mir nicht zu gut, auch selbst einmal den Kaffee für das Büro zu kochen", sagt einer: Das ist seine Methode. Statt zu fragen: "Was motiviert Menschen?" fragen sie: "Wie motiviere ich meine Mitarbeiter?" Handeln ihre Mitarbeiter eigenverantwortlich, schreiben das die Manager ihrer besonderen Führungsfähigkeit zu.

Alle Manager glauben, ihr Arbeitsgebiet "im Griff" zu haben; mit dieser Überzeugung motivieren sie sich.

Wörter

der Mittelmanager, — менеджер среднего уровня
der Arbeitsalltag, -e — рабочие будни
die Führungskraft, -e — руководитель
die Öffentlichkeit — общественность
die Untersuchung, -en — исследование
das High-Tech-Unternehmen — высокотехнологическое предприятие
das Alltagshandeln — повседневные действия
die Fachtätigkeit, -en — профессиональная деятельность

- das Gutachten — мнение, отзыв
- die Verkaufsverhandlung, -en — торговые переговоры
- das Personalmanagement — менеджмент по кадрам
- der Smalltalk, -s — небольшой разговор
- die Gehaltsverhandlung, -en — переговоры о зарплате
- das Informationsmanagement — информационный менеджмент
- die Zeitungslektüre, -n — чтение газет

×1 das Selbstmanagement — менеджмент по отношению к себе
- die Verabredung, -en — договоренность
- die Weiterbildung, -en — повышение квалификации
- das Ergebnis, -se — результат
- der Stakkato-Rhythmus — ритм стаккато

×2 der Sachverhalt, -e — вещи, дела
- die Bearbeitung, -en — обработка
- der Terminkalender — календарь встреч, *календарь - памятка*
- die Folge, -n — последовательность *последствие*
- die Schlußfolgerung, -en — вывод, заключение
- die Ebene, -n — уровень
- die Konsenskultur — культура достижения согласия
- die Maßnahme, -n — мероприятие
- die Übersicht, -en — обзор, обозрение
- der Mitarbeiter — сотрудник
- die Überzeugung, -en — убеждение
- beauftragen — поручать
- erarbeiten — вырабатывать
- sich erweisen als, ie, ie — оказываться
- durchführen — проводить
- dauern — длиться
- umschalten — переключать
- planen — планировать
- verbringen, a, a — проводить
- stattfinden, fand statt, stattgefunden — состояться
- besprechen, a, o — обсуждать
- verfolgen — преследовать
- bewirken — влиять
- motivieren — мотивировать
- kausal — причинно-обусловленный

Übung 1. Hören Sie sich den Text an.

×1 *управление самим собой*
×2 *обстоятельства дела; положение вещей*

Übung 2. Prüfen Sie, ob Sie den Inhalt richtig verstanden haben.

Es geht im Text um das Alltagshandeln der Mittelmanager. Sie üben 4 Arten von Tätigkeiten aus, nicht wahr?

Ein Mittelmanager führt beispielsweise Verkaufsverhandlungen, erstellt Gutachten, hat Gespräche mit der Sekretärin usw.

Übung 3. Setzen Sie die Aufzählung seiner Tätigkeiten fort.

Übung 4. Beantworten Sie nun die folgenden Fragen.

Wie heißen die 4 Kategorien der Tätigkeiten eines Mittelmanagers?
Wie lange dauert sein Arbeitstag?
Wieviel Einzeltätigkeiten führt er in dieser Zeit durch?
Wieviel Prozent ihrer Arbeitszeit verbringen die Mittelmanager mit Gesprächen?
Wieviel Prozent ihrer Arbeitszeit brauchen sie zum Lesen und Schreiben?

Übung 5. Umreißen Sie das Profil eines Mittelmanagers; benutzen Sie dabei folgende Vokabeln und Wendungen.

Wichtig, wird gut bezahlt, hat viel zu tun, der Arbeitstag, dauern, 7 bis 10 Stunden, 100 Einzeltätigkeiten durchführen, hat mehrere Sachverhalte im Kopf, reagiert auf Probleme, muß viel sprechen, hat Smalltalks, direkte Gespräche, Telefonate, in Konkurrenzkategorien denken, sein privates und Firmeninteresse verfolgen, oft sagen: das rechnet sich nicht!, sein Personal wie ein Kraftfahrzeug führen, denkt kausal und instrumental, hat seine Methode, seine Mitarbeiter motivieren.

Übung 6. Wie heißen die Synonyme zu

der Mittelmanager	der Mitarbeiter	besprechen
der Smalltalk	beauftragen	bedeuten
das Ergebnis		

Übung 7. Wissen Sie noch, welche Arten von Gesprächen ein Mittelmanager führen muß?

Übung 8. Definieren Sie folgende Begriffe: Klatsch, Smalltalk, Verhandlung, Diskussion.

Übung 9. Nennen Sie die Verben, die die Tätigkeiten eines Mittelmanagers bezeichnen.

Beispiel: leiten, ...

Übung 10. Welche Tätigkeiten sind in Ihrem Terminkalender für Montag eingetragen? Vergleichen Sie die Tätigkeiten in Ihrem Terminkalender mit denen eines Mittelmanagers.

Übung 11. Bestimmt haben Sie einen Bekannten, Mittelmanager. Entspricht er nun Ihren Vorstellungen von einem Manager?

Übung 12. Suchen Sie im Text Äußerungen mit "als" und bestimmen Sie ihre Funktionen.

Übung 13. Absatz 3 des Textes enthält eine Äußerung mit "als". Übersetzen Sie die Äußerung ins Russische.

Übung 14. Absatz 1 enthält ein Satzgefüge mit dem Objektnebensatz. Schreiben Sie es heraus und übersetzen Sie.

Übung 15. Suchen Sie im Text nach weiteren Äußerungen mit dem Objektnebensatz und übersetzen Sie.

Übung 16. Inszenieren Sie einen Dialog zwischen einem russischen und deutschen Mittelmanager.

Übung 17. **Rollenspiel.** Sie sind Student und studieren Management. Sie besuchen eine deutsche Firma und wollen wissen, wie ein "normaler" Arbeitstag des Mittelmanagers abläuft, beispielsweise, wann der Arbeitstag beginnt, wie lange er dauert, wie viele Einzeltätigkeiten Ihr Sprechpartner pro Tag plant und du.

Text N 3
SIND SIE DER MANAGER DER ZUKUNFT?

Grammatik: 1) Gebrauch von "wenn" in Nebensätzen; 2) Performative Äußerungen vom Typ "ich glaube..."

Testen Sie sich auf Ihre Karrieretauglichkeit. Selbstbewußt auftreten heißt seine Stärken kennen.
So funktioniert das Testspiel:
Beantworten Sie ehrlich die folgenden 56 Fragen. Sie haben jeweils drei Antwortmöglichkeiten: stimmt genau, teilweise und stimmt überhaupt nicht. Übrigens: Je aufrichtiger Sie mit sich selber sind, desto mehr erfahren Sie durch diesen Test.

| stimmt genau | teilweise | überhaupt nicht |

1. Über meinen Arbeitseifer regen sich meine Bekannten auf.
   ☐   ☐   ☐
2. Ich bin eigentlich immer mit irgend etwas beschäftigt.
   ☐   ☐   ☐
3. Es gibt Tage bei mir, an denen ich nichts zustande bringe.
   ☐   ☐   ☐
4. Es fällt mir schwer, mich zu entspannen und still zu sitzen.
   ☐   ☐   ☐
5. Ich bin ein eher zurückhaltender und schweigsamer Typ.
   ☐   ☐   ☐
6. Wenn ich nicht mindestens acht Stunden geschlafen habe, bin ich den Tag über nicht zu gebrauchen.
   ☐   ☐   ☐
7. Ich fühle mich am wohlsten, wenn ich mitten in der Arbeit stecke.
   ☐   ☐   ☐
8. Auch bei sehr großer Arbeitsbelastung werde ich nicht so schnell müde.
   ☐   ☐   ☐
9. Ich glaube, ich habe großen Einfluß auf andere.
   ☐   ☐   ☐
10. Ich will nicht unbedingt immer besser sein als die anderen.
    ☐   ☐   ☐
11. An Fehler, die ich einmal gemacht habe, erinnere ich mich immer sehr lange.
    ☐   ☐   ☐
12. Ich kann mich eigentlich immer gut unterordnen und anpassen.
    ☐   ☐   ☐
13. Ich ergreife nicht sehr gern die Initiative.
    ☐   ☐   ☐
14. Es ist mir sehr wichtig, daß meine besonderen Leistungen anerkannt werden.
    ☐   ☐   ☐
15. Ich glaube, daß man meine Arbeit nicht genügend anerkennt.
    ☐   ☐   ☐
16. Ich bin sehr stolz auf das, was ich bis jetzt erreicht habe.
    ☐   ☐   ☐
17. Unter Termindruck arbeite ich oft rascher und besser.
    ☐   ☐   ☐

18. Ich bin bei meiner Arbeit meist sehr leicht abzulenken.
☐ ☐ ☐

19. Ich verwende immer nur so viel Zeit auf meine Arbeit, wie unbedingt notwendig ist.
☐ ☐ ☐

20. Ich mag schwierige Aufgaben und Probleme, um mich daran messen zu können.
☐ ☐ ☐

21. Ich habe immer so viel zu tun, daß ich manchmal glaube, mit meiner Arbeit nie fertig zu werden.
☐ ☐ ☐

22. Wenn ich mir einmal ein Ziel gesetzt habe, dann gebe ich nicht eher auf, als bis ich es geschafft habe.
☐ ☐ ☐

23. Wenn ich einmal etwas nicht schaffe, strenge ich mich danach um so mehr an.
☐ ☐ ☐

24. Wenn ich etwas nicht sofort schaffe, dann fange ich lieber etwas anderes an.
☐ ☐ ☐

25. Es fällt mir schwer, in der Öffentlichkeit vor vielen Menschen zu sprechen.
☐ ☐ ☐

26. Es ist mir sehr angenehm, wenn ich für meine Arbeit genaue Anweisungen bekomme.
☐ ☐ ☐

27. Ein gutes Konzept ist die Voraussetzung für sinnvolles und erfolgreiches Arbeiten.
☐ ☐ ☐

28. Ich gebe nicht so schnell nach, nur um einen Konflikt zu vermeiden.
☐ ☐ ☐

29. Das Unbekannte und Ungewisse fasziniert mich.
☐ ☐ ☐

30. Was die anderen über mich denken oder sagen, ist mir gleichültig.
☐ ☐ ☐

31. Es ist für mich sehr wichtig, daß meine Kollegen mit meiner Arbeit zufrieden sind.
☐ ☐ ☐

32. Ich bin ein sehr kritischer Typ, der nicht so leicht zu überzeugen ist.
☐ ☐ ☐

33. Ich arbeite lieber mit anderen im Team zusammen, als alleine.
    ☐   ☐   ☐

34. Konfrontationen im Beruf und privaten Leben lassen sich sehr häufig nicht vermeiden.
    ☐   ☐   ☐

35. Ich schätze die Menschen immer richtig ein und täusche mich deshalb eigentlich nie.
    ☐   ☐   ☐

36. Ich komme leichter zu Entscheidungen, wenn ich die Dinge vorher mit anderen besprochen habe.
    ☐   ☐   ☐

37. Es gibt Leute, die ich nicht mag. Ich kann deshalb nicht höflich zu ihnen sein.
    ☐   ☐   ☐

38. Ich habe immer die besten Ideen, wenn ich alleine arbeite.
    ☐   ☐   ☐

39. Man muß im Leben ständig zu Kompromissen bereit sein und auch Meinungen akzeptieren, die nicht der eigenen Überzeugung entsprechen.
    ☐   ☐   ☐

40. Kontrolle ist immer notwendig — auch bei guter Arbeit.
    ☐   ☐   ☐

41. Meine Arbeit nimmt mich meistens so in Anspruch, daß ich für andere Dinge keine Zeit habe.
    ☐   ☐   ☐

42. Nur wer bereit ist, ein Risiko einzugehen, kann schöpferische Arbeit leisten.
    ☐   ☐   ☐

43. Ich merke immer sehr schnell, was getan werden müßte, um eine Sache zu verbessern.
    ☐   ☐   ☐

44. Es fällt mir nicht schwer, gleichzeitig mehrere Dinge auf einmal zu tun.
    ☐   ☐   ☐

45. Ich bin bemüht, immer alles noch besser zu machen, als es schon ist.
    ☐   ☐   ☐

46. Die Leute, die mehrere und verschiedene Dinge gleichzeitig machen wollen, scheitern meistens.
    ☐   ☐   ☐

47. Es fällt mir oft schwer, mich der herrschenden Meinung anzupassen.
    ☐   ☐   ☐

48. Ich habe immer so viel zu tun, daß ich keine Zeit habe, mir Gedanken über neue Ideen zu machen.
☐ ☐ ☐

49. Schlechte Manieren stoßen mich ab.
☐ ☐ ☐

50. Ein freundlicher Arbeitskollege ist mir lieber als ein tüchtiger.
☐ ☐ ☐

51. Kritik an meinem Äußeren oder Verhalten verunsichert mich.
☐ ☐ ☐

52. Vor lauter Arbeit komme ich in letzter Zeit überhaupt nicht mehr zum Lesen.
☐ ☐ ☐

53. Ich glaube, daß meine Arbeit einen höheren Sinn hat.
☐ ☐ ☐

54. Ich beneide Menschen, die es verstehen, ihr Leben zu genießen und immer das Beste aus einer Sache zu machen.
☐ ☐ ☐

55. Beim Kauf einer Ware spielt für mich die Aufmachung und Verpackung eine große Rolle.
☐ ☐ ☐

56. Ich habe nur sehr wenig Beziehung und Verständnis für Kunst.
☐ ☐ ☐

So werten Sie das Testprogramm aus: Tragen Sie Ihre Antworten in die Auswertungstabellen ein und addieren Sie die einzelnen Zwischensummen getrennt. Zum Schluß bilden Sie aus allen Punkten Ihre Gesamtpunktzahl.

Vitalität und Aktivitätsstreben				**Dominanz und Durchsetzungsvermögen**				**Erfolgsmotivation und Leistungsbedüfnis**			
1	3	1	—	9	3	1	—	17	3	1	—
2	3	1	—	10	—	1	3	18	—	1	3
3	—	1	3	11	—	1	3	19	—	1	3
4	3	1	—	12	—	1	3	20	3	1	—
5	—	1	3	13	—	1	3	21	—	1	3
6	—	1	3	14	3	1	—	22	3	1	—
7	3	1	—	15	—	1	3	23	3	1	—
8	3	1	—	16	3	1	—	24	—	1	3
*Zwischensumme 1*___				*Zwischensumme 2*___				*Zwischensumme 3*___			

Risikobereitschaft und Mut				Führungsstil und Teamgeist				Innovationsstreben und Entdeckerlust			
25	—	1	3	33	3	1	—	41	—	1	3
26	—	1	3	34	—	1	3	42	3	1	—
27	—	1	3	35	—	1	3	43	3	1	—
28	3	1	—	36	3	1	—	44	3	1	—
29	3	1	—	37	—	1	3	45	3	1	—
30	3	1	—	38	—	1	3	46	—	1	3
31	—	1	3	39	3	1	—	47	3	1	—
32	—	1	3	40	—	1	3	48	—	1	3

Zwischensumme 4___   Zwischensumme 5___   Zwischensumme 6___

Idealstreben und ästhetisches Empfinden											
49	3	1	—	52	—	1	3	55	3	1	—
50	3	1	—	53	3	1	—	56	—	1	3
51	3	1	—	54	—	1	3				

Zwischensumme 7___

Wörter

die Karrieretauglichkeit — способность сделать карьеру
die Stärke, -n — сильная сторона
das Testspiel, -e — тест-игра
der Test, -e — тест
der Arbeitseifer — трудолюбие, трудовое рвение
der Typ, -en — тип
der Einfluß, -e — влияние
der Termindruck — давление срока; *штурмовщина*
die Anweisung, -en — указание, директива
das Konzept, -e — концепция
die Voraussetzung, -en — предпосылка
das Ungewisse — неизвестность, неопределенность
das Team, -s — команда, коллектив
die Konfrontation, -en — конфронтация
der Kompromiß, -e — компромисс
die Manier, -en — манера
die Aufmachung, -en — оформление, внешний вид
die Verpackung, -en — упаковка
das Verständnis, -se — понимание

die Beziehung, -en — отношение
erfahren, u, a — узнавать
zustandebringen, brachte zustande, zustandegebracht — осуществлять, выполнять
schwerfallen, fiel schwer, schwer gefallen — трудно даваться
sich unterordnen — подчиниться
nachgeben, a, e — уступать
einschätzen — оценивать
akzeptieren — соглашаться, принимать
— scheitern — разбиваться, не удаваться
viel zu tun haben — иметь много дел, быть очень занятым
beneiden — завидовать
Einfluß haben auf Akk. — иметь влияние на что-либо, кого-либо
die Initiative ergreifen — брать инициативу на себя
sich ein Ziel setzen — ставить перед собой цель
— in Anspruch nehmen — зд.: отнимать время
ein Risiko eingehen — идти на риск
schweigsam — молчаливый
zurückhaltend — сдержанный
stolz — гордый
zufrieden — довольный
wichtig — важный
kritisch — критический
schöpferisch — творческий
tüchtig — деловой
freundlich — дружелюбный

Übung 1. Hören Sie sich alle Testfragen an und übersetzen Sie.

Übung 2. Nennen Sie Synonyme zu

das Team	beschäftigt	beeinflussen
das Verhalten	einschätzen	ein Risiko eingehen
der Arbeitseifer		

Übung 3. Nennen Sie Antonyme zu

die Stärke	schwerfallen	zufrieden
das Ungewisse	schweigsam	freundlich
das Verständnis		

Übung 4. Unterstreichen Sie die Vokabeln, die als Ihre Charaktereigenschaften gelten.
schweigsam, stolz, zurückhaltend, kritisch, schöpferisch, freundlich, faselig, reserviert, neidisch.

Übung 5. Wie lauten die Adjektive?

die Stärke	akzeptieren	das Verständnis
der Typ	beneiden	die Schwäche
der Kompromiß	die Manier	der Anspruch

Übung 6. Wie lauten die Verben?

schweigsam	die Entscheidung	der Test
stolz	das Verständnis	die Anweisung
zurückhaltend	das Spiel	das Verhalten

Übung 7. Wie lauten die Substantive?

erfahren	wichtig	schaffen
anerkennen	freundlich	zufrieden
beneiden	sich anpassen	kritisch
stolz	einschätzen	

Übung 8. Beantworten Sie alle 56 Fragen gewissenhaft und vergleichen Sie die Ergebnisse mit denen Ihrer Studentengruppe.

Übung 9. Nehmen Sie Stellung zu den Fragen N 2, 4, 7, 9, 13, 16.

Übung 10. Sind die Fragen N 3, 5, 15, 18, 24, 30 für Sie akzeptabel?

Übung 11. Suchen Sie im Text Fragen, die bestimmte Charakterzüge betreffen.

Übung 12. Werten Sie den Test aus. Wie viele Punkte haben Sie in Tabelle 7 und wie viele Punkte haben Sie insgesamt?

Übung 13. Worin sehen Sie Ihre Vorteile und Nachteile? Sind Sie der Manager der Zukunft?

Grammatik: "Wenn"-Nebensätze

Wenn ich einmal etwas nicht **schaffe**, strenge ich mich danach um so mehr an (Bedingung).	Если я однажды что-то не сделаю, я прилагаю затем еше больше усилий.
Wenn ich etwas nicht sofort **schaffe**, dann fange ich lieber etwas anderes an (Temporal).	Когда я что-нибудь сделаю не сразу, тогда я лучше берусь за другое.
Es ist mir sehr angenehm, **wenn** ich für meine Arbeit genaue Anweisungen bekomme. (Subjekt)	Мне очень приятно получать для своей работы точные указания.

Übung 14. Suchen Sie alle Fragen mit "wenn", bestimmen Sie ihre Funktion (Bedingung-, Temporal-, Subjektnebensatz) und übersetzen Sie.

Übung 15. Stellen Sie die beiden Teile des Satzgefüges in den Fragen N 2, 22, 24, 6, 26 um.

Grammatik: Performative Äußerungen vom Typ "ich glaube"

Man nennt sie Äußerungen über Äußerungen. Sie beziehen sich (относятся) auf andere Äußerungen.
Beispiel: **Ich glaube**, ich habe großen Einfluß auf andere.
Performative Äußerungen sind: ich denke, ich glaube, ich vermute, ich meine, ich nehme an, ich schätze usw. Sie drücken Vermutung, Annahme, Zweifel aus.

Sie können Spitzenstellung, Zwischenstellung und Endstellung haben. Sie verbinden sich mit einer anderen Äußerung durch Konjunktion oder ohne.
Vgl.: — **Ich denke**, daß er ein schweigsamer Typ ist. — Er ist schweigsamer Typ, **denke ich**.

Übung 16. Ersetzen Sie in den Fragen N 9, 53, 15 die performative Äußerung durch "ich denke" und "ich meine"

Übung 17. Ergänzen Sie.

Ich glaube, daß ... ... , nehme ich an.
Ich schätze, daß ... ... , vermute ich.
... , glaube ich.

Übung 18. Übersetzen Sie.

Я думаю, что стану хорошим менеджером.
Я тоже думаю, что ты станешь им.
У тебя есть все предпосылки для этого
Университет я окончу через два года, я думаю.
Я думаю, что имею большое влияние на других.
Я предполагаю, мы решим все задачи успешно.

Übung 19. Beantworten Sie die Fragen; benutzen Sie dabei performative Äußerungen.

Beispiel: — Er ist ein schweigsamer Typ, glaube ich?
1) — Das nehme ich an. — Denke ich auch. — Das vermute ich auch.
Er ist immer mit etwas beschäftigt, nicht wahr?
Ergreift er gern die Initiative?
Arbeitet er unter Termindruck noch besser?
Mag er schwierige Aufgaben?
Ein gutes Konzept ist die Voraussetzung für sinnvolles Arbeiten, nicht wahr?
Ist es für Sie wichtig, daß Ihre Kollegen mit Ihrer Arbeit zufrieden sind?
Gibt es Leute, die Sie nicht mögen?
Fällt es Ihnen schwer, in der Öffentlichkeit vor vielen Menschen zu sprechen?

Übung 20. Inszenieren Sie einen Dialog zum Thema "Sind Sie der Manager der Zukunft?" Benutzen Sie dabei als Antworten performative Äußerungen.

Übung 21. **Rollenspiel.** Sie sind Student am Fachbereich "Management". Sie sind in Deutschland und leisten Ihr Praktikum ab. Ein deutscher Mittelmanager empfängt Sie. Er spricht aus seiner Erfahrung. Sie stellen ihm Fragen.

Thema N 10
BANKEN, GELD, BÖRSE

Text N 1
BANKEN

Grammatik: Modalverb „können" im Präsens (Wiederholung)

Das Bankensystem der Bundesrepublik Deutschland besteht aus einer Zentralbank und vielen Geschäftsbanken. Zentralbank ist die Deutsche Bundesbank mit ihren Hauptverwaltungen, den Landeszentralbanken. Die Geschäftsbanken lassen sich in Universal- und Spezialbanken einteilen. Universalbanken betreiben alle Bankgeschäfte, Spezialbanken sind fixiert z.B. auf Baufinanzierung, Schiffsfinanzierung.

Deutsche Bundesbank und 9 Landeszentralbanken

Geschäftsbanken *(Universalbanken)*		
Genossenschaftliche Kreditinstitute	Öffentlich-rechtliche Kreditinstitute	Private Kreditinstitute
Kreditgenossenschaften (Volksbanken, Raiffeisenkassen) Zentralen:	Sparkassen der Gebietskörperschaften Landesbanken	Großbanken Filialen und Privatbankiers

Die Deutsche Bundesbank ist eine Bundesbehörde, aber von Weisungen der Bundesregierung unabhängig. Sie hat die Aufgabe, den Geldumlauf und die Kreditversorgung zu regeln sowie für den Zahlungsverkehr im Inland und mit dem Ausland zu sorgen. Die Bundesbank muß zwar die

Wirtschaftspolitik der deutschen Bundesregierung unterstützen; im Fall von Zielkonflikten hat jedoch die Sicherung der Währung Vorrang.

Bargeld und Buchgeld werden durch das Bankensystem geschaffen, und zwar das Bargeld durch die Bundesbank, das Buchgeld durch die Geschäftsbanken (Einräumung von Kredit).

Je mehr Geld die Banken schaffen, je größer also die Geldmenge wird, desto eher ist die Gefahr einer Inflation gegeben. Anderseits bedeutet die Schaffung von zusätzlichem Geld auch die Schaffung von zusätzlicher Kaufkraft, von Nachfrage. Diese zusätzliche Nachfrage kann die Wirtschaft stimulieren und zum Abbau von Arbeitslosigkeit beitragen.

Die Einschränkung der Geldmenge durch die Banken birgt dagegen die Gefahr eines Rückgangs der Nachfrage, d.h. mangelnden Absatzes für die Unethernehmen und damit evtl. von Entlassungen und wachsender Arbeitslosigkeit in sich. Die Einschränkung der Geldmenge kann auch Deflation bzw. den Abbau von Inflation zur Folge haben.

Es ist also außerordentlich wichtig, die Geldmenge richtig, d.h. so zu steuern, daß das Verhältnis von Geld- und Gütermenge möglichst im Gleichgewicht bleibt. Dies zu sichern ist Aufgabe der Zentralbank. Sie kann diese Aufgabe dadurch erfüllen, daß sie den Geschäftsbanken mehr oder weniger Bargeld zur Verfügung stellt. Beschränkt sie die Bargeldmenge, so können die Geschäftsbanken weniger Kredite geben. Im Gegensatz zu vielen anderen Ländern ist die Kreditvergabe der Deutschen Bundesbank an den Staat gesetzlich eng beschränkt. Dies sichert in hohem Maße die Stabilität der Währung.

Geldmengenentwicklung in der Bundesrepublik Deutschland
(in Mrd. DM)

Jahr	Bargeld	Buchgeld	Geldmenge
1960	20,8	30,2	51,0
1970	36,9	71,3	108,2
1980	84,0	173,3	257,3
1990	158,6	425,7	584,3

Wörter

die Bank, -en — банк
die Hauptverwaltung, -en – главное управление

die Landeszentralbank, -en — центральный земельный банк
die Geschäftsbank, -en — коммерческий банк
die Deutsche Bundesbank — Немецкий ~~Национальный~~ *федеральный* Банк
der Geldumlauf — обращение денег
Vorrang haben — иметь преимущество
die Einräumung, -en — уступка
die Arbeitslosigkeit — безработица
die Einschränkung, -en — ограничение
das Gleichgewicht — равновесие
der Gegensatz, -e — противоположность
die Kreditvergabe — предоставление кредитов
— einteilen — подразделять
unterstützen — поддерживать
— bergen, a, o — прятать, скрывать
zur Verfügung stellen — предоставлять
beschränken — ограничивать

Übung 1. Hören Sie sich den Text an und übersetzen Sie ihn.

Übung 2. Nennen Sie Synonyme.

die Bank	regeln	zur Verfügung stellen
bestehen	fixiert sein	beschränken
betreiben		

Übung 3. Wie lauten die Verben?

die Verwaltung	die Regierung	die Nachfrage
die Finanzierung	die Sicherung	die Einschränkung
die Aufgabe	die Schaffung	

Übung 4. Mit welchen Verben sind folgende Wörter und Wortgruppen eng verbunden?

Beispiel : Gefahr — bergen

Bankgeschäfte	Vorrang	zur Verfügung
Geldumlauf	Geld	zur Folge
Zahlungsverkehr	Wirtschaft	Kredite
Wirtschaftspolitik	zum Abbau	Stabilität

Grammatik: Modalverb „können" im Präsens (Wiederholung)

Beschränkt sie die Bargeldmenge, so können die Banken weniger Kredite geben.	Если он (Центральный банк) ограничит наличную денежную массу, то банки могут предоставить меньше кредитов
Die Einschränkung der Geldmenge kann auch Deflation zur Folge haben.	Ограничение денежной массы может иметь своим следствием дефляцию.

Übung 5. Suchen Sie im Text alle Äußerungen mit dem Verb „können" und übersetzen Sie.

Übung 6. Lesen Sie die Äußerungen rollenweise und übersetzen Sie.
— Kannst du diesen Text ohne Wörterbuch übersetzen?
— Ja, ich kann das.
— Nein, das kann ich nicht ganz.
— Kannst du einige Geschäftsbanken nennen?
— Ja, ich kann dazu das Schema benutzen.
— Können Spezialbanken alle Geschäfte betreiben?
— Nein, das können nur Universalbanken tun.
— Was kann die zusätzliche Nachfrage stimulieren?
— Ich glaube, die Wirtschaft. Sie kann auch zum Abbau von Arbeitslosigkeit beitragen.

Übung 7. Beantworten Sie die folgenden Fragen zum Wesen des Bankensystems der BRD.
Wie heißt die Zentralbank Deutschlands?
Aus welchen Banken besteht das Bankensystem der Bundesrepublik Deutschland?
Welche Geschäfte betreiben Universalbanken?
Worauf sind Spezialbanken fixiert?
Ist die Deutsche Bundesbank von der Regierung abhängig? Welche Aufgabe hat sie?

Übung 8. Prüfen Sie, ob Sie den Text richtig verstanden haben.
Je mehr Geld die Banken schaffen, desto eher ist die Gefahr einer Inflation gegeben. Stimmt diese Behauptung?

Die Einschränkung der Geldmenge birgt die Gefahr eines Rückgangs der Nachfrage, deshalb bedeutet dies Entlassung und Arbeitslosigkeit, stimmt das?

Das Verhältnis von Geld- und Gütermenge muß möglichst im Gleichgewicht bleiben, wozu?

Die Kreditvergabe der Zentralbank an den Staat soll in hohem Maße die Stabilität der Währung sichern. Sind Sie damit einverstanden?

Übung 9. Lesen Sie den Text durch und überlegen Sie die Antworten auf die nachfolgenden Fragen.

Die Entwicklungshelfer

Banken: Commerzbank und Deutsche Bank feiern ihr 125jähriges Bestehen

Commerzbank: 26.Februar 1870. Deutsche Bank: 10. März 1870. Deutsches Reich: 18. Januar 1871. Dresdner Bank: 1. Dezember 1872. Die größten deutschen Banken sind alle etwa so alt wie Deutschland. Und sie haben sich auch so entwickelt wie Deutschland.

Das begann schon bei der Gründung. Sie spiegelte das seit der Bildung des Norddeutschen Bundes 1866 erweckte Selbstbewußtsein deutscher Politik und Wirtschaft wider: die Finanzierung des wachsenden Auslandsgeschäfts sollte nicht den dominierenden englischen Häusern überlassen bleiben.

In der Folgezeit entwickelten sich die Banken parallel zur boomenden deutschen Wirtschaft. Der Einstieg ins Depositengeschäft, also die Geldanlage für Privatkunden, erschloß neue Kapitalquellen, und die Entwicklung der Elektroindustrie Ende des letzten Jahrhunderts brachte den Banken den Durchbruch im Industriegeschäft.

Das rasante Wachstum der Elektroindustrie konnte nur über Kredite finanziert werden.

Damit war der Grundstein gelegt für die enge Verflechtung zwischen Großbanken und Großindustrie, die seither nie ernsthaft gefährdet war und auch heute noch ein Spezifikum des deutschen Finanzsystems ist. In den meisten anderen Ländern haben Banken einen wesentlich geringeren Einfluß auf die Industrie.

Nicht umsonst ist Deutschland deswegen das Land, in dem immer wieder die Diskussion über die Macht der Banken aufflammt. Schon 1909 seufzte der Bankier und Publizist Alfred Lansburgh über «die Macht der Banken».

Der deutsche Staat hielt sich meist weitgehend aus der unternehmerischen Verantwortung heraus. Lediglich die DDR-Regierung versuchte, anstelle der Banken die Wirtschaft zu lenken, und sie machte damit Bankrott.

Allerdings hat auch die Geschichte der Banken ein Sonderkapitel: die Zeit des Dritten Reiches. «Die Untersuchung der Deutschen Bank hat ergeben, daß sie eine ungewöhnliche Konzentration wirtschaftlicher Macht darstellt und an der Durchführung der verbrecherischen Politik des Naziregimes auf wirtschaftlichem Gebiet teilgenommen hat».

Nun war diese «Konzentration wirtschaftlicher Macht» für deutsche Verhältnisse wesentlich weniger ungewöhnlich als für amerikanische, und sie war auch nicht erst in der Nazizeit entstanden. Die Nazis waren im Gegenteil an allzu einflußreichen Banken im Reich beteiligt; die unter den Nazis verbreitete Abneigung gegen das «raffende Kapital» blieb nicht ohne Folgen.

In den vergangenen Jahren waren die Banken vor allem in einem Punkt der Kritik ausgesetzt: ihre mangelnde Risikobereitschaft. So häuften sich die Klagen über die Kreditvergabe in den neuen Bundesländern. Die Übervorsicht und Zögerlichkeit wurde angeprangert, die Geschäftsbanken sogar als Bremser des Aufschwungs Ost bezeichnet. Aber auch im Westen wird die geringe Bereitschaft der Banken kritisiert, Risikokapital für Neugründungen zur Verfügung zu stellen.

Anders als etwa in den USA oder Großbritannien ist das Bankensystem in Deutschland nicht so sehr ein eigenständiger Wirtschaftszweig. Es ist eher Teil der ökonomischen Infrastruktur — weniger mit der Autoindustrie als mit den Autobahnen vergleichbar. Was den Amerikanern die Börse ist, den Japanern das Miti und den Deutschen die Banken: Rückgrat und Erfolgsgarant der Nationalökonomie. Bricht die Deutsche Bank zusammen, dann kippt auch die deutsche Wirtschaft. Deshalb ist der Zusammenhang wahrscheinlich umgekehrt: Erst wenn die deutsche Wirtschaft zusammengebrochen ist, kippt auch die Deutsche Bank.

Wochenpost 9.3.95, S.36

Wann wurde die Commerzbank gegründet?
Wie alt ist die Deutsche Bank?
Was erschloß neue Kapitalquellen?
Was ist ein Spezifikum des deutschen Finanzsystems?
Wie verhielt sich der deutsche Staat gegenüber den Unternehmen?
Was wurde in den vergangenen Jahren den Banken zum Vorwurf gemacht?
Ist das Bankensystem in Deutschland ein eigenständiger Wirtschaftszweig?
Was sind den Deutschen die Banken?

Übung 12. Sie sind bei der Volksbank und möchten etwa 1000 DM abheben. Füllen Sie das Formular nach dem Muster aus.

Beleg-kreis	Registrie-rungsnr.	Tagesdatum	Uhrzeit	Kassen-nummer	Schalter-platznr.	Kontonummer	Betrag

VX KOBLENZER VOLKSBANK EG — **Auszahlungs-Quittung**

Konto-Nr. *1254457 30*   DM *500,00*

Kontoinhaber *Michailon*

Den von mir genannten Betrag erhielt ich heute zu Lasten des angegebenen Kontos.

17.06.96 *(Unterschrift)*
Datum, Unterschrift des Empfängers

Beleg-kreis	Registrie-rungsnr.	Tagesdatum	Uhrzeit	Kassen-nummer	Schalter-platznr.	Kontonummer	Betrag

VX KOBLENZER VOLKSBANK EG — **Auszahlungs-Quittung**

Konto-Nr.   DM

Kontoinhaber

Den von mir genannten Betrag erhielt ich heute zu Lasten des angegebenen Kontos.

Datum, Unterschrift des Empfängers

Übung 13. Sie gehen zur Bank und möchten Geld einzahlen. Füllen Sie dazu folgendes Formular nach dem Muster aus.

Beleg- kontr.	Registrier- ungsnr.	Tagesdatum	Uhrzeit	Kassen- nummer	Schalter- platznr.	Kontonummer	Betrag

V X KOBLENZER VOLKSBANK EG   **Einzahlung**

Konto-Nr. 125445730	DM 800,00
Kontoinhaber *Michailow*	

Den von mir genannten Betrag zahlte ich heute zugunsten des angegebenen Kontos ein.

17.06.96 (Unterschrift)
Datum, Unterschrift des Einzahlers

V X KOBLENZER VOLKSBANK EG   **Einzahlung**

Konto-Nr.	DM
Kontoinhaber	

Den von mir genannten Betrag zahlte ich heute zugunsten des angegebenen Kontos ein.

Datum, Unterschrift des Einzahlers

Übung 14. Sie sind Geschäftsreisender und halten sich in Deutschland auf. Sie wollen sich versichern lassen. Lassen Sie von Ihrem Konto Geld überweisen auf die Kontonummer von DKV AG

Übung 15. Sie wollen nach Paris. Dazu müssen Sie auf das Konto eines Reisebüros Geld überweisen. Tun Sie es nach dem Muster von Übung 14.

Übung 16. Lesen Sie den Text «Nicht ohne meine Unterschrift» durch und überlegen Sie, worum es in diesem Text geht.

Nicht ohne meine Unterschrift

Neues aus dem Bankwesen: Wenn die Euroschecks plötzlich weg sind

Als Alpha und Beta mit ihrem Picknickkorb zum Auto zurückkehrten, merkten sie, daß sie in eine Touristenfalle getappt waren. Die Banditen hatten die Tür, offenbar von oberhalb der Mauer, gewaltsam so weit aufgebogen, daß sie zwei kleine Rucksäcke herausangeln konnten.

Von der Seite der Urlauber her eine mittlere Katastrophe, vor allem, weil Papiere weg waren, von Beta Tagebuch und Brille, von Alpha ein Fernglas. Die Polizeistation des in Nähe gelegenen Le Lavandou öffnete abends um halb zehn für eine solche Bagatelle nicht ihre Pforten und parlierte mit den Urlaubern nur über Sprechanlage und selbstverständlich nur auf französisch. Alpha und Beta, kaum noch Telephongeld in der Tasche, hätten wenigstens gern Betas Schecks und Scheckkarte sperren lassen. Zum Glück gab es in der Nähe Freunde.

Schecks — was für ein Theater in Frankreich, mit doppelten Sicherheitstüren der Banken, Schulterzucken an diesem und jenem Schalter, und, wenn das Einlösen statthaft war, dann mit Ausweiskontrolle, Zusatzformularen, Stempelorgien. Jetzt, auf Alphas Scheckkarte angewiesen, stellte sich heraus, daß Bargeld an Automaten nicht schwerer zu haben ist als zu Hause: Den Euroscheck braucht man nicht mehr.

Es ist nichts neues, daß Scheck und Scheckkarte getrennt aufbewahrt werden sollten — in diesem Fall war Betas Scheckkarte in Alphas Rucksack; was half es aber, wenn nun beide Rucksäcke in den Händen derselben Diebe waren? Und was heißt eigentlich «getrennt aufbewahren», wenn man einen Badeanzug an und kein Hotel gefunden hat?

Wieder in Deutschland, wurden im Laufe von zwei Monaten sämtliche von Betas zehn Schecks zum vollen Betrag von ihrem Konto abgebucht. Man kann nämlich, wie sie nun erfuhr, Schecks nicht «sperren». Schecks sind eine Garantie auf Geld.

Die Sparkasse ließ sich die Schecks aus Frankreich kommen und legte sie der Filiale der Kundin vor. Sie mußte versichern, daß nicht *sie* diese Schecks eingelöst hatte und wunderte sich laut über die Unterschrift, die ihrer auf der Scheckkarte nicht im geringsten ähnelte und darüber hinaus unlesbar war. Außerdem gab es Reisepaßvermerke auf einigen Schecks — ihren Reisepaß hatte sie jedoch noch. Man tröstete sie. Den Gegenwert zweier Schecks bekam sie innerhalb von Tagen gutgeschrieben: Sie waren von den französischen Banken nicht rechtzeitig eingelöst worden. Die «Bedingungen für die Verwendung der ec-Karte» enthalten seit 1995 tatsächlich eine Klausel. Sie bestimmen allerdings auch: «Die Unterschriften auf eurocheque und ec-Karte müssen übereinstimmen.»

Markt (5)

Text N 2
GELD

Grammatik : 1) Satzgefüge mit dem Objektnebensatz; 2) Satzgefüge mit dem Attributnebensatz

«Geld regiert die Welt», heißt es, oder auch «Geld macht nicht glücklich, aber es beruhigt». Unzählig ist die Menge der Aussprüche und Sprichwörter, die sich auf das Geld beziehen. Dies zeigt, welche große Bedeutung die Menschen dem Geld zumessen.

Aus täglicher Anschauung kennen wir als Geld die Münzen und Scheine. Die meisten Menschen denken dabei gar nicht daran, daß dieses Geld im Grunde völlig wertlos ist (nur ein Stück Papier oder Metall) und die Bedeutung nur dadurch zustande kommt, daß wir im allgemeinen immer jemanden finden, der uns dafür eine Ware oder Dienstleistung gibt, die wir benötigen. Sehr häufig erlebten es die Menschen, daß sie für Münzen und Scheine nichts bekamen, dagegen für Zigaretten oder Kugelschreiber fast jede beliebige Ware erhielten. In manchen Ländern erlebt man es, daß man für die einheimische Währung nichts erhält, dafür aber für Dollar oder DM. Wir wissen auch, daß man in früheren Zeiten nicht mit Münzen oder Scheinen, sondern mit Vieh, Honig, Muscheln, Salz, Gold oder ähnlichem bezahlt hat. Dagegen erscheint heutzutage Geld sogar völlig materiallos als «Buchgeld», d.h. als Guthaben auf einem Bankkonto, mit dem man durch Scheck oder Überweisung bezahlen kann. Im Grunde geht es nämlich gar nicht um das «Geld», sondern um ein allgemein akzeptiertes Austauschmittel, das häufig gar keinen eigenen Nutzen für den Besitzer hat. Wie einfach wäre es auch sonst, die Armut vieler Menschen zu beheben: Man brauchte nur die Druckerpressen für neue Banknoten in Bewegung zu setzen, um ihnen soviel Geld zu verschaffen, wie sie benötigen. Ein Überschwemmen des Landes mit Banknoten würde aber die Armut in keiner Weise beheben. Armut ist nicht der Mangel an Geld, sondern an Gütern. So «verschleiert» das Vorhandensein von Geld oft die wirklichen Wirtschaftsprozesse.

Geld ist ein Gutschein für Güter, jedoch ohne festen Wert. Der Wert hängt u.a. von dem Verhältnis von Geld- und Gütermenge in einer Volkswirtschaft ab:

Geldmenge — größer als — *Gütermenge* = **Inflation** (= Prozeß fortlaufender Preiserhöhungen)

Geldmenge — gleich — *Gütermenge* = **Preisniveaustabilität**

Geldmenge — kleiner als — *Gütermenge* = **Deflation** (Prozeß fortlaufenden Preisverfalls)

Entscheidend für Geld ist nicht die Erscheinungsform, die fast beliebig sein kann, sondern sind die **Aufgaben**, die Geld erfüllt.

Aufgaben des Geldes:

1. Tauschmittel, Zahlungsmittel

Eine arbeitsteilige Wirtschaft kann ohne einen Güteraustausch nicht existieren. Hauptaufgabe des Geldes ist es, für einen reibungslosen Tauschverkehr zu sorgen. Die ursprüngliche Tauschbeziehung

Ware → Ware

wird aufgelöst in die Beziehungen

Ware → Geld und **Geld → Ware.**

Hierdurch wird erreicht, daß

die Tauschbeziehungen vielfältiger werden, weil man nicht darauf angewiesen ist, seine eigenen Erzeugnisse nur an Abnehmer zu geben, die das haben, was man selbst benötigt;

die Tauschbeziehungen zeitlich verschoben werden können, weil man ein Gut heute verkaufen und erst später ein benötigtes Gut kaufen kann.

Auch dadurch wird der Tauschverkehr belebt.

2. Wertaufbewahrung

Erst durch Geld wird die eben erwähnte zeitliche Verschiebung des Tausches möglich, indem man den Anspruch auf einen Vorrat von Gütern in Geldform komprimiert aufbewahrt, um ihn im Bedarfsfall später zu nutzen.

3. Recheneinheit, Wertmaßstab

Mit Hilfe des Geldes kann man verschiedenartige Güter miteinander vergleichen, d.h. ihre Werte bestimmen und gegeneinander abwägen. Die Bedeutung wird Ihnen klar, wenn Sie einmal an einen Aufenthalt im Ausland denken, wo Ihnen in der ersten Zeit jede Orientierung des Wertes/Preises von Gütern durch das Rechnen mit der ausländischen Währung verlorengeht.

Markt (5)

Wörter

der Schein, -e — купюра
die Währung , -en — валюта
das Buchgeld — безналичные деньги
das Bankkonto, -s — банковский счет
der Scheck, -s — чек
die Überweisung , -en — перевод денег
das Austauschmittel — средство обмена
die Armut — нищета
der Mangel — недостаток чего-либо
der Gutschein, -e — талон, ордер
das Verhältnis, -se — отношение
die Geldmenge, -n — денежная масса
die Inflation, -en — инфляция
die Preisniveaustabilität, -en — стабильность уровня цен
die Deflation, -en — дефляция
das Tauschmittel — средство обмена
das Zahlungsmittel — средство платежа
der Güteraustausch — обмен товарами
der Tauschverkehr — бартер
die Tauschbeziehung, -en — отношение обмена
der Abnehmer — покупатель
die Wertaufbewahrung, -en — сохранение стоимости
der Anspruch, -e — претензия
die Recheneinheit, -en — единица расчета
der Wertmaßstab, -e — масштаб стоимости
regieren — управлять
sich beziehen, o, o — относиться
bezahlen — оплачивать
beheben, o, o — устранять

verschleiern — завуалировать
abhängen von — зависеть
erfüllen — выполнять
verschieben, o, o — переносить
verlorengehen — пропадать

Übung 1. Hören Sie sich den Text an und übersetzen Sie ihn.

Übung 2. Definieren Sie die Begriffe.

Bargeld	Schein	Inflation
Buchgeld	Währung	Deflation
Münze		

Übung 3. Erläutern Sie, was bedeuten

| Tauschmittel | Recheneinheit | Güteraustausch |
| Tauschbeziehungen | Zahlungsmittel | Tauschverkehr |

Übung 4. Wann spricht man von «Inflation»? Wann gibt es Deflation? Wann ist Preisniveaustabilität gegeben?

Grammatik: Satzgefüge mit dem Objektnebensatz

In manchen Ländern erlebt man es, daß man für die einheimische Währung nichts erhält.	В некоторых странах случается, что за свою валюту ты ничего не приобретешь.
Du bekommst, was du verdienst.	Ты получаешь то, что зарабатываешь.
Dies zeigt, welche Bedeutung die Menschen dem Geld zumessen.	Это показывает, какое значение люди придают деньгам.

Übung 5. Suchen Sie im Text Äußerungen mit einem Objektnebensatz und übersetzen Sie.

Übung 6. Merken Sie sich: Ein Objektnebensatz hängt vom Verb des Hauptsatzes ab.

Ich **weiß**, *daß* du Marketing studierst.
Hierdurch **erreicht** man, *daß* die Tauschbeziehungen vielfältiger werden.
Wir **verlangen**, *was* uns zusteht.
Was ich nicht **weiß**, macht mich nicht heiß.

Grammatik: Satzgefüge mit dem Attributnebensatz

Unzählig ist die Menge der Sprichwörter, die sich auf das Geld beziehen.	Имеется множество поговорок, которые относятся к деньгам.
Entscheidend für Geld ist nicht die Erscheinungsform, die fast beliebig sein kann.	Решающей для денег является не форма проявления, которая может быть какой угодно.

Übung 7. Suchen Sie im Text Äußerungen, die Attributnebensätze enthalten und übersetzen Sie.

Übung 8. Beantworten Sie folgende Fragen.

Lesen Sie den Text, der «Geld» betitelt ist?
Können Sie mir das Lehrbuch geben, das ich brauche?
Können wir dem Studenten helfen, der Schwierigkeiten hat?
Können Sie kurz die Situation beschreiben, in der wir uns befinden?
Können Sie mir die Frage ersparen, die mich überhaupt nicht interessiert?

Übung 9. Man sagt, «Geld regiert die Welt» oder «Geld macht nicht glücklich, aber es beruhigt». Setzen Sie diese Reihe von Sprichwörtern fort. Notfalls schlagen Sie im Wörterbuch nach. Übersetzen Sie die Sprichwörter ins Russische oder nennen Sie russische Äquivalente.

Übung 10. Beantworten Sie die folgenden Fragen zum Inhalt des Textes.

Als was kennen wir normalerweise Geld?
Wurde immer mit Münzen oder Scheinen bezahlt?
Als was kann man also Geld bestimmen?
Wovon hängt der Wert des Geldes ab?
Wann kommt es zu einer Inflation?
Wann ist die Preisstabilität gesichert?
Was ist entscheidend für Geld?
Welches sind die Aufgaben des Geldes?

Übung 11. Lesen Sie den Text durch; benutzen Sie zum Übersetzen Verständnishilfen und sagen Sie, worum es im Text geht.

Gleitender Währungskurs ersetzt den Rubelkorridor

Rußland führt von Juli an einen gleitenden Währungskurs ein, der den bisherigen Rubelkorridor ablösen wird. Für einen Dollar sollen in der Zeit vom 1. Juli bis zum 31. Dezember mindestens 5000 und höchstens 5600 Rubel gezahlt werden. Vom 1. Januar 1997 an soll die Bandbreite des Rubel zum Dollar zwischen 5500 und 6100 Rubel je Dollar betragen. Am Donnerstag betrug der von der Inter-Währungsbörse täglich neu festgesetzte Umtauschkurs 4970 Rubel je Dollar. Der Rubel-Dollar-Kurs wird von Juli an täglich von der russischen Zentralbank festgelegt. Ein Erlaß über den gleitenden Währungskurs wurde von Präsident Boris Jelzin nach einem Treffen mit Vize-Regierungschef Wladimir Kadannikow, dem Vorsitzenden der Zentralbank Sergej Dubinin und Jelzins wirtschaftlichem Chefberater Alexander Liwschitz am Donnerstag unterzeichnet. Dubinin sagte, den neuen Umtauschraten komme die Rolle eines «Ankers» im Kampf gegen die Inflation zu. Die monatliche Inflationsrate solle bis zum Dezember auf ein Prozent fallen. Im April hatte sie 2,2 Prozent betragen — die niedrigste Rate seit Beginn der Reformen im Jahr 1992 —, für Mai rechnet man mit 1,6 Prozent.

Verständnishilfen:

gleitend — скользящий
der Währungskurs — курс валюты
betragen — составлять

wird festgelegt — устанавливается
der Erlaß — указ
der Anker — якорь

Text N3
BÖRSE

Grammatik: 1) Präsens Passiv (Wiederholung); 2) Attributsätze

Die Börse entwickelte sich aus früheren Messen und Märkten; erste Börsen in Deutschland entstanden zu Ende des 16.Jahrhunderts. Die Börse ist ein besonderer Markt. Hier treffen Anbieter und Nachfrager zusammen, um Wertpapiere, Waren oder Devisen zu handeln, die in der Börse selbst gar nicht verfügbar sind, d.h. an Ort und Stelle nicht geprüft werden können.

Bei Warenbörsen wird zwischen Produktenbörsen und Warenterminbörsen unterschieden. Produktenbörsen dienen dem Handel von Waren, insbesondere von landwirtschaftlichen Produkten, die sofort geliefert werden sollen. Bei Warenterminbörsen werden Verträge abgeschlossen, die nicht sofort, sondern zu einem späteren Termin erfüllt werden müssen.

Handelsobjekte der Devisenbörse sind Devisen, also auf fremde Währung laufende Forderungen.

Auf der Effekten- oder Wertpapierbörse werden zum Börsenhandel zugelassene Kapitalwertpapiere, insbesondere Aktien gehandelt.

Der Preis, der sich an der Börse für die dort gehandelten Waren oder Werte bildet, ergibt sich ausschließlich aus den Forderungen der Anbieter und den Vorstellungen der Nachfrager.
Natürlich werden Preisvorstellungen von Anbietern und Nachfragern von vielen Faktoren geprägt, wie etwa
politische Ereignisse (Wahlen; Kriege usw.)
volkswirtschaftliche Veränderungen, wie z.B. konjunkturelle Schwankungen,
wirtschaftspolitische Maßnahmen wie, z.B. Einfuhrbeschränkungen,
weltwirtschaftliche Ereignisse, wie z.B. Mißernten, Energiekrise.
Die Börse wird als Veranstaltung von einem Börsenträger errichtet, der für die ordnungsgemäße Abhaltung und Durchführung sorgt. Solche Börsenträger sind z.B. Industrie- und Handelskammern oder Börsenvereine. Nur ein ganz enger Personenkreis ist jeweils berechtigt, Geschäfte an der Börse abzuwickeln. Die größte Aufmerksamkeit der Öffentlichkeit genießen die Wertpapierbörsen, deren Aktivität täglich in Funk und Fernsehen übertragen und in vielen Tageszeitungen dargestellt wird. Hierbei wird die Entwicklung der Kurse der wichtigsten Wertpapiere bekanntgemacht. Ein vereinfachter «Kurszettel» sieht etwa wie in der Grafik aus.

die Angabe des gezahlten Zinssatzes bzw. der Dividende	der abgekürzter Name der Institution, die das Papier ausgab	das Ausgabedatum und Auszahlungsdat. (nur bei Anleihen)	der heutige Kurs	der Kurs des Vortrags
Anleihen				
7	Allianz	89/96	101	102
5	BASF	85/00	90	90
7,5	Conti-Gummi	86/96	100bG	100,2
2,5	Hoechst	86/96	96,75	96,8
2	Kaufhof	86/98	90,50T	90,5
Deutsche Aktien				
2,3	AEG		133D	129,50B
10	BASF		301b	304,5
11	Daimler-Benz		674D	680
12,5	BMW		760	747G
13	Karstadt		577B	577
2	VW		400	396T

Die Buchstaben hinter den Kursen bedeuten:

G = Geld = Es bestand eine zusätzliche Nachfrage zu diesem Kurs, die nicht befriedigt werden konnte.

B = Brief = Es bestand ein zusätzliches Angebot zu diesem Kurs, das sich nicht absetzt.

b = bezahlt = Es wurde zu diesem Kurs ge- und verkauft (dies war auch bei allen Kursen der Fall, die keinerlei Buchstaben hinter sich stehen haben. Man unterstellt dann, in jedem Fall «b»).

T = Taxkurs = Der Kurs ist nicht nach Angebot und Nachfrage entstanden, sondern wurde geschätzt, weil kein Angebot und keine Nachfrage zu festen Kursen vorlag.

D = ex Dividende = Die Dividende ist bereits ausgezahlt.

Markt (5)

Wörter

die Börse, -n — биржа
die Messe, -n — ярмарка
das Wertpapier, -e — ценная бумага
die Devisen — иностранная валюта
die Warenbörse, -n — товарная биржа
die Produktenbörse, -n — товарная биржа
die Warenterminbörse, -n — биржа, связанная со сроками поставки товара; *товарная биржа по срочным (фьючерсным) сделкам*
die Aktie, -n — акция
der Wert, -e — стоимость
die Schwankung, -en — колебание
der Börsenträger — представитель биржи
die Industriekammer, -n — промышленная палата
die Handelskammer, -n — торговая палата
die Wertpapierbörse, -n — биржа ценных бумаг
der Funk — радиостанция
zusammentreffen, a, o — встречаться
unterscheiden, ie, ie — различаться
dienen — служить
der Termin, -e — срок
sich ergeben, a, e — оказываться

Übung 1. Hören Sie sich den Text an und übersetzen Sie ihn ins Russische.

Übung 2. Nennen Sie Synonyme.

die Devisen	bekanntmachen	abschließen
unterordnen	die Börse	abwickeln
sich ergeben		

Übung 3. Mit welchen Substantiven sind im Text die folgenden Verben gebraucht?

zusammentreffen	abschließen	abwickeln
handeln	prägen	genießen
unterscheiden	sorgen	

Übung 4. Suchen Sie im Text alle Äußerungen im Präsens Passiv und übersetzen Sie.

Übung 5. Wandeln Sie die Äußerungen in Äußerungen mit dem Subjekt «man» um.

Beispiel: Bei Warenbörsen **wird** zwischen Produktenbörsen und Warenterminbörsen **unterschieden**. → **Man unterscheidet** bei Warenbörsen zwischen Produktenbörsen und Warenterminbörsen.

Bei Warenterminbörsen werden Verträge abgeschlossen, die nicht sofort, sondern zu einem späteren Termin erfüllt werden müssen.

Natürlich werden Preisvorstellungen von Anbieter und Nachfrager geprägt.

Die Börse wird als Veranstaltung von einem Börsenträger errichtet.

An der Börse wird die Entwicklung der Kurse der wichtigsten Wertpapiere bekanntgemacht.

Übung 6. Suchen Sie im Text alle Äußerungen mit dem Attributnebensatz und übersetzen Sie.

Übung 7. Beantworten Sie die folgenden Fragen zum Text.

Wann entstand die erste Börse in Deutschland?
Was ist eigentlich eine Börse?
Wer trifft an der Börse zusammen?
Was sind Handelsobjekte der Devisenbörse?
Von welchen Faktoren hängen Preisvorstellungen an der Börse ab?
Welche Aufmerksamkeit der Öffentlichkeit genießen die Wertpapierbörsen? Und warum?

Übung 8. Lesen Sie den Text durch, schauen Sie sich die Verständnishilfen an und nehmen Sie Stellung zum Inhalt des Textes.

Die Börse heute

«Wäre Freitag kein Verfallstermin, würde vielleicht gar keiner an die Börse kommen». Die Börsianer witzeln schon über die typisch umsatzarmen Tage zwischen Maifeiertagen und Wochenenden in Deutschland und das sowieso immer einsamere Geschäft auf dem Börsenparkett. Doch keine Sorge, in den Banken und Maklergesellschaften sind die Dienstpläne gemacht; es werden sicher ein paar Händler an die Börse kommen. Den Stoff für Marktbewegungen freilich sehen die Händler noch nicht. Was bleibt, ist auf Kursverschiebungen zu achten, die für gewöhnlich am Kassenmarkt auftauchen, wenn die Terminbörse feste Termine setzt. Zum Wochenausklang stehen diesmal die letzten Handelstage für bestimmte Optionen auf Aktien oder Deutschen Aktienindex „Dax" an. Da die Kurse seit dem Wochenbeginn etwas angezogen haben und ein Niveau von über 2525 Punkten erreicht worden ist, halten es einige Händler für möglich, daß gewichtige Marktteilnehmer den Dax am Freitag etwas drücken könnten. Die Händler rechnen mit einer ausgesprochenen «technischen Börse». Mit dieser Einschätzung könnten sie richtig liegen, denn aus dem Unternehmenslager stehen, ausgenommen von Walter-Bau, keine Bilanzzahlen.

Verständnishilfen:

witzeln — шутить
Kursverschiebungen — изменения курса
zum Wochenausklang — к концу недели
anziehen, o, o — расти (о курсах)
Einschätzung — оценка
aus dem Unternehmenslager — со стороны предпринимателей

Übung 9. Lesen Sie den Artikel durch. Zeigen Sie dann anhand der Beispiele, wie der Dollar die Aktien beeinflußt.

Steigender Dollar beflügelt die Aktien

Steigende Dollarkurse haben am Dienstag zu höheren deutschen Aktienkursen geführt. In Frankfurt kletterte der Deutsche Aktienindex „Dax" um 0,6 Prozent auf 2558,30 Punkte. Der F.A.Z.-Aktienindex verzeichnete Gewinne mit den guten Vorgaben der Devisen- und Rentenmärkte. Trotz der Kursgewinne beschrieben Händler die Stimmung auf dem Parkett als trübe. Sie beklagten die nach wie vor sehr geringen Umsätze. Thema des Tages war die Krise bei KHD, deren Aktien vom Börsenhandel ausgesetzt waren. Auf den Kurs des Großaktionärs Deutsche

Bank hat dies aber nur zeitweise Eindruck gemacht. Zuletzt notierten die Aktien des größten deutschen Kreditinstituts mit 72,98 DM gut 0,3 Prozent im Plus. Die meisten Marktteilnehmer gehen davon aus, daß die Bank ausreichend Vorsorge getroffen hat. Die auf der Hauptversammlung bekanntgegebenen Ergebniszahlen für die ersten vier Monate 1996 wurden von den Marktteilnehmern jedenfalls überwiegend positiv aufgenommen. Der festere Dollar beflügelte besonders die Auto- und Chemieaktien. So verbesserten sich BMW um 0,7 Prozent auf 838,50 DM, und VW stieg um 0,8 Prozent auf 543,00 DM.

BASF erhöht sich um ein Prozent auf 423,80 DM, Hoechst stieg um 1,5 Prozent auf 520,80 DM.

In **Berlin** konnten sich Brau und Brunnen um 4,50 auf 168,50 DM verbessern. Bankgesellschaft Berlin legte zur Kasse 3,50 auf 327 DM zu. Kempinski wurde um 10 DM höher auf 690 DM taxiert. Dagegen verlor Sero 0,30 auf 41,70 DM. In **Stuttgart** stieg VBH um 25 auf 395 DM. Hugo Boss-Vorzüge gaben zur Kasse 30 auf 1730 DM ab. In **München** kletterte Etienne Aigner um 10 auf 740 DM. In **Düsseldorf** verlor Stollwerck 20 auf 470 DM. Dyckerhoff steigerte sich um 15 auf 515 DM. In Hamburg stieg Beiersdorf um 30 auf 1495 DM.

Übung 10. Lesen Sie den Devisenbericht durch und zeigen Sie das Verhältnis von Dollar und DM.

Dollar knapp unter 1,5475 DM

Der Kurs des amerikanischen Dollar hat sich am Dienstag am frühen Nachmittag um die Marke von 1,5475 DM bewegt. Der amtliche Mittelkurs war in Frankfurt mit 1,5474 (Freitag 1,5428) DM festgestellt worden. In New-York lag der Kurs gegen 19 Uhr hiesiger Zeit bei 1,5475 DM und 108,75/85 Yen. Von Devisenhändlern war zu hören, daß — falls die Widerstandslinie von 1,5475 DM in naher Zukunft überwunden werden kann — eine Steigerung in Richtung 1,56 bis 1,58 DM durchaus denkbar sei. Möglich seien auch einige deutliche Korrekturen: Große Exporteure, die mit einem viel niedrigeren Dollarkurs kalkuliert hätten, könnten Gewinne mitnehmen und für eine deutliche Konsolidierung sorgen. Die Unterstützung nach unten dürfte dann bei 1,5410 und 1,5330 DM liegen. Mit einiger Spannung werden die neuesten amerikanischen Konjunkturdaten erwartet. Am Donnerstag könnte auch, wie es hieß, die Deutsche Bundesbank den Repo-Satz ändern, was sich auch auf den Kurs der D-Mark innerhalb des Europäischen Währungssystems EWS auswirkte. Außerhalb des EWS gab der Schweizer Franken geringfügig nach. Der japanische Yen verlor deutlich auf 1,4250 (14322) DM.

(Reuter/VWD/Bloomberg)

Thema N 11
DIE HUNDERT GRÖSSTEN UNTERNEHMEN STELLEN SICH VOR

Text N1
DER AUFSTIEG IN DIE WELTLIGA

Grammatik : Steigerungsstufen des Adjektivs (Wiederholung)

Vor siebenunddreißig Jahren, im November 1959, ist in dieser Zeitung zum ersten Mal ein Verzeichnis der hundert größten Unternehmen erschienen. Es spiegelte die Position der Unternehmen in den Jahren 1957-1958 wider. Damals befand sich die deutsche Wirtschaft in ebenso großer Bewegung wie heute. Das Wirtschaftswunder nach der Katastrophe des Zweiten Weltkrieges war in vollem Gange. Im Jahre 1957 war die erste Auflage von Ludwig Erhards Besteller «Wohlstand für alle» erschienen. Anfang 1958 war die Europäische Wirtschaftsgemeinschaft Wirklichkeit geworden, die in den kommenden Jahrzehnten den deutschen Unterehmen ungeahnte Entfaltungsmöglichkeiten bieten sollte.

Am Ende des gleichen Jahres machten dreizehn europäische Staaten ihre Währungen mehr oder weniger konvertibel → eine neue Herausforderung für die Unternehmen. Der damals geschaffene freie Zugang zum Weltmarkt war der erste Schritt auf einem Weg, der den deutschen Unternehmen wieder zur Weltgeltung verhelfen sollte, zu größerem Gewicht, als sie es je besessen hatten, etwa in Gestalt des Chemiekonzerns I.G. Farben oder der Vereinigten Stahlwerke vor dem Krieg.

Heute nach knapp vier Jahrzehnten stehen die deutschen Unternehmen vor einer neuerlichen Herausforderung. Sie spielen zwar längst in der Weltliga und sind größer denn je. Doch sie müssen sich zum ersten Mal auf einem wirklich weltumspannenden Markt behaupten, auf dem sich nicht nur Waren, Kapital und Menschen frei bewegen, sondern wo dank moderner Technik auch Fabriken mobil geworden sind und dorthin verlagert werden, wo die Effizienz am größten ist.

Der hierdurch verschärfte Konkurrenzkampf zwingt die Unternehmen auf der ganzen Welt zu dramatischen Anpassungen und neuen Antworten. Das wachsende Interesse der Öffentlichkeit daran, wie sich deutsche Unternehmen in diesem Strukturwandel behaupten, ist Anlaß, «die hundert größten Unternehmen» nun in erheblich erweiterter Form zu veröffentlichen, ergänzt unter anderem durch ein Verzeichnis der größten Unternehmen nach der Börsenkapitalisierung sowie durch eine Liste der hundert größten europäischen Unternehmen.

Vergleicht man die heutige Liste mit der ersten F.A.Z.-Aufstellung aus dem Jahre 1959, fällt als erstes auf, wie viele Gesellschaften es nicht mehr gibt. Sie sind untergegangen oder in einem größeren Konzernverbund aufgegangen wie die Steinkohlebergwerke Mathias Stinnes, die Ilseder Hütte oder Rheinstahl. Der Autohersteller Borgward, der dreimal soviel Umsatz hatte wie BMW, ist 1961 zusammengebrochen. Auch die Henschel-Werke und die Schlieker-Werftgruppe verschwanden nach Krisen. Der Elektrokonzern AEG, der sich noch einmal in unserer Liste findet, wird im nächsten Jahr verschwunden sein. Im Jahre 1958 stand an der Spitze der Industrie ein traditionsreiches Familienunternehmen, der Stahlkonzern Krupp, mit mehr als 3 Milliarden DM Umsatz, gefolgt von Siemens und Daimler in ähnlicher Größenordnung.

Heute ist Daimler als Auto- Flugzeug- und Wehrtechnik-Konzern mit knapp 104 Milliarden DM Umsatz die Nummer eins. Wie stark die Konzentration und Expansion der Unternehmen in den letzten vierzig Jahren gewesen sind, zeigt sich unter anderem daran, daß das deutsche Bruttoinlandsprodukt etwa zehnmal so groß ist wie damals, der Umsatz der Spitzenreiters Daimler aber 33mal so groß geworden ist.

Der Aufstieg in die Weltliga läßt sich auch daran ablesen, daß damals in des Rangliste der amerikanischen Zeitschrift «Fortune» über die gemessen am Umsatz größten Industrieunternehmen das größte deutsche Industrieunternehmen, Krupp, erst an 52. Stelle auftauchte. Heute zählen die drei größten deutschen Industriekonzerne, gemessen am Umsatz, zu den ersten zwanzig in der Welt.

Die Zukunftsfrage ist längst nicht mehr, welche Rolle deutsche Unternehmen in Deutschland spielen; sie geht dahin, welche Position Unternehmen mit Sitz in Deutschland in Europa und in der Welt einnehmen. Dennoch wird wie im Sport die Neugier bleiben, wer denn eigentlich deutscher Meister ist, auch wenn es darüber hinaus Europameister und Weltmeister gibt.

Wörter

der Aufstieg, -e — подъем
das Verzeichnis, -se — каталог, список
das Wirtschaftswunder — экономическое чудо
die Europäische Wirtschaftsgemeinschaft — Европейское Экономическое Сообщество
die Währung, -en — валюта
der Zugang, -e — доступ, вход
— die Herausforderung, -en — требование
die Effizienz, -en — эффективность
die Anpassung, -en — приспособление
der Anlaß, -sse — повод, причина
der Umsatz, -e — оборот
die Expansion, -en — экспансия
das Bruttoinlandsprodukt, -e — валовый национальный продукт
— der Spitzenreiter — пионер в области
konvertibel — конвертируемый
— widerspiegeln — отображать
verhelfen, a, o — содействовать, способствовать
sich behaupten — удерживаться, держаться
verlagern — перемещать, переводить
zwingen, a, u — принуждать
veröffentlichen — опубликовывать
vergleichen, i, i — сравнивать
— untergehen, ging unter, untergegangen — опускаться
sich zeigen — показываться
messen, a, e — мерить, измерять
zählen — относиться
einnehmen, a, o — занимать

Übung 1. Hören Sie sich den Text an.

Übung 2. Wie heißen die Verben zu

der Aufstieg	die Bewegung	der Schritt
der Abstieg	der Gang	der Kampf
das Verzeichnis	die Herausforderung	die Anpassung
das Unternehmen		

Übung 3. Wie heißen die Antonyme zu :

der Aufstieg	erscheinen	stark
untergehen	an der Spitze	damals

Übung 4. Aus welchen Komponenten bestehen die Komposita?

der Weltkrieg	der Elektrokonzern
die Wirtschaftsgemeinschaft	das Familienunternehmen
die Entfaltungsmöglichkeit	die Größenordnung
der Weltmarkt	der Autokonzern
die Weltgeltung	der Wehrtechnikkonzern
der Chemiekonzern	das Bruttoinlandsprodukt
der Konkurrenzkampf	der Spitzenreiter
der Strukturwandel	die Rangliste
der Konzernverbund	das Industrieunternehmen
der Autohersteller	der Industriekonzern

Übung 5. Schlagen Sie im Wörterbuch nach und sagen Sie, was man versteht unter

Industrieunternehmen	Umsatz
Industriekonzern	Konzentration
Familienunternehmen	Expansion
Bruttoinlandsprodukt	Kapital

Übung 6. Schreiben Sie aus dem Text alle Bezeichnungen für den Begriff «Unternehmen» heraus und übersetzen Sie.

Übung 7. Suchen Sie im Text alle Adjektive im Positiv. Schreiben Sie diese heraus und übersetzen Sie sie ins Russische.

Übung 8. Schreiben Sie aus dem Text alle Wortverbindungen, die eine Komparativform des Adjektivs enthalten, heraus und übersetzen Sie sie ins Russische.

Übung 9. In welchen Äußerungen kommen Superlativadjektive vor? Schreiben Sie sie auf.

Übung 10. Lesen Sie die nachfolgende Übersicht «Deutschlands größte Unternehmen in Zahlen». Die Tabelle enthält die Angaben über die Position der Unternehmen in diesem und vorigem Jahr, über die Höhe ihres Umsatzes, den Jahresüberschuß und die Beschäftigtenzahl.

Deutschlands größte Unternehmen in Zahlen

Industrieunternehmen

Lfd Nr.	Vor-Jahr	Unternehmen	Umsatz 1995 in Mio. DM	Umsatz, Veränd. in %	Jahres-überschuß 1995 in Mio. DM	Beschäftigte 1995 in 1000
1	1	Daimler-Benz AG	103549	−0,5	−5734,0	311,0
2	2	Siemens	88763	4,9	2084,0	373,0
3	3	Volkswagen	88119	10,1	336,0	242,4
		Mercedes Benz AG1.	72030	1,9	2275,0	197,2
4	4	Veba AG	66323	1,7	2107,0	125,2
		Siemens AG2	60582	9,2	1066,0	163,7
5	6	RWE AG	52913	14,9	1447,0	137,3
6	5	Hoechst	52177	6,1	2245,0	161,6
7	7	BASF	46229	5,9	2423,3	106,6
8	9	Bayerische Motoren Werke	46144	9,5	692,0	115,8
		Volkswagen AG3	44598	6,5	410,0	104,0
9	8	Bayer	44580	2,7	2421,0	142,9
10	13	Viag AG	41932	44,8	1320,0	83,8
11	10	Thyssen AG	39123	11,9	775,0	126,4
12	11	Robert Bosch	35844	4,0	550,0	156,8
13	12	Mannesmann AG	32094	5,6	701,0	122,7
		Bayerische Motoren Werke AG8	28561	4,1	535,0	58,9
14	17	Preussag AG	26353	13,5	349,0	65,2
15	*14*	Adam Opel AG	25909	1,1	363,3	45,6
16	16	Ford-Werke AG	25031	7,0	270,5	44,0
17	15	Ruhrkohle	24696	−3,2	61,2	102,1
18	19	Fried. Krupp AG Hoesch-Krupp	23535	15,4	505,0	66,3
		BASF AG7	21061	9,4	1353,7	4,6
19	20	MAN AG	18602	2,5	272,1	56,5
		Bayer AG9	18029	5,2	1158,0	49,5
20	18	Metallgesellschaft	17643	−13,9	118,0	23,4
		Audi AG3	16743	24,2	160,0	32,6
		RWE Energie AG5	16710	0,6	433,0	22,5
		Veba Oel AG4	16345	1,2	207,0	6,2
		PreussenElektra,4	15854	0,6	458,5	24,1
21	21	Walter Holding AG	15600	1,3		
		Daimler-Benz Aerospace AG (Dasa) 1	15037	−13,6	−4182,0	50,8
22	*22*	Henkel	14198	0,9	488,0	41,7
		Hoechst AG6	14190	−0,7	1504,0	41,2
23	24	Philipp Holzmann	14094	7,7	−443,0	47,3
24	23	Degussa	13862	0,3	298,0	27,1
		RWE-Dea AG 1. Mineraloel u. Chemie 5	13241	0,4	246,0	7,7
		Siemens Nixdorf Inform.systeme2	12800	9,4	23,0	37,2

Lfd Nr.	Vor-Jahr	Unternehmen	Umsatz 1995 in Mio. DM	Umsatz, Veränd. in %	Jahres-überschuß 1995 in Mio. DM	Beschäf-tigte1995 in 1000
		Ruhrkohle AG17	12346	–6,0	0,0	67,2
25	25	IBM Deutschland GmbH	12229	–5,3	912,0	21,3
		Thyssen Stahl AG Weit11	11937	8,8	651,4	39,6
		Hochtief AG vorm. Gebr. Helfmann 5	11069	5,9	136,8	40,3
		Hüls AG4	10953	5,2	619,0	30,0
26	26	Deutsche Sheit AG	10423	–2,1	577,6	2,6
		AEG Daimler-Benz Industrie AG1	10312	0,2	–2256,0	49,4
27	29	Continental	10253	3,8	155,2	47,9
28	30	Agiv AG für Industr. U. Verkehrswesen	9994	4,1	–55,8	38,2
29	27	Esso	9869	–1,7	512,1	2,4
		Philipp Holzmann (Inland)23	9708	7,1	25,5	
30	33	Philips GmbH	9413	14,4	26,5	21,3
31	28	Asea Brown Boveri AG	9390	–5,5	183,8	33,5
32	31	Deutsche Unilever GmbH	9183	–1,2	240,0	23,2
		Bayernwerk10	9175	12,9	768,0	14,3
33	38	Hewlett-P. GmbH	8758	16,5	141,0	6,0
		Esse AG29	8600	–4,5	490,8	2,0
34	7	Bilfinger + Bergen Bau AG	8573	12,2	105,5	49,8
35	32	VEW Aktiengesellschaft	8546	–4,5	250,0	13,7
		Thyssen Industrie AG11	8497	4,7	103,8	42,1
36	34	DeutscheAG	8319	1,9	46,0	34,8
37	36	Linde	8284	4,0	358,5	30,1
38	35	Deutsche BP Holding AG	8107	0,8	298,0	2,0
		Dea Mineraloel AG 5	7863	–3,5	–58,3	3,1
39	39	Coca-Cola GmbH	7820	8,9	14,0	
40	41	Bosch-Siemens Hausgeräte	7743	12,5	88,4	27,3
41	44	Südzucker	7479	19,4	20,0	
		Thyssen Stahl AG 11	7449	–11,9	585,4	20,4
42	40	Nestlé Gruppe	7251	4,8	172,0	15,9
		MAN Nutzfahrzeuge AG19	7236	4,8	157,4	26,0
43	42	ZF Friedrichshafen	7154	11,8	33,9	
		Preussag Stahl AG14	7068	14,4	262,0	13,7
		ZF Friedrichshafen AG43	7013	14,2	20,7	32,4
44	49	Procter & Gamble GmbH	6918	16,1	61,1	10,0
		Agfa-Gevaert AG9	6537	–3,2	22,6	
45	46	Boehringer Ingelheim	6429	3,0	273,0	23,3
		PreussenElektra AG4	6425	–2,3	601,5	6,3
		Mannesmann Demag AG13	6408	13,4	21,2	
46	51	Merck KGaA	6269	10,8	369,0	27,8

Lfd Nr.	Vor-Jahr	Unternehmen	Umsatz 1995 in Mio. DM	Umsatz, Veränd. in %	Jahres-überschuß 1995 in Mio. DM	Beschäftigte 1995 in 1000
		Degussa AG24	6213	–5,8	127,0	9,6
47	47	Strabag AG	6089	0,1	18,5	24,0
48	45	Heidelberger Zement AG	6039	–3,5	468,6	23,7
49	48	Bremer Vulkan Verbund AG	6018	–2,0	56,5	24,1
50	43	VEAG Vereinigte Energiewerke AG	5914	–5,6	–140,0	10,9
		VAW Aluminium AG10	5902	21,2	120,0	13,6
		Bosch-Siemens Hausgeräte GmbH40	5897	1,0	109,	115,2

Übung 11. Nennen Sie alle Untenehmen in der Tabelle, deren Namen Ihnen geläufig sind.

Übung 12. Beantworten Sie die Fragen, was

Daimler Benz	*Bayerische Motoren*	*Bosch*
Siemens	*Werke*	*Nestlé Gruppe*
Mercedes Benz	*Philips GmbH*	*Procter & Gamble* produziert?
BASF	*Esso*	

Übung 13. Lesen Sie aus der Tabelle Autohersteller heraus und nennen Sie alle Daten über sie.

Übung 14. Sehen Sie sich die Tabelle «Handelsunternehmen in Deutschland» an.

Welche bekannten Kaufhäuser sind darin aufgeführt?

Handelsunternehmen

Lfd Nr.	Vor-Jahr	Unternehmen	Umsatz 1995 in Mio. DM	Umsatz, Veränd. in %	Jahres-überschuß 1995 in Mio. DM	Beschäftigte 1995 in 1000
1	1	Metro Gruppe	66744	6,3	853,4	178,6
2	2	Edeka Gruppe	53200	1,3	109,6	0,7
3	3	Tengelmann (Welt)	49912	1,9		200,9
4	4	Rewe-Gruppe	48410	5,3		168,0
5	5	Aldi Einkauf GmbH & Co. OHG	32000	4,4		
		Edeka Zentrale AG2	27400	2,6		
		Tengelmann (Inland)	325449	2,6		92,8

Lfd Nr.	Vor-Jahr	Unternehmen	Umsatz 1995 in Mio. DM	Umsatz, Veränd. in %	Jahres-überschuß 1995 in Mio. DM	Beschäf-tigte 1995 in 1000
6	6	Otto-Versand (GmbH & Co.)	24800	1,6		54,0
7	10	Franz Haniel & Cie. GmbH	24195	22,7	275,2	28,5
8	7	Karstadt	24092	−0,4	109,0	105,1
		Asko Deutsche Kaufhaus AG	123907	26,4	227,4	83,7
9	8	Stinnes AG *(in Industrie Nr. 4)*	22012	−0,4	201,7	32,9
		Kaufhof Konzern	121234	−3,9	221,2	63,6
10	9	Spar Gruppe	*21200*	−2,3		
11	13	Lidl & Schwarz Stiftung & Co. KG	19920	31,7		39,0
		Gehe AG	719156	26,0	211,5	18,8
12	11	Thyssen Handelsunion AG *(in Industrie Nr 11)*	18265	17,8	119,0	31,8
13	15	Klöckner & Co. AG *(in Industrie Nr. 10)*	15208	47,2	83,0	12,0
14	*12*	Schickedanz Unternehmensgruppe 14	6002	−1,4		35,4
15	14	Ruhrgas	13658	−1,0	693,0	11,0
		Spar Handels-AG Konzern10	12417	−2,7	74,7	23,0
		Quelle Gruppe14	12118	−1,3	110,0	28,7
		Metro Deutschland Großhandel1	12100	0,8		14,0
		Ruhrgas AG15	11544	−2,1	610,0	3,0
		Karstadt AG8	11313	2,1	189,2	58,0
16	16	Raab Karcher AG *(in Industrie Nr 4)*	9758	3,1	130,5	29,3
		Kaufhof Warenhaus AG1	9310	75,7		33,9
17	17	Alfred C. Toepter International	9307	3,4	0,9	
18	19	Anal AG *(in Industrie Nr. 4)*	8259	1,0	−43,7	1,8
19	20	AVA Allg. Handelsges. der Verbraucher	7745	3,3	10,5	26,2
		Deutsche SB-Kauf AG1	7524	2,4	128,9	23,9
20	18	C. & A. Mode & Co.	7500	−4,6		
21	25	Phoenix Pharmahandel AG & Co.	7259	23,0	41,0	5,2
22		Krupp Hoesch International GmbH *(in Industrie Nr. 18)*	6583	7,3	54,0	4,6
23	21	BayWa AG Münchel	6550	−0,6	17,5	*12,1*
24	22	Allkauf SB-Warenhaus GmbH & Co.	6405	1,1		10,9
25	24	Antori Schlecker	6400	8,5		26,3
		Media Markt/Saturn Gruppe1	6399	13,3	84,7	8,9
26	26	Helm	6359	9,4	24,4	1,4
27	23	Tchibo Holding AG	6300	4,9	301,0	14,0
		Kaiser's Kaffee-Geschäft AG	36236	−0,1	9,0	22,9

Lfd Nr.	Vor-Jahr	Unternehmen	Umsatz 1995 in Mio. DM	Umsatz, Veränd. in %	Jahres-überschuß 1995 in Mio. DM	Beschäftigte 1995 in 1000
28		Sügro Gruppe International	5200	62,5		
		Gedelfi GmbH + Co. KG2	5178	5,6	1,5	0,1
	37	Computer 2000 AG13	4946	28,5	18,8	3,0
29	30	Tobaccoland Großhandelsges. mbH	4851	12,9		1,9
30	29	Ferrostahl AG (in Industrie Nr. 19)	4750	9,4	57,0	1,6
		Edeka Handelsges, Minden-Hänn. 2	4602	6,4		30,0
31	34	Globus-Handelshof-Gruppe	4578	16,8		14,0
		Brenntag AG9	4500	25,0		3,3
		OBI Bau- u. Heimwerkermärkte3	4500	26,8		13,0
32	28	Nordwest Handel AG	4495	0,1	9,4	0,4
33	41	Adolf Würth GmbH & Co. KG	4313	21,0	230,0	18,3
34	33	Einkaufsbüro Dt, Eisenhändler	4060	2,7		0,7
35	61	Andreae-Noris Zahn AG	4056	62,0	32,2	2,4
36	31	Nürnberger Bund Großeinkauf eG	4033	0,6		1,2
37	36	Deutsche Renault AG	3986	2,7	−67,9	0,9
38	35	Regent Möbel Großeinkauf	3950	1,3		0,2
		Hertie Waren- und Kaufhaus GmbH8	3895	−5,9	118,9	25,5
39	39	Preussag Handel GmbH (in Industrie Nr. 14)	3891	5,6	14,0	2,6
40		Sony Deutschland GmbH	3800	77,6		1,7
41	42	Mann Gruppe	3780	7,2		
42	38	Ruhrkohle Handel GmbH (in Industrie Nr. 17)	3702	−3,1	56,7	2,1
43	49	Douglas Holding AG	3682	19,5	103,5	16,8
44	32	A. Moksel AG	3653	−7,9	−72,8	2,6
45	44	Hagebau Handelsges. f. Baustoffe	3627	7,1		0,3
		Praktiker Bau- u. Heimwerkerm.1	3540	8,7	156,9	10,4
46	46	Norma	3500	7,7		
47	47	Sanacorp	3456	7,6	19.9	2,3
		Edeka Nordbayern2	3387	4,6	34,9	10,0
48	48	Raiffeisen Haupt-Genossenschaft Nord AG	3348	6,1	2,8	3,0
49	56	L. Possehl & Co. mbH	3300	17,9		4,7
50	40	Konsumgen. Dortmund-Kassel	3260	−10,5	−22,0	14,0

Übung 15. Wodurch sind die folgenden Handelsunternehmen bekannt?

Edeka, Otto-Versand, Karstadt, Kaufhof Warenhaus AG, Sony Deutschland GmbH, Eduscho, Neckermann Versand, Woolworth GmbH

Übung 16. Sehen Sie die Tabelle «Die größten Unternehmen Europas» an.

Lfd Nr.	Vor- jahr	Unternehmen	Land	Umsatz in Mio. DM	Veränder. In Prozent
1	1	Royal Dutsch/Shell-Gruppe	D	215,908	3,2
2	2	Daimler-Benz AG	D	103,549	–0,5
3	3	Siemens	D	88,763	4,9
4	6	Volkswagen	D	88,119	10,1
5	4	British Petroleum Co.plc	GB	81,672	–0,6
	10	Mercedes-Benz AG	D	72,030	1,9
6	8	Unilever NV	GB/NL	71,152	–3,4
7	15	Allianz AG Holding	D	70,500	6,7
8	11	Nestlé SA	CH	68,481	1,4
9	7	Metro Gruppe	CH/D	66,743	6,3
10	12	Fiat SpA	I	66,546	0,5
11	9	Veba AG	D	66,323	1,7
12	14	Deutsche Telekom AG	D	66,100	3,6
13	5	IRI SpA	I	66,017	–19,1
		Siemens AG	D	60,582	9,2
14	13	Elf Aquitaine SA	F	59,820	–1,5
15	16	Philips Elektronics NV	NL	57,547	5,8
16	17	Electricité de France (EdF)	F	54,133	1,0
17	18	Edeka Gruppe	D	53,200	1,3
18	27	RWE AG	D	52,913	14,9
19	19	BAT Industries plc	GB	52,877	0,8
20	20	Renault SA	F	52,861	1,3
21	22	Hoechst	D	52,177	5,1
22	21	ENI SpA	I	50152	–0,1
23	24	Tengelmann (Welt)	D	49,912	1,9
24	28	Rewe-Gruppe	D	48,410	5,3
25	26	ABB Asea Brown Boveri AG	CH/S	48,374	0,4
26	25	PSA Peugeot Citroën	F	47,169	–2,9
27	29	Comp. Generale des Eaux (CGE)	F	46,810	2,6
28	39	Glencore International AG	CH	46,599	24,9
29	31	BASF	D	46,229	5,9
30	33	Bayerische Motoren Werke	D	46,144	9,5
31	23	Alcatel Altsthom SA	F	46,064	–6,0
32	30	UAP Union des Assurances de Paris	F	45,260	2,2
33	32	Bayer	D	44,580	2,7
34	38	Markant AG	CH/D	42,800	12,9
35	34	France Telecom	F	42,445	1,9
36	54	Viag AG	D	41,932	44,8

Lfd Nr.	Vor- jahr	Unternehmen	Land	Umsatz in Mio. DM	Veränder. in Prozent
37	36	Carrefour SA	F	41,526	4,2
38	42	Thyssen AG	D	39,123	11,9
39	35	Total SA	F	39,056	−2,3
40	37	AXA SA	F	37,500	3,1
41	40	Leclers	F	37,333	2,2
42	41	Groupement des Mousquetaires	F	36,960	4,2
43	43	Robert Bosch	D	35,844	4,0
44	46	Volvo AB	S	34,499	5,3
45		Fortis-Gruppe	B/NL	33,425	7,4
	45	Stet (Societa Finanziaria Telefonica)	I	32,964	
46	44	Britisch Telecommunications plc.	CH	32,686	−2,7
47	49	Mannesmann AG	D	32,094	
48	52	Zürich Versicherung-Gesellschaft	I	32,050	
49	48	Aldi Einkauf GmbH & Co.oHG	GB	32,000	
50	47	ENEL SpA	I	31,819	

Übung 17. Beantworten Sie folgende Fragen zur Tabelle.

Welches Unternehmen nimmt die erste Position ein?
Wo ist die Konzernzentrale?
Welchen Rang nimmt in Europa Daimler Benz ein?
Wie ist in der Rangliste Mercedes Benz plaziert?
In welchem Land ist der Stammsitz des Unternehmens «Philips Elektronics»? Welchen Rang nimmt es ein?
Kennen Sie das Unternehmen Peugeot/ Citroën?
In welchem Land hat seine Muttergesellschaft ihren Sitz?
Welchen Rangplatz nimmt der Autokonzern «Volvo» unter den größten europäischen Unternehmen ein?

Text N2

KRUPP IST VON DAUERKRISE ZUR NORMALITÄT ZURÜCK- GEKEHRT

Grammatik : Steigerungsstufen des Adjektivs (Wiederholung)

Für Krupp markiert das vergangene Geschäftsjahr eine Zäsur: Die Konzernführung ist nicht mehr mit dem fortdauernden Krisenmanagement beschäftigt, strategische Weichenstellung — wie die Übernahme von Hoechst — beginnt sich auszuzahlen. Das erfolgreichste Jahr in der jüngeren Geschichte des Krupp-Konzerns umschreibt der Vorstandsvorsitzende Gerhard Cromme mit den Worten «Rückkehr zur Normalität». Nach der Ertragswende im Juni 1994, die zu einem Jahresüberschuß von 40 Millionen DM führte, liegt der Jahresüberschuß 1995 bei 505 Millionen DM nach Steuern. Nach den Worten von Finanzvorstand Gerhard Jooss ist das operative Ergebnis sogar doppelt so hoch wie das Vorsteuerergebnis von 644 Millionen DM.

Finanzschulden geringer

Obwohl die Investitionen mit 1,5 Milliarden DM mehr als verdoppelt wurden, gelang es, die Finanzschulden um knapp 1 Milliarde DM auf 3,6 Milliarden DM zurückzuführen. Die Netto-Schulden sind inzwischen sogar geringfügig niedriger als das Eigenkapital. Die Eigenkapitalquote ist auf 19 Prozent gestiegen.

Die Investitionen werden im laufenden Jahr unter anderem durch den wohl tatsächlich rund 700 MillionenDM teuren Kauf von Uhde bis auf etwa 2 Milliarden DM steigen, doch will Krupp weiter am Abbau der Verschuldung arbeiten. Künftige Inlandsgewinne werden noch lange steuerfrei bleiben. Diesen Vorteil will Cromme auch zur weiteren Stärkung des Eigenkapitals nutzen; an eine Kapitalerhöhung ist zur Zeit nach wie vor nicht gedacht. Die Aktionäre, die im laufenden Jahr erstmals seit der Fusion mit Hoechst und der Einführung der Aktie an der Börse im Januar 1993 eine Dividende von 5 DM je Aktie erhalten, können sich nach Crommes Worten auf die Kontinuität der Dividendenpolitik verlassen. Der Kurs der Krupp-Aktie hat auf den Wandel des Unternehmens schon positiv reagiert.

Stark relativiert wissen will Cromme die Feststellung, Krupp sei nach wie vor zu sehr vom Stahl abhängig. Am Konzernumsatz von 23,5 Milliarden DM ist der Qualitätsstahl nur noch mit 19 Prozent beteiligt. Beim Edelstahl, seit 1995 als Krupp Thyssen Nirosta ein Gemeinschaftsunternehmen mit Thyssen (Krupp-Anteil 60 Prozent), habe Krupp zudem noch nie Geld verloren. Im vergangenen Jahr lieferte der hochprofitable Edelstahlbereich einen Ergebnisbeitrag von 466 (108) Millionen DM, der Bereich Qualitätsstahl und Profile brachte 94 Millionen DM.

Krupp-Konzern in Zahlen

	1994 in Mio DM	1995 in Mio DM	Veränderung in %
Umsatz	20386	23535	+ 15
hiervon im Ausland	10554	11822	+ 12
Ergebnis von Ertragssteuern	89	644	
Jahresüberschuß	40	505	
Investitionen	649	1513	+ 133
Abschreibungen	874	957	+ 9
Cash-flow	1075	1699	+ 58
Bilanzsumme	16694	17447	+ 5
Anlagevermögen	9469	9925	+ 5
Flüssige Mittel u. Wertpapiere	640	427	- 33
Eigenkapital	2449	3359	+ 37
Zahl der Mitarbeiter	66138	66352	
Dividende je Aktie (in DM)	0	5	
Höchst-/Tiefstkurs seit 2.1.96			

Gestärkt durch Uhde

Die Ergebnisse der Sparten Maschinenbau, Verarbeitung und Automobile liegen jeweils zwischen 113 und 120 Millionen DM. Der Bereich Handel und Dienstleistungen kam auf ein Ergebnis von 68 (32) Millionen DM, der Bereich Anlagenbau nur unwesentlich weniger auf 61 (53) Millionen DM voran. Gerade dieser Bereich wird im laufenden Jahr aber durch den Kauf von Uhde gestärkt. Als Automobilzulieferer wird Krupp immer mehr zum Systemlieferanten. Zu den ersten Aufträgen gehört die komplette Achsmontage für den Porsche Boxter. Für Smart, den Kompaktwagen von Mercedes-Benz, wird Krupp ebenfalls einer der Systemlieferanten.

Für das laufende Jahr erwartet Cromme eine insgesamt schwache Konjunktur, doch werde Krupp bei Umsatz und Auftragseingang Ende 1996 wohl besser liegen als im Jahr zuvor. Das Ergebnis werde befriedigend ausfallen. Krupp bleibt somit auch weiter ein Anbieter von Produkten der zweiten industriellen Revolution.

Wörter

die Zäsur, -en — веха; перелом
die Konzernführung, -en — руководство концерна
die Übernahme, -n — прием (заказа)
die Ertragswende, -n — изменение дохода

die Finanzschuld, -en — финансовый долг
die Nettoschuld, -en — нетто-долг
der Kauf, -e — покупка
der Abbau — снижение, сокращение
der Vorteil, -e — преимущество
die Kapitalerhöhung, -en — увеличение капитала
der Aktionär, -e — акционер
die Fusion, -en — слияние
die Kontinuität, -en — непрерывность
der Wandel — перемена, изменение
der Qualitätsstahl — качественная сталь
der Edelstahl — нержавеющая сталь
der Ergebnisbeitrag, -e — вклад в результат
die Sparte, -n — зд.: отрасль
die Verarbeitung, -en — переработка
der Systemlieferant, -en — постоянный поставщик
der Auftrag, -e — заказ
der Anbieter — ~~поставщик~~ *оферент*
markieren — отмечать, маркировать
umschreiben, ie, ie — описывать, излагать
sich verlassen, ie, a — полагаться на кого-либо, на что-либо
vorankommen, a, o — продвигаться вперед
stärken — усиливать
ausfallen, ie, a — получаться
steuerfrei — не облагаемый налогом

Übung 1. Hören Sie sich den Text an.

Übung 2. Wie heißen die verwandten Substantive?

Beispiel: stärken — Stärke

umschreiben	übernehmen	markieren
steigen	auszahlen	arbeiten
ausfallen		

Übung 3. Erläutern Sie die Begriffe

die Fusion	der Umsatz	der Lieferant
die Dividende	die Investition	die Konjunktur
die Aktie		

Übung 4. Sehen Sie sich die Tabelle «Krupp-Konzern in Zahlen» an und antworten Sie auf folgende Fragen.

Wie hoch war der Konzernumsatz im Jahr 1995?
Wieviel Millionen DM investierte der Krupp-Konzern im Jahr 1995?
Wieviel DM betrug das Eigenkapital des Krupp-Konzerns im Jahr 1994?
Wieviel Mitarbeiter beschäftigte der Konzern 1995?

Übung 5. Wie heißen die anderen Steigerungsstufen?

das **erfolgreichste** Jahr in der **jüngeren** Geschichte
geringfügig **niedriger** als das Eigenkapital
stark relativiert
der **hochprofitable** Edelstahlbereich
eine insgesamt **schwache** Konjunktur
besser liegen als im Jahr zuvor

Übung 6. Übersetzen Sie die Wortverbindungen mit den Präpositionen «von», «auf», «mit», «bei», die ein bestimmtes Maß oder ein Quantum bezeichnen, ins Russische.

liegt ... **bei** 505 Millionen DM
das Vorsteuerergebnis **von** 644 DM
die Finanzschulden **um** knapp 1 Milliarde DM **auf** 3,6 Milliarden DM zurückführen
auf 19 Prozent gestiegen
bis **auf** etwa 2 Milliarden DM steigen
eine Dividende **von** 5 DM je Aktie

Übung 7. Beantworten Sie folgende Fragen zum Text.

Worum geht es in diesem Text?
Wodurch war der Name «Krupp» vor und während des Zweites Weltkrieges bekannt?
Welchen Platz nimmt Krupp in der Tabelle der 50 größten Unternehmen ein?
Wie hoch war der Konzernumsatz von Krupp im Jahr 1995?
Wieviel Prozent macht der Bereich «Qualitätsstahl» bei diesem Umsatz aus?
Welche Konzerne übernahm kürzlich das Krupp-Unternehmen?
Wie wirkt sich diese Fusion auf Krupp aus?

Text N3
LÄHMSCHICHT DURCH ALLE HIERARCHIEN

Mit seinem «Top»-Programm sucht Siemens schnellere Wege zum Kunden. Vorstand Walter Kunerth über Ziele und Hindernisse

Siemens will «top» werden. Wie konkret haben Sie die Ziele formiert?
Wir wollen das beste elektronische Unternehmen der Welt werden. Konkret bedeutet das: Wenn alle Bereiche in fünf Jahren von den 1000 möglichen Punkten im European Quality Award 700 bis 800 Punkte erhalten, sind wir zufrieden. Dazu haben sich alle unsere Bereiche verpflichtet. Das ist eine Meßlatte, die uns herausfordert.

Was gab die Initialzündung für das Restrukturierungsprogramm?
Ausgangspunkt war unsere nachlassende Wettbewerbsfähigkeit. Wir sind nicht schlechter, sondern die anderen sind besser geworden. In einigen Bereichen hatten unsere Konkurrenten zeitweise Kostenvorteile bis zu 50 Prozent.

Wo haben Sie mit der Verbesserung Ihrer Wettbewerbsfähigkeit angesetzt?
Wir haben radikale Ansätze in den Bereichen Produktdesign, Produktvielfalt, in der besseren Ausrichtung der Produkte auf den Markt, bei den zeitlichen Abläufen und den Organisationsstrukturen gemacht. Nicht durch einfaches Kostensparen, sondern mit neuen Ideen. Wir haben alles vereinfacht. Eine Konsequenz kann der Abbau von Arbeitsplätzen sein, auch der Abbau von Führungshierarchien. Das hat aber nur einen Einmaleffekt. Deshalb brauchen wir einen Kulturwandel.

Die Siemensianer gelten als beamtenhaft — können sie sich mit diesem Kulturwandel anfreunden?
Wir wollen, daß die Mitarbeiter darüber nachdenken, wie unsere Kultur sein soll. Damit ist eine stärkere Kundenorientierung verbunden und eine stärkere Mitarbeiterorientierung, eine Situation, in der sowohl das Unternehmen als auch der Mitarbeiter Vorteile hat.

Spielen dabei auch die mittleren Führungskräfte mit, die im Hausjargon als «Lähmschicht» bezeichnet werden?
Die Lähmschicht besteht nicht nur aus den mittleren Führungskräften — sie geht von ganz oben bis ganz unten, quer durch alle Hierarchien. Natürlich gibt es Mitarbeiter, die etwas zu verlieren und deshalb Angst haben. Das betrifft aber nur einen geringen Teil unserer Mitarbeiter, wie eine kürzlich durchgeführte Umfrage gezeigt hat. Wir verlangen von unseren Führungskräften, daß sie zum Coach ihrer Mitarbeiter werden. Und wir müssen ihnen klarmachen, daß sie dadurch nicht schwächer, sondern stärker werden. Von den wirklich Schwachen müssen wir uns trennen.

Wann können Sie spürbare Ergebnisse Ihres «Top»-Programms vorweisen?
«top» — ist wie ein großes Feuerwerk. Wir müssen jeden Monat etwas Kleines, jedes halbe Jahr etwas Großes bieten, um die Sache am Laufen zu halten.

Was kostet das «Top»-Programm, mit welchen Ersparnissen rechnen Sie?
Wir rechnen mit direkten Projektkosten von rund 200 Millionen Mark und Einsparungen von durchschnittlich fünf Milliarden Mark jährlich.

Sie haben Ihren Mitarbeitern ein für Siemens ungewöhnliches Angebot gemacht: Jeder kann mit einer Karte an den Vorstandsvorsitzenden persönlich schreiben. Wird dieses Angebot genutzt?
Herr von Pierer hat schon über 200 Zuschriften erhalten, zum Teil drei bis vier Seiten lange Briefe. Er wird sie alle persönlich beantworten. Das ist aber erst der Anfang, denn die Aktion läuft ja noch nicht lange. Wir können damit zeigen, daß wir dialogfähig sind.

Wörter

der Vorstand, -e — правление
das Restrukturierungsprogramm — программа реструктурирования
der Ausgangspunkt, -e — исходный пункт
die Wettbewerbsfähigkeit, -en — конкурентноспособность
der Kostenvorteil, -e — преимущество в цене
das Produktdesign — дизайн продукта
die Produktvielfalt, -en — ассортимент продукции
die Führungshierarchie, -n — ступенчатость управления
die Kundenorientierung, -en — ориентация на клиента
der Coach — hier: Trainer — тренер
das Top-Programm, -e — топ-программа
die Projektkosten — стоимость проекта
der Vorstandsvorsitzende, -n — председатель правления
die Zuschrift, -en — hier: Schreiben, Brief — письмо
verpflichten — обязывать
ansetzen — начинать
vereinfachen — упрощать
mitspielen — участвовать в игре
bezeichnen — обозначать
betreffen, a, o — касаться, относиться
verlangen — требовать
sich trennen — зд.: расстаться
vorweisen, ie, ie — предъявлять, показывать
rechnen mit — надеяться на что-либо

das Hindernis, -se — препятствие
der Ansatz, -e — начало

Übung 1. Hören Sie sich das Interview mit Herrn Kunerth vom Siemens-Vorstand an.

Übung 2. Wie heißen die Substantive?

ansetzen	hindern
verpflichten	herausfordern
bezeichnen	

Übung 3. Wie heißen die sinnverwandten Wörter zu:

ansetzen	betreffen	vorweisen
mitspielen	verlangen	rechnen?
bezeichnen		

Übung 4. Besprechen Sie in Ihrer Seminargruppe, was die Wendungen und Begriffe bedeuten.

top werden	Lähmschicht
Restrukturierungsprogramm	Kundenorientierung
Produktdesign	Coach der Mitarbeiter sein
Abbau von Arbeitsplätzen	

Übung 5. Beantworten Sie einige Fragen zum Inhalt des Interviews.

Worum geht es in diesem Gespräch?
Welche Ziele hat der Siemens-Konzern?
Warum schlägt der Vorstand ein Restrukturierungsprogramm vor?
Welche Veränderungen sieht es vor?
Welche Bereiche der Wettbewerbsfähigkeit spricht das Programm an?
Was bedeutet in diesem Interview «Kulturwandel»?
Wie werden die Mitarbeiter an diesem Programm beteiligt?
Wieviel kostet das ganze Projekt?
Von was für einem Angebot ist im Interview die Rede?
In welchem Zusammenhang spricht Herr Kunerth von «Dialogfähigkeit»?

Übung 6. Inszenieren Sie ein Interview mit einem Herrn vom Vorstand «Daimler-Benz AG». Sie wissen nun einiges über diesen deutschen Konzern, z.B. was er produziert, welchen Platz er unter den 100 größten Unternehmen Deutschlands einnimmt. Fragen Sie Herrn X, ob er für die Zukunft bestimmte Programme vorsieht, um «top» zu bleiben; was der Konzern sich für die kommenden Jahre vornimmt, um wettbewerbsfähig zu bleiben.

Übung 7. Lesen Sie den Text «Made in the world» durch. Nehmen Sie Stellung zum Titel und Inhalt des Textes. Beweisen Sie, warum der Volkswagen „Golf" wirklich ein internationales Auto genannt werden kann, obwohl er in Deutschland produziert wird.

Made in the world
Deutsche Autos mit englischen Bremsen, japanische Kleinwagen aus Europa: Das neue Schlagwort in der Autoindustrie heißt «Global sourcing»

Für die europäischen Automanager hat die dritte Unterrichtsstunde begonnen. Nach den ersten Lektionen — lean production und just in time — steht Global sourcing auf dem Lehrplan: die weltweite Beschaffung von Auto-Einzelteilen.

Erfinder der Methode waren in diesem Fall die Amerikaner, bei deren Modellen die Nationalität kaum mehr erkennbar ist. Beispiel Opel Astra: Konzern amerikanisch, Entwicklung deutsch, Montage teilweise in Ungarn.

Deutsche Firmen folgen jetzt dem amerikanischen Vorbild. So etwa VW. Der Golf ist ein Mischling aus acht Nationen. Der Motor wird von einem französischen System gekühlt, der Fahrer von einem US-Schiebedach oder einer französischen Klimaanlage. Wer sich der Sicherheit wegen den soliden Wolfsburger anschafft, vertraut auf britische Ingenieurskunst: Die Bremsen importiert VW aus England. Wie viele und welche Teile aus welchem Land stammen, behalten viele Autohersteller für sich. Am liebsten, wenn japanische Stücke zum Einbau kommen — tief sitzt bei den Kunden mancher Edelmarke die Abneigung gegen fernöstliche Fabrikate.

So achtet Porsche pingelig auf die Einbaulage der wenigen japanischen Motorteile — die verräterischen Typschilder sollen unsichtbar bleiben. Audi ließ Reifen des japanischen Herstellers Bridgestone unter dem unverdächtigen Signet von dessen Tochter Firestone rollen.

Ohnehin bleibt der Anteil japanischer Parts unter dem amerikanischer oder europäischer. Der hohe Yen-Kurs erschwert es den Zulieferern, im Rennen um den niedrigsten Preis mitzuhalten. Die weite Anlieferung über den halben Globus macht die Teile obendrein teuer, eine zeitgenaue Anlieferung an das Band nahezu unmöglich. Umgekehrt ist diese Entfernung einer der Gründe, warum manche japanischen Autos wiederum komplett mit europäischen Teilen bestückt sind. Mit dem Micra zum Beispiel probt Nissan schon die nächste Stufe des Global sourcing: Komplettproduktion in fernen Ländern. Die Teile des in Großbritannien montierten Micra kommen hauptsächlich — um so die Exportquoten für Japan-Autos zu umgehen — zu 80 Prozent aus Staaten der EU; von den 198 europäischen Zulieferern sitzen 29 in Deutschland.

Thema N 12
MEDIENPORTRÄT

Text
MEDIENPORTRÄT

Das Handelsblatt ist Deutschlands größte Wirtschafts- und Finanzzeitung sowie weltweit die größte börsentäglich erscheinende Wirtschafts- und Finanzzeitung in deutscher Sprache. Das *Handelsblatt* ist Pflichtblatt an allen acht deutschen Börsen. "Die Sprache der Wirtschaft in ihrer besten Übersetzung" — so lautet ein *Handels*blatt-Werbeslogan.

Erscheinungsweise: montags bis freitags.
Verlag: Verlagsgruppe Handelsblatt GmbH, Düsseldorf.
Preis: 3 DM pro Exemplar.
Verkaufte Auflage: 129.149.

Inhalt:
Das *Handelsblatt* bietet drei Zeitungen in der Zeitung: "Wirtschaft und Politik", "Unternehmen und Märkte" und die "Finanzzeitung". Diese klare Gliederung in drei Schwerpunkte verschafft eine optimale Übersicht und gezielte Information.

"Wirtschaft und Politik": Das *Handelsblatt* konzentriert sich auf das wirtschaftlich Wesentliche und Relevante, klar strukturiert in die Bereiche Deutschland, Europa und Internationales. Einmal wöchentlich erscheint eine *Handelsblatt*-Konjunkturseite mit wechselnden Schwerpunkten. Ob Interpretation und Berichte zu Steuern, Wettbewerbs-, Tarif- und Sozialrecht, Thesen und Programme von Parteien, Unternehmerverbänden oder Gewerkschaften — es steht im *Handelsblatt*.

"Unternehmen und Märkte": *Das Handelsblatt* bietet mit über 15.000 Unternehmensberichten und Analysen jährlich eine optimale Übersicht über Daten, Fakten, Tendenzen und Stimmungen in Branchen, Märkten, Unternehmen, gründlich recherchiert und aufbereitet — eben Fakten aus erster Hand.

"Die Finanzzeitung": Die Zeitung über Börsen und Kurse, die nicht nur Zahlen hat. Was sich an der Börse, auf den Finanz- und Kapitalmärkten tut, steht hier — börsentäglich registriert, gewissenhaft kommentiert und kritisch bewertet. 13.000 Kurszahlen täglich geben den besten Einblick in die nationale und internationale Welt der Finanzen. Dazu wertvolle Kommentare und Berichte über Aktien und Optionsscheine, Anleihen, Devisen und ausländische Börsen, internationale Rohstoffmärkte, Termin- und Optionsmärkte. Alle Themen um "Geld und Kredit" haben hier ihren festen Platz. Börsentäglich werden hier neben Informationen zu Geld-, Kredit- und Währungspolitik wertvolle Analysen für institutionelle und private Anbieter geliefert.

Käufer:
Unternehmer und Führungskräfte in der Wirtschafts- und Finanzwelt; leitende Angestellte, Selbständige, freie Berufe, Beamte, Kapitalanleger und alle, die an aktuellen Themen aus der Wirtschaft interessiert sind.

Wörter

das Handelsblatt — торговая газета
die Wirtschaftszeitung, -en — экономическая газета
das Pflichtblatt, -er — обязательная газета
die Erscheinungsweise — периодичность выхода
die Gliederung, -en — деление
der Schwerpunkt, -e — основное направление
die Übersicht, -en — обзор
der Einblick, -e — взгляд
der Optionsschein, -e — опционное свидетельство, ~ купон
die Währungspolitik — валютная политика
der Angestellte, -n — служащий
bieten, o, o — предлагать
verschaffen — доставать, приобретать
recherchieren — проводить исследование
aufbereiten — подготавливать

Übung 1. Hören Sie sich den Text an.

Übung 2. Schlagen Sie im Wörterbuch nach, was die Wörter:
Werbeslogan, Schwerpunkt, Konjunktur, Kurszahl(en), Börse bedeuten.

Übung 3. Merken Sie sich: **an der Börse**, aber **auf dem Kapitalmarkt**

Übung 4. Beantworten Sie folgende Fragen zum Text "Medienportrat."

Wie heißt die größte börsentäglich erscheinende Wirtschaftszeitung in deutscher Sprache?
Warum ist sie Pflichtblatt an deutschen Börsen?
Wie oft erscheint das Handelsblatt?
Wie heißen die drei Zeitungen in der Zeitung?
Worauf konzentrieren sich die einzelnen Zeitungen?
Welche Informationen bietet dem Käufer die "Finanzzeitung"?
Wer kauft und liest das Handelsblatt?
Haben Sie schon einmal diese Zeitung gelesen?

Übung 5. Sehen Sie sich das Medienportrat von "Capital" an. Nennen Sie die wichtigsten Daten, die dieses Wirtschaftsmagazin kennzeichnen.

Capital

Capital ist das meistgelesene Wirtschaftsmagazin in Europa.
Insgesamt hat das Magazin 1,8 Millionen Leser.
Erscheinungsweise: monatlich.
Preis: 9 DM.
Verkaufte Auflage: 323.000 Exemplare jeden Monat, davon 273.000 Exemplare der Hauptausgabe sowie 50.000 Exemplare der Ost-Ausgabe für die neuen Bundesländer

Inhalt:
Capital ist ein klassisches Wirtschaftsmagazin. Es ist strukturiert in die Ressorts: Geld, Gewinn, Politik, Unternehmen, Multimedia, Versicherung, Finanzierung, Steuern, Recht.

Durch die monatliche Erscheinungsweise berichtet *Capital* weniger tagesaktuell, sondern konzentriert sich auf Hintergrundberichte, Analysen und Prognosen. Außerdem steht bei *Capital* das "wirtschaftende Individuum, nicht die Wirtschaft" im Mittelpunkt, das heißt, professionell recherchierte, lebensnahe Wirtschaftsinformationen, die der Leser unmittelbar erfahren kann.

Leserschaft:
knapp 50 Prozent der Leser sind zwischen 30 und 49 Jahre alt
knapp 50 Prozent der Leser verdienen mehr als 3000 Mark netto im Monat
zwei Drittel der Leser gehören zu qualifizierten Berufsgruppen
80 Prozent der Leser haben einen qualifizierten Schulabschluß, davon knapp 60 Prozent Abitur

die Leser sind überwiegend männlich
im Vergleich zu anderen Wirtschaftsmagazinen ist *Capital* unter den ranghöchsten Managern am weitesten verbreitet.

Übung 6. Merken Sie sich einige Daten über die "Wirtschaftswoche" und beantworten Sie folgende Fragen.

Wirtschaftswoche

Erscheinungsweise: einmal pro Woche.
Herausgeber: Verlagsgruppe Handelsblatt, die auch die führende deutsche Wirtschaftszeitung "Handelsblatt" herausgibt
Preis: 4,50 Mark pro Ausgabe.
Auflage: Exemplare.
Verkaufte Auflage: etwa 180.000 Exemplare pro Auflage.
Inhalt: Hitergrundberichte über aktuelle wirtschaftliche Vorgänge und die dahinterstehende Politik; Berichte über Kursentwicklungen an den internationalen Börsen
Leserschaftsprofil:
etwa 75% der Leser sind Männer
etwa 55% der Leser haben einen qualifizierten Bildungsabschluß mit Abitur, Hochschule oder Universität
mehr als 80% der Leser haben ein Haushalts-Netto-Einkommen von über 3000 Mark im Monat
Lesegewohnheiten:
jeder dritte Abonnent liest die *Wirtschaftswoche* seit 6 Jahren und länger
71% lesen mindestens zehn von zwölf Ausgaben
65% lesen die *Wirtschaftswoche* am Erscheinungstag (immer freitags) oder dem darauffolgenden Wochenende
72% nehmen die *Wirtschaftswoche* drei bis vier mal oder öfter zur Hand
die durchschnittliche Lesedauer liegt deutlich über zwei Stunden

Wie oft erscheint die "*Wirtschaftswoche*"?
Von wem wird sie herausgegeben?
Wie hoch ist die Auflage der "*Wirtschaftswoche*"?
Welches ist der Inhalt dieses Magazins?
Wodurch sind die Leser der "*Wirtschaftswoche*" gekennzeichnet?
Wie oft und wie lange wird in dem Wirtschaftsmagazin durchschnittlich gelesen?

Übung 7. Hier wird Ihnen ein weiteres deutsches Wirtschaftsmagazin vorgestellt. Es heißt "Markt und Mittelstand".

TITELGESCHICHTE

S. 16 Unternehmensbündnisse Die Serviceleistungen der etablierten Vertretungen der Wirtschaft entsprechen vielerorts immer seltener den Bedürfnissen der Unternehmen. Mit dem Motto **FLEXIBLE BÜNDNISSE CONTRA STARRE VERBÄNDE** macht die mittelständische Basis jetzt überall mobil und greift zur organisierten Selbsthilfe.

POLITIK

S. 26 Bildungsurlaub Einige Bundesländer wollen mit Gesetzgebungsnovellen die Attraktivität von Weiterbildungsveranstaltungen steigern. Die Einspruchsmöglichkeiten der Arbeitgeber sollen dabei beschnitten werden.

S. 30 Interview BASF-Chef Hans Günter Fischer kritisiert im M&M-Interview die kommunale Abfallgebührenpolitik und fordert mehr kaufmännisches Denken in der Verwaltung.

S. 32 EU-Steuerharmonisierung Das geltende Mehrwertsteuersystem ist für Mittelständler eine Katastrophe. Abhilfe ist in diesem Jahrtausend aber nicht mehr in Sicht.

UNTERNEHMENSFÜHRUNG

S. 36 Kundenorientierung Mit regelmäßigen **ERFOLGSCHECKS** wird die Zufriedenheit des Auftraggebers exakt analysiert. Dem Unternehmer winken geringerer Marketingaufwand und mehr Stammkundschaft.

S. 42 Sanierungsstrategie Nie wieder angestellter Manager: Wie Adidas-Aussteiger Rene C. Jäggi mit Kreativität und ausgefallenen Strategien den Schuhhersteller Romika retten will.

S. 44 Auslandsengagement Im Reich der Mitte ist der Standortkampf voll entbrannt. Die chinesische Region Jiangsu, rund um Shanghai, lockt deutsche Firmenlenker mit niedrigen Kosten und wenig Bürokratie.

S. 48 Marketing Wer den Verdrängungswettbewerb der Zukunft überleben will, muß alle Leistungsreserven mobilisieren. Eine Studie aus der Schweiz zeigt jetzt die Verbesserungspotentiale im Marketing.

S. 52 Contracting Billiger Strom wird Realität. Mit Contracting-Partnern können Unternehmer den Einsatz moderner Strom- und Blockheizkraftwerke ohne horrende Investitionen wagen.

S. 55 Interview Contracting-Pionier Reinhard Locke rät mittelständischen Betrieben, ihre Energieversorgung externen Profis zu überlassen.

S. 56 Barterhandel Renaissance einer uralten Idee. Um die riesigen Märkte in Osteuropa zu erschließen, reaktivieren findige Exporteure immer häufiger den längst totgesagten Tauschhandel.

S. 60 Werbung Kleine Präsente erhalten die Freundschaft. Wer Werbegeschenke geschickt einsetzt, kann seine Kunden emotional an sich binden.

ESSAY

S. 64 Führungsstil Schulungsspezialist Josef Schmidt appelliert an Firmenchefs, bei der Personalsuche nicht nur auf Fachwissen, sondern auch auf Führungsqualitäten und die Bereitschaft zum Umdenken zu achten.

MÄRKTE

S. 68 Internetgeschäfte Marktplätze im **INTERNET** bieten innovativen Jungunternehmen völlig neue Absatzpotentiale. US-Entrepreneure mischen dort mit guten Ideen sogar renommierte Konzerne auf.

S. 73 Interview US-Zukunftsforscher Paul Saffo prognostiziert riesige Chancen für flexible Mittelständler, die voll aufs Internet setzen.

S. 74 Leiterplattenindustrie Die dürren Jahre sind vorbei. Immer mehr mittelgroße Leiterplattenhersteller befinden sich auf der Überholspur. Ihr Rezept: entschlackte Fertigungsverfahren und strikte Kundenorientierung.

COMPUTER&KOMMUNIKATION

S. 78 Informationsmedien Die richtige Adresse ist der Schlüssel zum Verkaufserfolg. Neue elektronische Nachschlagewerke für Einkauf, Vertrieb und Organisation liefern den **WISSENSSCHUB** zum Dumpingpreis.

S. 81 Abfallmanagement Das Kreislaufwirtschaftsgesetz bringt neue Auflagen. Ausgefeilte Softwarelösungen minimieren den Kostenfaktor Müll.

STEUERN

S. 87 Betriebsaufspaltung Wie clevere Unternehmer diesen Steuertrick trotz staatlicher Einschränkungen weiterhin nutzen können.

FINANZEN

S. 92 Controlling Erfolgreiche Betriebe orientieren sich an Bestleistungen anderer. Durch systematische Vergleiche hilft Benchmarketing, eigene Schwächen zu erkennen und die **KURSKORREKTUR** einzuleiten.

S. 96 M&M-Fördermittelinformationen M&M zeigt Ihnen, wozu die staatlichen Liquiditätshilfen dienen können. Diesmal: Förderung von Umweltschutzinvestitionen.

S. 98 Kostenmanagement Wenn Mitarbeiter auf Reisen gehen, muß die Buchhaltung häufig nachsitzen. Kreditkartengesellschaften offerieren jetzt preiswerte Angebote im Kampf gegen die endlose Papierflut.

TRENDTHEMA: BÜROEINRICHTUNG UND -ORGANISATION

S. 100 Büromöbelindustrie Trotz jahrelanger dramatischer Umsatzeinbrüche der Branche stehen längst nicht alle Hersteller mit dem Rücken zur Wand. Die neuen Stars setzen gezielt auf Innovation und Kundennähe.

S. 104 Spracherkennung Die neue Softwaregeneration ist billig und qualitativ hochwertig. Lästige Sekretariatsarbeiten wie Texterfassung und Diktat werden dadurch nahezu überflüssig.

RUBRIKEN

3 Editorial **14 Lesermeinungen** **108 Selbstkritik**
8 Im Blickpunkt **40 Leserbefragung** **110 Vorschau/ Impressum**
10 Nachrichten **66 Frühwarnsystem**

Thema N 13
MODERNE GESCHÄFTSKORRESPONDENZ

Text N 1

DER GESCHÄFTSBRIEF

Der Geschäftsbrief ist ein Medium der Kommunikation. Nach wie vor ist er die Visitenkarte des Unternehmens. Durch den Schriftverkehr kann ein Unternehmen Kunden gewinnen und behalten, aber auch verlieren. Je nachdem, in welcher Form der Geschäftsbrief abgefaßt ist, kann es sich um einen Werbebrief, ein Bestätigungsschreiben, ein Erinnerungsschreiben usw. handeln. Das Ziel eines solchen Schreibens ist das gleiche: zufriedene Kunden zu behalten oder zu gewinnen.

Ein gewöhnlicher Geschäftsbrief wird in der Regel genau gelesen und beantwortet. Häufig muß der Empfänger jedoch zunächst rückfragen; er vermißt bestimmte Angaben, versteht den Inhalt nur teilweise, z.B. wegen unbekannten Sachverhalts.

Das Schreiben von Geschäftsbriefen läßt sich erlernen; die zu befolgenden Regeln und die anzuwendenden Techniken lassen sich einüben. Ein Geschäftsbrief sollte formal, inhaltlich und stilistisch ansprechend sein. Wichtig ist dabei, den allgemeinen Zusammenhang, in den das Schreiben von Geschäftsbriefen gehört, kenntlich zu machen (kommunikativer Gesichtspunkt).

Abhängig vom Gegenstand eines Briefes wird der Schreiber im Sachstil oder im Wirkungsstil formulieren. Der Sachstil verlangt einen sachlich geschriebenen Brief, der logisch aufgebaute Gedanken erkennen läßt. Der Wirkungsstil spricht auch die Gefühle und Empfindungen des Empfängers an.

Ein mit einer solchen Absicht verfaßter Geschäftsbrief muß den Empfänger ansprechen. Er muß sowohl durch seine äußere Form, als auch über seinen Inhalt auf diesen wirken. Der Geschäftsbrief muß in einwandfreiem Deutsch abgefaßt sein. Sicherheit in der Sprachlehre, Rechtschreibung und Zeichensetzung sind für den Briefschreiber unentbehrlich.

Die Sprache des Geschäftsbriefes muß klar und freundlich sein.

Was den Inhalt betrifft: Der Geschäftsbrief muß *sachlich* richtig sein. Der Inhalt bezieht sich auf Fakten, die jederzeit prüfbar sind..
Bevor der Schreiber einen Brief konzipiert, sollte er sich überlegen:
— Wer ist der Empfänger?
— Was soll mit dem Brief erreicht werden?
Einen älteren Empfänger wird er anders ansprechen als einen jungen, eine Dame anders als einen Herrn, einen Kunden anders als einen Lieferanten.

Bei namentlich bekanntem Empfänger ist die persönliche Anrede üblich, ansonsten heißt es „Sehr geehrte Damen und Herren" („Sehr geehrte Damen, sehr geehrte Herren.")
Schreibt man an eine Dame und einen Herrn, muß die Anrede „Sehr geehrte Frau ...", „Sehr geehrter Herr ..." lauten.
Abhängig vom Verhältnis des Absenders zum Empfänger, sind andere Formen der Anrede möglich: „Liebe Frau ...", „Lieber Herr ..." usw.
Die Aufbauelemente des Briefes sind: Einleitung, Hauptteil und Schluß. Text N 2 gibt ein Beispiel für die Textgestaltung eines Geschäftsbriefes.

Text N 2
TEXTGESTALTUNG*

Versendungsvermerk		Eilzustellung
Anschrift		Herrn
		Johannes Campus
		Holländische Str. 21
		(PLZ) Stuttgart
Bezugszeichen		... / ... 00.00.00
Betreff-Behandlungsvermerk	*Stichwortartige Inhaltsangabe*	Bestellung ... E i l t
Anrede Einleitung	*Teil A Aufmerksam machen!*	Sehr geehrter Herr Campus, über Ihren Auftrag haben wir uns sehr gefreut.
Hauptteil Darlegung des Sachverhalts	*Teil B (1) Problem beschreiben!*	Leider können wir Ihren Auftrag nicht ausführen, weil wir aus der Artikelbeschreibung nicht erkennen können, an welchem Modell Sie interessiert sind.

Folgerung/ Entscheidung	*Teil B (2) Konsequenzen erläutern!*	Aus dem beigefügten Katalog können Sie unser Lieferprogramm und die dazugehörigen Bestellnummern entnehmen.
Aktionen	*Teil B (3) Aktionen auslösen! (WER soll bis Wann Was Warum tun)*	Bitte teilen Sie uns die genaue Modellbezeichnung und die Bestellnummer mit, damit wir unverzüglich liefern können.
Briefschluß mit Grußformel	*Teil C Schluß ist Steuerungsinstrument — positiv schließen!*	Möchten Sie uns vielleicht anrufen? Das würde die Abwicklung beschleunigen. Mit freundlichen Grüßen ...
Anlagen		Anlage 1 Katalog

---

*Eine Liste von etwa 13 Mustergeschäftsbriefen finden Sie im Anhang.

Wörter

der Geschäftsbrief, -e — деловое письмо
der Schriftverkehr — переписка
der Werbebrief, -e — рекламное письмо
das Bestätigungsschreiben — письмо — подтверждение
der Empfänger — адресат, получатель
der Fachausdruck, -e — термин
der Sachverhalt, -e — положение вещей
der Zusammenhang, -e — связь
der Bereich, -e — область
die Rechtschreibung, -en — правописание
die Zeichensetzung, -en — пунктуация
die Anrede, -n — обращение
das Verhältnis, -se — отношение
der Absender — адресант, отправитель

die Eilzustellung, -en — срочная доставка
der Betreff, -e — "касается", "касательно"
die Darlegung, -en — изложение, объяснение
die Entscheidung, -en — решение
die Aktion, -en — действие
der Briefschluß, -e — окончание письма
die Anlage, -n — приложение
die Einleitung, -en — введение, вступление
gewinnen, a, o — побеждать, завоевывать
behalten, ie, a — удерживать, сохранять
verlieren, o, o — терять
rückfragen — запрашивать, справляться
vermissen — недоставать
sich einüben — упражняться, тренироваться
ansprechen, a, o — обращаться
abgefaßt sein — быть составленным
unentbehrlich — нужный, необходимый
betreffen, a, o — касаться
sich beziehen, o, o — относиться
konzipieren — составлять
ausführen — выполнять
entnehmen, a, o — брать
mitteilen — сообщать
beschleunigen — ускорять

Übung 1. Hören Sie sich den Text an.

Übung 2. Wie heißen die Verben zu:

das Unternehmen	der Zusammenhang	der Absender
der Schreiber	die Empfindung	die Einleitung
der Empfänger	der Betreff	die Darstellung
der Ausdruck	der Lieferant	die Aktion
das Schreiben		

Übung 3. Wie heißen die Substantive zu:

gewinnen	einüben	konzipieren
verlieren	ansprechen	ausführen
rückfragen	betreffen	mitteilen?

Übung 4. Nennen Sie verwandte Substantive zu.

zufrieden	wichtig	freundlich
schwierig	sachlich	persönlich
stilistisch	klar	

Übung 5. Merken Sie sich.

Betreff — ist ein Bestandteil des Geschäftsbriefes. Mit möglichst wenigen Wörtern — höchstens zwei Zeilen — soll der Betreff Interesse wecken und darüber informieren, was im Betrefftext behandelt wird.

Anrede — der Empfänger sollte mit Namen angesprochen werden. Das wirkt persönlicher und sein Interesse wird geweckt. Bei wichtigen Personen sollte man bei der betreffenden Firma telefonisch erfragen, wie der Name des Briefempfängers korrekt geschrieben wird.

Briefanfang — der wichtigste Satz eines Geschäftsbriefes ist der erste. Er wird auf alle Fälle gelesen. Von ihm hängt die Reaktion des Empfängers auf den Brief ab. Deshalb überlegen Sie sich den Briefanfang gut.

Übung 6. Merken Sie sich die folgenden Tips für einen guten Briefanfang.

— Beginnen Sie mit einer Sache, die den Empfänger interessiert.

— Stellen Sie eine Frage, über die der Empfänger vermutlich schon nachdenkt.

— Wecken Sie die Neugier des Empfängers, indem Sie eine Sache als machbar bezeichnen, an der er bereits gearbeitet hat.

— Vermitteln Sie partnerschaftliches Verständnis für einen Mißerfolg, den der Empfänger noch nicht überwunden hat.

Übung 7. Merken Sie sich Formulierungen für einen guten Geschäftsbriefschluß, z.B.:

— Wir bitten um Ihr Verständnis.
— Wir bitten um etwas Geduld.
— Wir hoffen, daß Ihnen die Informationen weiterhelfen.
— Sind Sie mit unserem Vorschlag einverstanden?
— Bitte schicken Sie uns weitere Informationen. Im voraus vielen Dank.
— Ein Termin in der kommenden Woche ist uns recht.
— Wenn Sie noch Fragen haben, lassen Sie uns dies bitte wissen.
— Wir bedauern, Ihnen keine positive Antwort geben zu können.
— Wir sind der Meinung, daß diese Regelung auch für Sie günstig ist.

Übung 8. Merken Sie sich die folgenden Anlässe für Geschäftsmusterbriefe und übersetzen Sie sie ins Russische.

— Ablehnung einer Bestellung.
— Vermittlung eines möglichen Lieferanten.
— Ankündigung einer Preiserhöhung.
— Preisänderung.
— Nachverhandlung wegen gestiegener Rohstoffpreise.
— Verkaufsförderung.
— Sonderangebot für Stammkunden.
— Nachfrage wegen ausbleibender Aufträge.
— Neukundenwerbung.
— Leistungsbeschreibung und Geschäftsangebot.
— Werbebrief.
— Antwort auf eine Einladung.
— Absage der Teilnahme an einer Filialeröffnung.
— Brief an einen Stellenbewerber.
— Vorstellungsgespräch.
— Bewerbungsschreiben.
— Einladung an eine Stellenbewerberin.

Übung 9. Schreiben Sie einen Geschäftsbrief „Ablehnung einer Bestellung". Benutzen Sie als Muster den im Anhang beigelegten Brief.

Übung 10. Analysieren Sie den Geschäftsbrief „Angebot". Bestimmen Sie, welche Aufbauelemente er enthält.

Angebot für Herrenblazer

Sehr geehrte Damen und Herren,
vielen Dank für Ihre Anfrage. Unsere seidenen Herrenblazer sind qualitativ, hochwertig, modern im Schnitt und pflegeleicht. Obwohl die Modelle erst seit kurzem auf dem Markt sind, scheinen Sie der Verkaufsschlager dieser Saison zu werden.

Wir können Ihnen noch folgende Blazer anbieten:
30 Stück Art N 60, apricot, Größe 48, je 125,50 DM netto
20 Stück Art N 58, weiß, Größe 50, je 125,50 DM netto
10 Stück Art N 58, schwarz, Größe 50, je 125,50 DM netto
Die Blazer sind aus 80% Seide mit 20% Leinen hergestellt.

Lieferbedingungen: Die Ware wird ca. 10 Tage nach Auftragseingang mit unserem LKW geliefert. Wir gewähren Zahlungsziel von 30 Tagen.

Damit Sie sich über unser reichhaltiges Sortiment informieren können, fügen wir einen neuen Katalog sowie die aktuelle Preisliste bei.

Wir freuen uns über Ihren Auftrag.
Mit freundlichen Grüßen.

Unterschrift

Deutsch-russisches Wörterbuch wichtigster Termini

A

Abgabe — **сбор, налог**: выплаты, налагаемые правительством на физических и юридических лиц

Abkommen — **соглашение**: договор между двумя сторонами, в котором оговариваются их действия в отношении друг друга

Abnahme Jahresabschluß — **принятие годового отчета**: ратификация в установленном порядке годового балансового отчета и счета прибылей и убытков

Abrechnung — **1) бухгалтерский счет**: форма учета операций путем занесения их в бухгалтерские книги; **2) расчет**: оплата или поставка ценных бумаг, платеж, урегулирование взаимных финансовых претензий

Abrechnungsdatum — **"после даты"**: надпись на векселе для обозначения срока оплаты

Abrechnungssystem — **клиринговая система**: система расчетов по платежам, чекам или ценным бумагам, созданная группой финансовых учреждений

Abrechnungszeitraum — **расчетный период**: период Лондонской фондовой биржи (обычно двухнедельный), в конце которого сделки, заключенные в течение расчетного периода должны быть урегулированы

Absatzpolitik — **система маркетинга**: методы и средства, с помощью которых товары компании поступают к потребителю

Abwertung — **девальвация валюты**: снижение курса валюты органами власти при той или иной форме фиксирования валютных курсов

Affidavit — **аффидавит**: юридически заверенный документ, например, относительно происхождения и принадлежности ценной бумаги

Agent — **агент**: лицо, получившее право действовать от имени принципиала, клиента

Agentbank — **банк-агент**: банк, которому члены синдиката поручают обслуживать кредит в течение всего срока или банк, действующий по поручению иностранного банка

Agentur — **агентство:** учреждение, осуществляющее представительские услуги в интересах другой компании

aggressives Portfolio — **агрессивный портфель:** портфель ценных бумаг, содержащий бумаги, курсы которых, как ожидается, будут расти

Akkordlohn — **оплата по результатам:** система оплаты труда в соответствии с объемом проделанной работы

Akkreditiv — **аккредитив:** приказ банка корреспонденту за границей выплатить определенную сумму указанному лицу

Akkreditivantrag — **письменная заявка на аккредитив:** письменное обращение клиента к банку об открытии аккредитива

Akkumulation — **аккумуляция, накопление:** наращивание капиталовложений путем реинвестирования прибыли или регулярных денежных взносов

Akkumulationsgewinnsteuer — **налог на аккумулируемую прибыль:** налог на прибыль, аккумулируемую сверх нормы (на резервы), призванный избежать попыток не распределять прибыль, чтобы не выплачивать подоходные налоги

Aktie — **доля, акция, пай:** одна из равных частей, на которые разделен акционерный капитал

Aktienhandel — **аукционный рынок:** при торговле ценными бумагами такая форма купли-продажи, при которой происходит соревнование как между покупателями, так и между продавцами: право на покупку получает покупатель, предложивший наивысшую цену, а право на продажу — продавец, продающий по самой низкой цене

Aktienkapital — **основные фонды, акционерный капитал:** капитал компании в форме акций лиц, являющихся ее собственниками

Aktionär — **акционер:** владелец сертификата, удостоверяющего юридическое право на часть капитала и прибыли компании, участия в выборах директоров и решении других вопросов; в отличие от владельцев долговых обязательств компании, акционеры являются поставщиками рискового капитала

Aktiva — **активы:** собственность в различной форме (недвижимость, машины и оборудование, кредитные требования, ценные бумаги и т.д.), все, что имеет денежную оценку в соответствии с нормами бухгалтерского учета

aktives Geld — **активное денежное обращение:** часть банковской эмиссии, которая находится в обращении в данный момент в отличие от банкнот, содержащихся в резерве

Aktivkonto — **счет капитала:** счет, сальдо которого (обычно дебетовое) заносится на сторону активов балансового отчета

Akzelerationsprinzip — **условие ускоренного платежа:** оговорка в соглашении об ипотечном кредите о долгосрочном погашении невыплаченной суммы при невыплате процентов, несоблюдении графика и других нарушениях

Akzeptant — акцептант: лицо, которое своей подписью на векселе берет на себя обязательство его оплаты

akzeptiert — "акцептировано": надпись на акцептированном векселе, говорящая о согласии на его оплату

Akzeptkredit — акцептный кредит: метод платежа в международной торговле, при котором экспортер выписывает векселя на банк, который их акцептирует и часто сам участвует на денежном рынке, что дает экспортеру возможность быстро получить платеж

All-Risks Luftfrachtbrief — страховой документ полного риска: документ, покрывающий все обычные риски при перевозке груза авиатранспортом

amortisieren — амортизировать: выплачивать долг в рассрочку или регулярно откладывая определенные суммы денег в счет погашения долга в течение установленного периода

amtlicher Umrechnungskurs — центральный валютный курс: курс одной из европейских валют по отношению к экю

amtlicher Wechselkurs — s. amtlicher Umrechnungskurs

Änderung — поправка: изменения или дополнения, имеющие при правильном оформлении полную силу оригинального документа

Angebot — коммерческое предложение: предложение о совершении сделки, положительный ответ на которое может рассматриваться как подписание контракта и влечет за собой выполнение соответствующих обязательств

Angleichungsverfahren — стабилизационная программа: система экономических мер, являющаяся элементом и условием некоторых фирм кредитования МВФ и включающая денежнокредитный налог и ценовые меры, цель которых достижение положительного торгового баланса без необходимости сокращения затрат на заработную плату путем увольнений

Anlagenzugang — прирост основного капитала: запись в балансовом отчете либо примечании или приложении к нему, сумма увеличения основного капитала в финансовом году

Annuität — периодический взнос, аннуитет: одна из равных сумм, ежегодно уплачиваемая в погашение задолженности, включая части капитала и проценты к нему

Annulierung — аннулирование: отмена соглашения или запланированной операции

Anreiz — стимул: поощрительное вознаграждение, побуждающее работника повышать качество и производительность своего труда

Antizipation — досрочное выполнение: досрочное погашение обязательства

antizipative Passiva — аккумулированная задолженность: расходы, относящиеся к текущему финансовому периоду, но которые не будут погашаться до последующего финансового периода

Anweisung — кредитный перевод, жиро: форма платежа, при которой заполняется специальный бланк с именем получателя перевода и наименованием его банка, после чего данный бланк передается в банк плательщика, а затем производится списание его с одного счета на другой

Arbitrage — арбитражные операции, арбитраж: финансовые операции, состоящие из покупки и продажи на различных рынках одного финансового инструмента или сходных инструментов, с целью извлечения прибыли от разницы зарегистрированных на бирже курсов

aufgelaufene Dividende — кумулятивный дивиденд: накапливаемый дивиденд; фактический дивиденд; дивиденд, который не был выплачен вовремя, превратился в пассив компании и должен быть распределен в будущем

aufgelaufene Rücklagen — накопленные резервы: резервы компании, накопленные за несколько лет

aufgelaufene Zinsen — кумулятивный процент: процентный доход, который еще не выплачен, но на который уже есть право

Aufschwung — оживление: подъем экономической активности и рыночной конъюнктуры

Auftraggeber — принципиал: лицо, в интересах которого и от имени которого действуют агенты и комиссионеры

Auftragnehmer — подрядчик, фирма-исполнитель: физическое или юридическое лицо, исполняющее определенную работу в соответствии с подписанным соглашением

Aufzinsung — 1) прирост: наращивание или увеличение суммы путем прибавления к ней определенных процентов; **2) расчет окончательной стоимости:** метод финансового расчета путем сложных процентов, при помощи которого производится окончательный расчет стоимости данной исходной суммы плюс сложных процентов

Ausgleichskredit — кредит урегулирования: краткосрочный заем, предоставляемый Федеральным резервным банком (США) коммерческому банку

ausländische Währung — иностранная валюта: денежные единицы иностранных государств

Ausleihe — 1) заимствование: получение денежной суммы, в т.ч. под проценты, с обязательством вернуть полученную сумму к указанному сроку; **2) кредитование:** предоставление денег на определенный период под определенный процент

aussergewöhnlicher Gewinn — анормальная прибыль: прибыль, превышающая норму или прогнозируемое повышение

Authentifizierung — удостоверение подлинности: подтверждение подлинности документа или подписи путем проверки уполномоченными специалистами

Authentizität — аутентичность: подлинность ценной бумаги или документа

autorisiertes Kapital — уставный капитал, разрешенная сумма акций: общая сумма акционерного капитала, с которым была проведена регистрация компании в соответствии с актом о ее учреждении

avisierende Bank — извещающий банк: банк, уведомляющий бенефициара об открытии аккредитива или банк, производящий выплату по аккредитиву

B

Baissespekulant — "медведь": продавец ценной бумаги, который надеется купить ее обратно по более низкой цене через некоторое время

Baissier — s. Baissespekulant

Bandbreite — диапазон, интервал: участок между верхней и нижней границами колебаний

Bank — банк: компания, специализирующаяся на проведении финансовых операций: приеме вкладов, осуществлении расчетов, кредитовании и т.д.

Bankanweisung — s. Anweisung

Bankauszug — выписка со счета: информация о платежах и поступлениях, сальдо, начислениях процентов за определенный период, предоставляемая банком клиенту

Bankautomat — банковский автомат: компьютеризированный банковский автомат, выдающий наличные деньги и позволяющий получать данные о состоянии счета в банке

Bankbestätigung — банковский сертификат: подтверждение банком его непогашенного дебетного или кредитного сальдо с клиентами

Bank des Internationalen Zahlungsausgleichs (BIZ) — Банк международных расчетов (БМР): банк, созданный как орган сотрудничества Центральных банков Западной Европы, Японии и Канады, который учитывает взаимные задолженности от торговых операций

Bankgebühren — банковская комиссия: плата за услуги банка

Bankguthaben — сальдо банковского счета: остаток на банковском счете, сумма требований, предъявляемых банку владельцем счета

Banking-Holding-Gesellschaft — банковская холдинговая компания: организация, которая имеет более 25% акций в одном или нескольких банках

Bankinstitut — s. Bank

Bankkarte — **банковская карточка:** кредитная, дебетовая или иная платежная карточка, выпущенная банком

Bankkonto — **банковский счет:** счет, открытый в банке: текущий депозитный или сберегательный

Banknote — **банкнота:** бумажные деньги, выпускаемые банком и представляющие собой обязательство выплатить определенную сумму предъявителю

Banksaldenbestätigung — s. Bankbestätigung

Banksaldo — s. Bankguthaben

Bankscheck — **банковский чек:** чек, выписанный одним банком на другой или на самого себя, используемый клиентом, когда его кредитор отказывается принимать личный чек: данный чек, оплачиваемый клиентом банку, приравнивается к наличным

Bankspesen — **банковские расходы:** все расходы на банковские услуги, исключая проценты

Banktratte — s. Bankscheck

bares Geld — **наличность:** наличные деньги, банкноты, монета

Bargeld — s. bares Geld

Barkauf — **покупка за наличные:** покупка, платеж за которую производится немедленно

Barscheck — **чек для получения наличных денег:** чек, позволяющий получателю платежа получать указанную сумму по его предъявлению в банк трассата

Barzahlungsrabatt — **скидка за оплату наличными:** скидка с цены товара розничному покупателю, который платит наличными

Basis — **базис:** отправная величина, по которой проводятся расчеты

Begünstigter — **бенефициар:** лицо, в пользу которого выписан аккредитив

Bemessungsgrundlage — **база налогообложения:** база, на которой определяется подлежащий уплате налог

Benachrichtigung — **авизо, уведомление:** сообщение о переводе денежных средств, активации кредитной карточки и прочих операциях и сделках

Bericht — **отчет:** устный или письменный отчет о проведенных ассигнованиях, включающий выводы и заключения по проделанным операциям

Berufsgeheimnis — **конфиденциальность; профессиональная тайна:** обязательство не разглашать информацию, к которой данное лицо прямо или косвенно имеет доступ в процессе выполнения своих профессиональных функций или должностных обязанностей

Berufsvergehen — **нарушение профессиональной этики:** нарушение правил поведения, регулирующих профессиональную деятельность

Bestätigung — 1) s. Authentifizierung; 2) **сертификат**: свидетельство подлинности

Besteuerung — **налогообложение**: денежные платежи юридических и физических лиц в пользу государства и местных органов власти — главный источник бюджетных средств

Beteiligungsgesellschaft — **ассоциированная компания**: компания, от 20 до 50% акций которой принадлежат другой компании или группе

Betriebsgeheimnis — **коммерческая тайна**: информация, разглашение которой считается нанесением ущерба предприятию

Bewertung — **оценка, таксация**: определение стоимости чего-либо

Bewertungsstufe — **рейтинг, оценка**: размещение в порядке убывания стоимости или каких-либо достоинств

Bezug — **распределение**: распределение ценных бумаг в полном или частичном объеме заявок

Bezugsberechtigter — s. Begünstigter

Bilanz — **баланс, сальдо, остаток**: разница между дебетом и кредитом счета

Bilanzbuchprüfung — **ревизия балансового отчета**: проверка или ревизия для подтверждения активов и пассивов балансового отчета без подробного изучения статей счета прибылей и убытков

bilateraler Handel — **двусторонняя торговля**: торговля между двумя государствами на основе соглашения о сбалансированности товарных потоков и платежей

billige Arbeitskräfte — **дешевая рабочая сила**: работники, получающие низкую заработную плату

BIZ — s. Bank für Internationalen Zahlungsausgleich

Börsenmakler — **биржевой маклер**: брокер в операциях с ценными бумагами, который заключает сделку от своего имени, но за счет клиента и за вознаграждение

Börsenpapiere — **ценные бумаги**: бумаги, приносящие доход и обращающиеся на вторичном рынке: акции, облигации, депозитные сертификаты и т.д.

Boykott — **бойкот**: отказ покупать или совершать операции с определенного вида товарами или вступать в коммерческие отношения с определенными лицами

Bruttogewinn — **валовая прибыль**: стоимость нетто-продаж за вычетом издержек производства (включая амортизацию), но до уплаты налогов и других затрат

Buchführung — **бухгалтерский учет, счетоводство**: проведение операций компании по счетам для выявления ее реального финансового положения

Buchhalter — **бухгалтер, аудит**: служащий компании, который занимается ее счетами, делая записи в книгах бухгалтерской отчетности

buchhalterischer Abschluss — **выписка из отчетности:** фрагмент бухгалтерской записи, в том числе выписка из счета

Buchhaltung — s. Buchführung

Buchung — **бухгалтерская проводка:** запись, строка в бухгалтерской отчетности

Buchungsbeleg — **расписка:** документ, выдаваемый вместо денег

Budget — **бюджет:** прогноз финансового положения предприятия в течение определенного периода, расчет затрат и потребностей

Budgetierung — **составление сметы, финансовое планирование:** разработка бюджета компании для планирования расходов и прибылей

Budgetkosten — **сметная стоимость:** стоимость, рассчитанная заранее на основе сметы

Bürge — **гарант:** третья сторона, которая обязывается выполнять обязательства должника в отношении его кредитора, если должник не будет в состоянии выполнять свои денежные обязательства

Bürgschaft — **гарантия:** документ, выдаваемый заемщиком или третьей стороной выдающему ссуду банку с целью гарантирования остатка непогашенной ссуды должника в случае общей или частичной неплатежеспособности должника

C

Cash-flow — **"кэш флоу", поток наличности:** разница между всеми наличными платежами компании, которая отражает способность выполнять текущие обязательства

Clearing — **клиринг:** зачет взаимной задолженности, возникающей в результате межбанковских платежей

Courtage — **брокерская комиссия, куртаж:** комиссия, взимаемая биржевым брокером за выполнение поручения клиента

D

Darlehen — **ссуда:** кредит, предоставляемый на короткий срок и в случае срочной необходимости

Debet — **дебет:** бухгалтерская запись, отражающая платеж расход

Deckung — **ошейник, воротник:** фиксированные минимум и максимум процентной ставки в облигационном займе

Defizit — **дефицит:** превышение обязательств компании над ее активами и доходами

Depositen-Bank — депозитный банк, депозитивный банк, коммерческий банк: банк, осуществляющий кредитно-расчетные и доверительные операции в основном за счет привлеченных депозитов

Depotgebühr — плата за хранение: оплата, произведенная хранителю документов, подтверждающих право на имущество, и прочих бумаг

Deutscher Aktienindex — индекс Доу Джонса: показатель изменения цен и прибылей, рассчитываемый для акций 30 ведущих промышленных и транспортных компаний на Нью-Йоркской фондовой бирже

Devisen — s. ausländische Währung

Devisenhändler — дилер: компания или физическое лицо, которые оперируют на бирже или рынке за собственный счет

Devisenkurs — валютный курс, обменный курс: цена одной денежной единицы, выраженная в другой в определенный момент времени

Devisenreserven — валютные резервы: запасы иностранной валюты

Devisentransfer — валютный трансфер: перевод денег из одной страны в другую

Discounter — универмаг, торгующий по сниженным ценам: розничное торговое предприятие, предлагающее товары длительного пользования с высокой скидкой

Diskontgeschäft — s. Diskonter

Diskontrate — учетная ставка банка, базисная ставка ссудного процента: ставка, применяемая центральным Банком Англии для учета первоклассных переводных векселей

Diskontsatz — s. Diskontrate

Dow Jones Index — s. Deutscher Aktienindex

Draufgeld — задаток: сумма, внесенная в виде первоначального платежа или первого взноса в знак согласия с условиями сделки. Принимая этот платеж, продавец также выражает свое официальное согласие с условиями сделки

Dumping — демпинг: вывоз товара по бросовым ценам (ниже цен внутреннего рынка), который осуществляется как правило монопольным производителем или монопольным поставщиком

Durchschnittseinkommen pro Kopf — доход на душу населения: средний доход одного лица

Durchschnittspreis — средняя цена: 1) курс акций, рассчитанный на основе среднего курса на момент открытия биржи и их последующего курса; 2) среднее арифметическое цен покупателя и продавца на ценные бумаги за один день работы биржи

E

Effekten — s. **Börsenpapiere**

EFWZ — s. **Europäischer Fonds für währungspolitische Zusammenarbeit**

Einfuhr — импорт: ввоз товара в страну из-за рубежа для продажи или сам товар, вывезенный из-за рубежа для продажи

eingelöst — оплачено: термин, четкое написание которого крупными буквами на чеке, счете или накладной, подтверждает платеж указанной в этих документах суммы

einkassieren — получать наличными, инкассировать: обменивать чеки на наличные

Einlage — депозит: вклад клиента в кредитном учреждении

Einleger — депонент: владелец счета в банке, сберегательной кассе и т.д.

Einspruch gegen Steuerbescheid — обжалование по поводу налогообложения: запрос в налоговое управление для отмены или изменения спорного налогообложения

Embargo — эмбарго: законодательный запрет на экспорт или импорт определенных товаров и услуг в отношении той или иной страны

Entwicklungsland — развивающаяся страна: богатая ресурсами страна с не полностью индустриализированной экономикой, в частности, страна, в которой доходы на душу населения ниже, чем в развитых странах

erhaltene Anzahlungen — полученные досрочно платежи: досрочно полученные суммы от покупателей или клиентов на счета за товары, подлежащие поставке, или услуги, подлежащие предоставлению

Erholung — s. **Aufschwung**

ertragsstarkes Produkt — наличная "корова": бизнес или товар, который дает непрерывный приток наличных денег, но не приводит к росту

Etat — s. **Budget**

Eurochéque — еврочек: стандартная международная форма чека и чековой гарантийной карточки, используемая более, чем в 40 странах для безналичных платежей и получения наличных денег в любом европейском банке

Eurodollar — евродоллары: долларовые депозиты США, находящиеся в банках за пределами США, в основном в Европе, и предоставленные в виде кредитов за пределами США

Europäischer Fonds für währungspolitische Zusammenarbeit — Европейский фонд валютного сотрудничества, ЕФВС: фонд для финансирования валютной политики ЕВС, осуществляющий официальную эмиссию ЭКЮ и предоставляющий краткосрочные кредиты для покрытия дефицита платежных балансов

F

Fallbö — **воздушная яма:** резкое падение курса ценных бумаг после того или иного информационного сообщения негативного характера

Fälligkeitsverzeichnis — **книга векселей:** бухгалтерская книга, в которой производится запись сумм векселей, подлежащих к оплате и получению, под установленными датами их оплаты и получения

Fälschung — **фальсификация, подделка:** подделка денежных документов в корыстных целях

Fernzahlung — **электронная оплата:** оплата с помощью средств телекоммуникаций

Fertigungsgewinn — **прибыль от производства:** разница между ценой покупки товара у поставщика и стоимостью его производства самой компанией

festverzinsliche Anleihen — **облигации:** как правило необеспеченная ценная бумага, покрывающая ссуду, предоставленную инвестором

Finanzagentur — **фискальный агент:** банк или трастовая компания, выполняющая для корпорации услуги типа выпуска ценных бумаг, выплаты процентов и дивидендов, уплаты за аренду и т.д.

finanzielle Lasten — **финансовые расходы, финансовые затраты, расходы по финансированию:** расходы, вытекающие из сделок за наличный расчет, и кредитных сделок предприятия

Finanzier — **финансист:** лицо, организующее сделки, связанные с крупными денежными суммами

Finanzierungswerte — **финансы:** совокупность денежных средств, например, денежные средства компании, поступившие от акционеров или полученные в форме кредита

Finanzlasten — s. finanzielle Lasten

Finanzmarkt — **финансовый рынок:** рынок, на котором происходит купля-продажа денег как товара, предоставление кредитов и мобилизация капитала

Finanzplan — **финансовый бюджет:** бюджет, отражающий предусматриваемые финансовые потребности и ресурсы

Finanzplanung — s. Budgetierung

Finanzpolitik — **фискальная политика, бюджетная и налоговая политика:** мероприятия правительства в области налогообложения и государственных расходов, призванные регулировать уровень деловой активности

Finanzverwaltung — **Управление налоговых сборов:** в Великобритании — государственный департамент, занимающийся сбором капитальных и подоходных налогов, а также гербовых сборов

Finanzwerte — s. **Finanzierungswerte**

Firma — 1) компания: юридическое лицо, представляющее собой ассоциацию вкладчиков капитала (акционеров) для осуществления коммерческой деятельности; 2) фирма: товарищество или любая торгово-промышленная компания

Firmenansehen — гудвилл: "ноу-хау", деловая репутация, контакты, клиенты и кадры компании, составляющие ее неосязаемые активы

Firmenname — название фирмы: название, под которым предприятие выполняет свою предпринимательскую деятельность

Fiskus — s. **Finanzverwaltung**

flexible Wechselkurse — плавающий валютный курс: курс, уровень которого определяется на рынке под воздействием спроса и предложения в рамках установленных властями минимального и максимального

Fonds — фонд: денежная сумма, предназначенная для какой-либо конкретной цели

Frachtbrief — путевой лист: не являющийся контрактом документ, с описанием груза при перевозке

Franchise — лицензия, франшиза: разрешение на использование товарных знаков, фирменных названий, торговых марок, марок конструкции, образцов дизайна, авторских прав, ноу-хау и патентов для продажи товаров и услуг конечным клиентам

Freihandel — открытая торговля: международная система торгового обмена, при которой страны договариваются об освобождении от налога определенных импортных товаров

Fremdwährung — s. **ausländische Währung**

Fristenbuch — s. **Fälligkeitsverzeichnis**

G

Garantie — s. **Bürgschaft**

geforderter Preis — запрашиваемая цена, цена предложения: цена, уплаты которой требует продавец за предлагаемые товары или услуги

Gegenakkreditiv — компенсационный кредит: кредит, близкий по сути к валютным сводам, когда две компании в разных странах кредитуют друг друга на равную сумму: в одной стране компания-кредитор, в другой — заемщик

geheime Wahl — баллотировка: тайное голосование

Geld — деньги: все то, что является общепринятой мерой стоимости, средством платежа, обращения, накопления

Geldbasis — **денежная масса, монетарная масса:** показатель денежной массы в обращении и счета резервов коммерческих банков в центральном банке

Geldentwertung — **обесценивание:** падение покупательной способности денежной единицы

Geldleistung — **денежное пособие:** пособие или любая другая наличная выплата, производимая в соответствии с действующим законодательством

Geldwäsche — **отмывание денег, отбеливание денег:** операции, призванные скрыть источник получения или предназначение денежных сумм, придать им законный характер

Geldwechsel — **обмен валюты:** обмен денежных единиц одного государства на денежные единицы другого государства

Geldwechselautomat — **разменный автомат:** автоматическое устройство, разменивающее денежные знаки на монеты меньшего номинала

Geldwertminderung — s. Geldentwertung

genehmigtes Kapital — s. autorisiertes Kapital

Genehmigung des Jahresabschlusses — s. Abnahme des Jahresabschlusses

Genossenschaft — **кооператив:** организация, принадлежащая своим членам и призванная их обслуживать

Genußschein — **сертификат участия:** ценная бумага, сочетающая участие в капитале компании с отсутствием некоторых прав обычного акционера (например, права голоса на обычных собраниях); может выдаваться в качестве компенсации за услуги компании

Gesamtangebot — **совокупное предложение:** общий объем предложения товаров и услуг для удовлетворения совокупного спроса

Geschäftsführer — **менеджер, управляющий:** лицо, обеспечивающее контроль, организацию труда и управление предприятием или организацией

Geschäftsgebäude — **деловая контора, офис, помещение предприятия:** строение, где располагается администрация и рабочие органы предприятия

Geschäftsjahr — **финансовый год:** период подведения итогов экономической деятельности компании

Geschäftstag — **банковский день:** будничный день, в который банки и биржи открыты для проведения операций

Geschäftsgeheimnis — s. Betriebsgeheimnis

geschlossener Markt — **закрытый рынок:** рынок, на котором продавец имеет дело с ограниченным числом покупателей или посредников и может прямо обращаться к другим клиентам

Gesellschaft — **компания:** юридическое лицо, представляющее собой ассоциацию вкладчиков капитала (акционеров) для осуществления коммерческой деятельности

Gesellschaft mit beschränkter Haftung, GmbH — **компания с ограниченной ответственностью**: компания, финансовая ответственность учредителей которой ограничена законом

Gesellschaftsvertrag — **устав товарищества**: документ, определяющий отношения между членами товарищества, не затрагивая их обязательства по отношению к третьим лицам

gesetzliches Zahlungsmittel — **законное средство платежа**: бумажные и металлические деньги, которые обязательны к приему на данной территории

Gewinn — **прибыль, прирост**: повышение дохода от цены или стоимости

Girokonto — **текущий счет**: тип банковского счета, позволяющий выписывать чеки и получать наличные в любой момент

Gläubiger — **кредитор**: лицо или компания, имеющая должников

GmbH — s. Gesellschaft mit beschränkter Haftung

Goldkarte — **золотая карточка**: кредитная карточка с очень большим лимитом кредита и различными привилегиями, предназначенная для людей с высокими доходами

Goodwill — s. Firmenansehen

Gratifikation — **премия**: сумма, выплачиваемая наемному работнику в дополнение к обычной зарплате

Großhandel — **оптовая торговля**: покупка товаров у производителей и распространение по розничным торговцам для последующей продажи мелкими партиями непосредственно потребителю

Großhandelspreis — **оптовая цена**: цена товара при его продаже оптовиком розничному торговцу

Großhändler — **оптовый торговец**: лицо, покупающее у производителя и продающее розничным торговцам

Grundbilanz — **базисный платёжный баланс**: текущий платёжный баланс движения долгосрочных капиталов, включая прямые инвестиции

Grundkapital — s. Aktienkapital

Grundpreis — **базисная цена**: отправная цена исполнения, без дополнительных надбавок

Grundsteuer — **земельный налог**: налог на земельную собственность

H

Haben — **кредит**: приходная часть бухгалтерских книг, запись (проводка) поступившей суммы в кредит

Habenbuchung — s. **Haben**

Handelsbilanz — **торговый баланс**: учёт торговых сделок резидентов с нерезидентами, т.е. товарного экспорта и импорта страны за определенный период

Handelskammer — **торговая палата**: ассоциация бизнесменов определённого региона, призванная защищать их общие интересы

Handelskredit — **торговый кредит, коммерческий кредит**: кредит, предоставляемый одним предприятием (поставщиком) другому (обычно, под векселя)

Handelsnation — **страна-экспортёр**: страна, получающая доход от экспорта товаров

Handelsrecht — **торговое право**: законы, регулирующие предпринимательскую деятельность

Handelsvertreter — s. **Agent**

Handgeld — s. **Draufgeld**

harte Währung — **твёрдая валюта**: валюта со стабильным или повышающимся курсом, конвертируемая валюта

Hauptbuch — **кассовая книга**: бухгалтерская книга, в которой учитываются наличные платежи и поступления компании

Haushalt — s. **Budget**

Haushaltsjahr — **финансовый год**: период продолжительностью в 12 месяцев, за который производится подведение итогов экономической деятельности компании и который не обязательно совпадает с календарным годом

Haussier — **"бык"**: покупатель ценной бумаги, который надеется продать её по более высокой цене через некоторое время

Haussespekulant — s. **Haussier**

Havarie — **авария**: ущерб, причинённый судну и/или его грузу

Höchstpreis — **максимальная цена**: верхняя граница цены

Honorar — **комиссия, гонорар**: плата за услугу или проведение операции в виде процента от цены сделки или фиксированной суммы

Hyperinflation — **гиперинфляция**: крайне высокая инфляция, полностью вышедшая из-под контроля и принуждающая наращивать денежную эмиссию

Hypothek — **1) ипотека, залог**: помещение ценных бумаг или иной собственности в заклад в качестве обеспечения кредита; **2) ипотека, ипотечный кредит**: договор о предоставлении ссуды на приобретение недвижимости, при котором данная недвижимость используется в качестве обеспечения ссуды

Hypothek mit variablem Zinssatz — **гибкая ипотека**: ипотека с плавающей ставкой или другими изменяющимися условиями

Hypothek mit Zinsanpassung — s. **Hypothek mit variablem Zinssatz**

IBRD — s. **Internationale Bank fur Wiederaufbau und Entwieklung**

Import — s. **Einfuhr**

Index — индекс: статистический показатель в форме изменений относительно базового периода, принимаемого за 100 или 1000

Inflationsrate — уровень инфляции: процент повышения цен за годовой период

Inhaberpapier — документ на предъявителя: документ, по которому все прилагаемые к нему права могут передаваться путем простой передачи самого документа

Inhaberscheck — чек на предъявителя: чек, подлежащий оплате его владельцу, имя которого может не указываться, и наделяющий любого его предъявителя правом получения платежа в течение определённого срока в банке, на который выписан чек

Inkrafttreter — дата вступления в силу: дата, когда начинает действовать соглашение или совершается сделка

Inlandsemission — внутренний заём: акции, выпускаемые и обращающиеся в той стране, резидентом которой является компания-эмитент

Insolvenz — неплатёжеспособность: положение компании, при котором её обязательства превышают продажную стоимость её активов

Installationen — инвентарь: имущество, первоначально движимого характера, которое, будучи приспособлено на земельном участке или в строениях, классифицируется как основные активы

Interbankzinssatz — межбанковская процентная ставка: ставка по краткосрочным межбанковским депозитам

Internationale Bank für Wiederaufbau und Entwicklung — Международный банк реконструкции и развития: Мировой (всемирный) банк под контролем ООН: первоначально он ориентировался на восстановление экономики стран Западной Европы, а сегодня, главным образом, предоставляет долгосрочные кредиты на рыночных условиях

internationale Emission — международный заем: акции, выпускаемые и обращающиеся на фондовых биржах по всему миру

Internationales Zoll- und Handelsabkommen (GATT) — Генеральное соглашение о тарифах и торговле; ГАТТ: международное соглашение, направленное на развитие торговли, ликвидацию ограничений и дискриминации, являющееся фактически международной организацией с постоянным штатом

Intervention — интервенция: закупка центральным банком иностранной валюты в больших количествах для поддержания высокого уровня национальной денежной единицы

Investitionen — капиталовложения; инвестиции: расходы на приобретение фиксированных активов (основного капитала)

Investitionsgüter — средства производства: материальные активы, предусматриваемые для использования в качестве долгосрочных инвестиционных средств для обеспечения производства, увеличения или совершенствования промышленного или коммерческого производства

Investitionsplan — смета капиталовложений: смета, показывающая будущую динамику платежей и поступлений капитального типа

J

Jahresabschluß — годовая отчетность: отчетность, представляющая собой часть годового отчёта

Jahresbilanz — годовой балансовый отчет: балансовый отчет, подготавливаемый компанией в конце каждого финансового года и представляющий из себя активы и пассивы в разбивке по установленной форме, отражающие финансовое положение компании

Jahresumschlag — оборачиваемость капитала: оборачиваемость активов компании в зависимости от объема ежегодных продаж

jährlicher Geschäftsbericht — годовой отчёт компании: включает собственно отчет правления и соответствующую финансовую отчетность — баланс

Journal — книга расходов: бухгалтерская книга, в которой отмечаются сделки по мере их совершения, до должного их занесения в одну из других бухгалтерских книг

juristische Person — юридическое лицо: физическое лицо или группа физических лиц, обладающие перед лицом закона обычными правами и обязанностями самостоятельного лица

K

Kapital — капитал: собственность, актив, приносящие регулярный доход наряду с двумя другими источниками дохода: землей и наемным трудом

Kapitalanlagegesellschaft — инвестиционная компания: компания с ограниченной ответственностью, осуществляющая капиталовложения в ценные бумаги в надежде на получение дохода от дивидендов и прибыли капитала от продажи ценных бумаг

Kapitalaufbau — реконструкция капитала: добровольная ликвидация компании с продажей ее активов другой компании, имеющей то же название и тех же акционеров, но располагающей более широкой базой капитала

Kapialausfuhr — экспорт капитала: перелив капитала из страны в страну в форме прямых инвестиций, кредитов, субсидий, покупки ценных бумаг

Kapitalausgaben — расходы: расходы на приобретение фиксированных активов (основного капитала)

Kapitalexport — s. Kapitalausfuhr

Kapitalflucht — утечка капитала: быстрое убывание капитала за счет вывоза в другие с страны из-за недоверия к экономическим перспективам данной страны

Kapitalgüter — s. Investitionsgüter

Kapitalumschlag — оборот капитала: отношение годовых продаж компании к вложенному капиталу (средней сумме собственных средств)

Kapitalverlust — убыток капитала: убыток, который возникает в результате продажи каких-либо активов (собственности) по цене, которая ниже цены их покупки, и обычно высчитывается из суммы, облагаемой налогом на реализованный прирост капитала

Kartell — картель: объединение компаний в целях регулирования цен, объёмов производства в какой-либо отрасли

Kassenabschluβ machen — подсчитывать выручку: подсчитывать наличный доход в торговом учреждении к концу рабочего дня

Kassenbestand — кассовая наличность: денежные средства предприятия в форме монет и банкнот в отличие от средств на счетах

Kassendisponent — s. Bankautomat

kassieren — s. Kassenabschluβ machen

Kauf — покупка; купля: приобретение чего-либо в собственность, в обмен на деньги или их эквивалент, а также сам приобретенный объект

KG — s. Kommanditgesellschaft

Klausel — статья, пункт, оговорка, клаузула: отдельное условие контрактного соглашения

Kleingeldautomat — s. Geldwechselautomat

Klient — клиент: лицо, выступающее в качестве партнера в предпринимательской деятельности или плательщика за предоставленные услуги или проданные товары

Kommanditgesellschaft — товарищество с ограниченной ответственностью: товарищество, которое включает одного или более общих партнеров, несущих полную ответственность за долги товарищества, и одного или нескольких партнеров с ограниченной ответственностью

Kommissionswaren — комиссионные товары: товары для продажи через агента или брокера

kumulative Dividende — s. aufgelaufene Dividende

kompensatorische Finanzierung — s. Angleichungsverfahren

Konjunkturabschwächung — **начало депрессии**: период в цикле деловой активности, когда рост экономического процветания прекращается или переходит в падение

Konjunkturrückgang — **рецессия**: снижение уровня деловой активности, которое проявляется в снижении темпов роста или падении производства, занятости и доходов

konkurrenzfähiger Preis — **конкурентноспособная цена**: низкая цена на товар или услугу, способствующая его более скорой реализации по сравнению со схожими товарами

Konkurs — **банкротство**: официальное объявление о неплатежеспособности с реализацией имеющихся активов

Konkursschuldner — **банкрот**: должник при банкротстве

Konsolidierungskreis — **состав объединения**: общий термин для всех предприятий, подлежащих включению в объединение, с тем чтобы соответствовать юридическим или иным критериям, свойственным группе

Konsortium — **консорциум**: ассоциация независимых компаний для осуществления какого-либо проекта

Konsumentkredit — **потребительский кредит**: форма заимствований населения для приобретения потребительских товаров: кредитные карточки, оплата товаров в рассрочку

Konsumforschung — **изучение потребительского спроса**: исследование причин, по которым тот или иной товар покупается потребителем и какого рода товары потребитель желает приобретать

Konsumgesellschaft — **потребительское общество**: общество, в котором постоянно растет приобретение товаров

Konsumgüter — **потребительские товары**: товары, приобретаемые не для производства, а для потребления

Kontenklassifizierung — **классификация счетов**: группировка счетов по категориям и группам кодовой системы счетов

Kontierung — **ассигнование**: акт подбора и указания счета, на который должна записываться сделка, а также определение позиции под заголовком бюджета

Kontoauszug — s. Bankauszug

kontoführende Bank — **банк-владелец счета**: банк, от имени которого обслуживаются в другом банке

Kontokorrentkonto — s. Girokonto

Konversion — конверсия: обмен одних ценных бумаг на другие; чаще всего, обмен обыкновенных акций на привилегированные или долговых обязательств на акции

Konvertierbarkeit — конвертируемость: валютная обратимость, свобода обмена одной денежной единицы на другую по рыночному курсу, а также, в более широком смысле, конвертируемость одних ценных бумаг в другие (например, облигаций в акции)

Konvertibilität — s. Konvertierbarkeit

Konzerngesellschaft — афилированная компания: компания, полностью или частично принадлежащая другой компании

Konzession — концессия: уступка права пользования собственностью в течение оговоренного срока для предпринимательских целей

Kostenrechner — бухгалтер-контролер по издержкам, главный бухгалтер: лицо, предоставляющее управляющему компанией информацию об издержках предпринимательской деятельности

Krach — биржевой крах: резкое падение биржевой конъюнктуры (цен акций), в результате потери доверия инвесторов к капиталовложениям

Kreditkarte — кредитная карточка: документ в виде пластиковой пластины с именем, подписью и кодовым номером владельца, позволяющий приобретать товары и услуги в кредит до установленной суммы

Kreditkauf — покупка в кредит: сделка, связанная с покупкой, при которой поставщик предоставляет своему покупателю срок для оплаты цены

Kreditor — s. Gläubiger

Kunde — s. Klient

Kundenkarte — наличная карточка: банковская карточка, используемая для получения наличности из кассовых автоматов

Kundenkreis — клиентура: совокупность клиентов компании или торгового предприятия

Kundschaft — s. Kundenkreis

Kupontermin — срок погашения: срок платежа векселя или другой ценной бумаги

Kurs — s. Devisenkurs

Kursmakler an der Warenbörse — товарный брокер компания или агент, через которого совершаются сделки на товарной бирже

L

Landesbank — национальный банк: в США, банк, учрежденный Федеральным правительством и являющийся членом Федеральной резервной системы

laufende Ausgaben — **текущие расходы**: периодические расходы, не связанные с приобретением активов

laufendes Konto — **текущий счет**: счет в банке, с которого клиент может снимать деньги по своему желанию

Leasing — **лизинг**: средне- и долгосрочная аренда, при которой в конце срока арендатор может либо приобрести что-то в собственность: в обоих случаях на заранее оговорённых условиях

Leasing-Firma — **лизинговая компания**: компания (обычно дочерняя фирма банка), специализирующаяся на предоставлении машин и оборудования в средне- и долгосрочную аренду

Leasing-Gesellschaft — s. Leasing-Firma

Lebenshaltungskosten — **стоимость жизни**: расходы населения на потребительские товары и услуги: питание, отопление жилье и т.д.

Lebensversicherung — **страхование жизни**: договор страхования, предусматривающий выплату указанной суммы в случае смерти страхователя

lebhafter Markt — **активный рынок**: рынок по определенному виду ценных бумаг или товару, которые являются объектом частых и крупных сделок при наличии достаточного их числа для удовлетворения спроса

Leihe — **ссуда, кредит**: сумма денег предоставленная на срок или до востребования за определенную плату

Leistungsfähigkeit — **мощность, выработка, способность**: возможности производства или максимальный объем работ

Leistungslohn — s. Akkordlohn

Lieferfrist — **период поставки**: период с момента заключения сделки на поставку товара до момента поставки

Lieferpreis — **цена с доставкой**: цена, включая расходы по упаковке и транспортировке

Lieferzeit — s. Lieferfrist

Liegegeld — **плата за простой, демередж**: сумма, выплачиваемая клиенту за непредусмотренную задержку в порту или на таможне поставляемых ему товаров

Lohn — **заработная плата**: вознаграждение за труд работника, выплачиваемое ему периодически в соответствии с трудовым соглашением между работником и предпринимателем

Lombardsatz — **ломбардная ставка**: процентная ставка по ссудам до востребования банков

Luftfrachtbrief — **авианакладная**: товарораспорядительный документ в авиаперевозках

Luftloch — s. Fallbö

M

Makler — брокер, маклер: посредник в операциях с валютой, ценными бумагами, товарами, недвижимостью, в страховании и т.п., который заключает сделку от своего имени, но за счет клиента

Maklergebühr — s. Courtage

Makroökonomie — макроэкономика: часть экономической науки, которая изучает экономику (по таким показателям, как промышленное производство, инфляция, безработица и т.д.)

Management-Team — руководящая группа: группа управления компанией, высшие руководители

Mandant — s. Klient

Marketing — маркетинг: методы и средства, используемые для продвижения товаров от производителя к потребителю: анализ рынка, дизайн, организация сбыта, реклама и т.д.

Marketingabteilung — отдел маркетинга: отдел сбыта или коммерческий отдел компании, который использует в своей работе методы маркетинга

Markt — рынок: место торговли товарами или финансовыми инструментами

Marktpreis — рыночная цена: цена на товары или услуги на специфическом рынке в определенное время

Marktwert — рыночная стоимость: стоимость, по которой товар или компания могут быть проданы на настоящий момент

Masse der Aktieninhaber — коллектив акционеров: вся группа акционеров компании, без разрешения которой не могут быть решены такие вопросы как, например, выпуск привилегированных или других видов акций, которые могут повлиять на положение владельцев обыкновенных акций

Materialkosten — стоимость материалов: стоимость исходных материалов, использованных для производства какой-либо продукции

Mehrheitskontrolle — контрольный пакет акций: владение отдельным лицом или компанией такой долей капитала компании, которая помогает ему или ей осуществлять эффективный контроль в управлении

Mehrwertsteuer — налог на добавленную стоимость: форма налогообложения добавленной в ходе производства стоимости продукта, добавляется к цене продукции и перекладывается на потребителей, а затем сдается производителем государству

Miete — рента, арендная плата: периодическая плата за пользование землей, зданием, оборудованием

Mietkauf — s. Leasing

Mietnebenkosten — **дополнительные расходы по аренде недвижимости**: расходы, понесенные помимо и сверх непосредственно связанных с рентой

Mikroökonomie — **микроэкономика**: часть экономической науки, изучающая деятельность базовых экономических агентов: отраслей, предприятий, семей

Mindestlohn — **минимальная заработная плата**: установленная законом минимальная ставка заработной платы

mit Akzept versehen — s. akzeptieren

Mitbesitz — **совместная собственность, неделимая собственность**: собственность двух или более лиц, каждое из которых сохраняет право на свою часть, и весь объект собственности может быть продан только с согласия всех сторон

monetäre Basis — s. Geldbasis

Monetarismus — **монетаризм**: экономическая теория, согласно которой достижение безинфляционного роста экономики требует контроля за денежной массой в обращении

N

nach Datum — s. ab Rechnungsdatum

Nachfrage — **спрос**: количество товара, которое потребители готовы приобрести по определенной цене

nachfragender Markt — **рынок, определяемый покупателями**: рынок, на котором производители, поставщики, торговцы испытывают затруднения с реализацией продукции, т.е. покупатели в какой-то мере могут диктовать свои условия

Nachfragepreis — **цена, определяемая спросом**: цена, по которой может быть куплено определенное количество товара

Nachnahme — **наложенный платеж**: способ получения платежа за проданный товар: доставка проданного изделия осуществляется перевозчиком только по оплате цены

nach Sichtwechsel — **вексель "после предъявления"**: вексель, подлежащий оплате через определенное время после предъявления для акцепта (с надписью "после предъявления")

Nachtrag — **дополнение, приложение**: дополнительная часть или раздел документа

Nebenerzeugnis — **побочный продукт**: вторичный продукт, получаемый из того же сырья в процессе производства основного продукта или производимый из отходов

Nennpreis — **номинальная цена**: цена, назначенная для приблизительной ориентировки и не являющаяся ценой покупки или продажи, а также нарицательная цена ценной бумаги

Nennwert — номинальная стоимость: цена, проставленная на акционерном сертификате или акции

Nettoerlös — чистый доход: процентный доход после вычета налогов или комиссий

Nettoertrag — s. Nettoerlös

Nettogewinn — чистая прибыль: превышение доходов над расходами в результате конкретной операции или в течение определенного периода

Netto kasse — s. Barkauf

nicht ständig beschäftigte Arbeitskräfte — временная рабочая сила: работники, нанимаемые на короткий период

Nominalpreis — s. Nennpreis

Notar — государственный нотариус, поверенный: представитель свободной профессии, действующий под надзором судебных властей, которыми он уполномочен заверять документы или операции, обеспечивая тем самым законную подлинность

Notenbank — центральный банк: государственный банк, который реализует валютную и денежно-кредитную политику правительства, осуществляет эмиссию, управляет официальными валютными резервами и является банкиром всех других кредитных институтов и, как правило, правительства

Notverkauf — срочная распродажа: продажа товаров по очень низким ценам

О

Obligation — облигация: ценная бумага на предъявителя, представляющая собой долговое обязательство, по которому кредиторы получают годовой доход

Obligationsmarkt — рынок облигаций: рынок государственных ценных бумаг

offene Kreditlinie — открытая кредитная линия: кредитная линия, которой можно свободно пользоваться в рамках фиксированной максимальной суммы

öffentlicher Sektor — государственный сектор: в смешанной экономике, та ее часть, право собственности на которую и управление которой принадлежит государству и государственным предприятиям

offshore — офф-шорный: не подпадающий под национальное регулирование

ordentliche Jahreshauptversammlung — ежегодное собрание акционеров: собрание, которое принимает отчет директоров, финансовую отчетность, устанавливает величину окончательного дивиденда, выбирает директоров и аудиторов

P

Papier — **сертификат:** свидетельство о праве собственности (на депозит, акцию, облигацию) в письменной или печатной форме с указанием числа акций, находящихся в собственности владельца сертификата

pari — **по паритету:** термин, означающий что нарицательная цена ценной бумаги равнозначна цене ее выпуска и погашения

Partner — **коллега, партнер:** лицо, объединившееся или связанное с другими лицами в конкретной предпринимательской деятельности или профессиональной практике

passive Handelsbilanz — **пассивный платежный баланс:** положение, при котором ввоз в страну товаров и услуг превышает вывоз

Pensionskasse — **пенсионный фонд:** независимый фонд, сформированный на базе регулярных выплат работников для обеспечения их пенсиями и другими аналогичными пособиями

persönlicher Steuerfreibetrag — **скидки с подоходного налога лица:** установленные законом суммы, вычитаемые из облагаемого налогом дохода и чаще всего зависящие от семейного положения лица, его занятости, возраста или других личных обстоятельств

Police — **страховой полис:** документ, в котором изложены условия договора страхования

Preis — **цена:** денежное выражение стоимости товара

Preislage — **разброс цен:** разница между высшей и низшей ценами на ценную бумагу в течение определенного периода времени

Prognose — **прогноз:** предсказание, суждение о каком-либо явлении в будущем

Protektionismus — **протекционизм:** использование тарифной политики для защиты национальной экономики и получение для нее односторонних преимуществ в международной конкуренции

Provision — **комиссия, комиссионный сбор:** плата, взимаемая посредником с клиента за совершение операции по его поручению или за другую услугу (например, процент от стоимости недвижимости или ценных бумаг)

R

Rabatt — **скидка:** снижение суммы платежа

Rating — s. Bewertungsstufe

Rechnungsbücher — **бухгалтерские книги:** форма учета повседневных операций компании

Rechnungseinheit — учетное подразделение, хозяйственная единица: самостоятельное хозяйственное подразделение, организация или предприятие, принимающее участие в финансовой сделке, которая находит отражение в бухгалтерской отчетности

Rechnungsjahr — s. Geschäftsjahr

Rechnungsprüfer — аудитор, бухгалтер-ревизор: лицо или независимая компания, удостоверяющая правильность отчетности ревизуемой фирмы

Rechnungsprüfungsbericht — аудиторский отчет: отчет аудитора, официально назначаемого предприятием или организацией для проверки своей отчетности

rege gehandeltes Wertpapier — активные акции: регулярно публикуемый в финансовой прессе список ценных бумаг, по которым заключается наибольшее число сделок

reges Konto — активный счет: часто используемый банковский счет

Reingewinn — s. Nettogewinn

Reisekreditbrief — дорожный кредит: право клиента банка получать местную валюту в указанных в аккредитиве банках путем предъявления чеков на свой банк

Rentenmarkt — s. Obligationsmarkt

Revisor — s. Rechnungsprüfer

Rückstände — задолженность: вовремя не выплаченные суммы, например, дивиденды

S

Sanierung — перестройка, реорганизация, рационализация: изменение в финансовой структуре предприятия, испытывающего финансовые затруднения

Schattenwirtschaft — теневая экономика: операции по купле-продаже товаров и услуг, которые проводятся за наличные деньги, с тем чтобы скрыть налоги от налоговых ведомств

Scheck — чек: письменное поручение банку в установленной форме о платеже указываемой суммы со счета клиента в пользу указанного лица или организации, либо предъявителя чека, если чек выписан на предъявителя

Scheckkarte — чековая карточка: разновидность кредитной карточки, которую банки выпускают для своих клиентов в подтверждение их чеков для сверки подписи и номера счета. и которая гарантирует оплату вплоть до определенной суммы, даже если на счете нет достаточно средств

Scheckkonto — чековый счет: текущий счет в банке или другом кредитном учреждении, по которому можно выписывать чеки

Schenker — донор: поставщик собственности или финансовых ресурсов в порядке помощи

schiedsgerichtliches Verfahren — арбитраж: способ разрешения споров, при котором стороны обращаются в арбитраж

Schlichtung — s. schiedsgerichtliches Verfahren

Schlußbilanz — конечное сальдо: сальдо на счете в дату окончания отчетного периода

Schulden — долг: денежная сумма или другой актив, который одно юридическое или физическое лицо обязано возвратить другому

Schuldschein — простой вексель: безусловное обещание выплатить предъявителю векселя определенную сумму

schwarzer Markt — черный рынок: рынок товаров и валюты, на котором заключаются незаконные сделки по ценам и курсам, существенно отличающимся от зафиксированных государством

sinkender Markt — "падающий" рынок: рынок с понижающимися ценами

Soll — s. Debet

Solvenz — платежеспособность: способность оплачивать обязательства без ликвидации фиксированных активов (основного капитала)

Sonderabschreibung — ускоренная амортизация: способ стимулирования капиталовложений в новое оборудование, заключающийся в сокращении налогообложения благодаря ускоренному списанию стоимости капитальных активов

Sonderzuwendung — s. Gratifikation

Sozius — s. Partner

Sparbuch — сберегательная книжка: именная книжка, предъявляемая при обращении в банк, записи в которой отражают операции, проведенные по счету в данном банке или сберегательном учреждении

Sparkasse — сберегательный банк: кредитно-финансовое учреждение, принимающее мелкие вклады населения, а также обычно предлагающее расчетные услуги, кредиты и т.д.

Sparkonto — сберегательный счет: счет в банке, приносящий проценты предназначенный, как правило, для сбережений населения: число и характер операций по такому счету обычно ограничены, а процент более высокий, чем для обычных счетов

Spekulation — спекуляция: купля-продажа финансовых активов, недвижимости с целью получения прибыли от изменения цен

staatliche Beihilfe — **субсидия, дотация:** денежная сумма, выплачиваемая государством для поддержки организации или компании, для регулирования цен и объема производства, а также по соображениям общественной пользы

Staatsanleihe — **государственные займы, государственные ценные бумаги:** займы государства или государственного учреждения, которые предоставляют заемщику право получать фиксированную сумму проценту

Staatsschuld — **государственный долг, национальный долг:** сумма задолженности государства по выпущенным и непогашенным займам, включая начисленные по ним проценты; внутренний и внешний долг правительства

Staatsverschuldung — s. Staatsschuld

Stammkapital — s. Aktienkapital

Steuer — **налог:** обязательный платеж, взимаемый государством с физических и юридических лиц в государственный или местный бюджеты

Steuerbehörden — s. Finanzverwaltung

steuerpflichtiger Gewinn — **доход, подлежащий налогообложению:** рассчитанная в соответствии с налоговым законодательством сумма, на основании которой рассчитывается ставка подоходного налога

Stiftung — **фонд:** учреждение, управляющее средствами, завещанными для социальных или благотворительных целей

Stücklohn — **сдельная оплата:** оплата, рассчитываемая по числу произведенных единиц изделий

Stückzinsen — s. aufgelaufene Zinsen

Subunternehmer — **субподрядчик:** подрядчик, который выполняет часть работы, предусмотренной по более крупному контракту или связанной с более крупным контрактом, выполняемым основным подрядчиком

Subvention — s. staatliche Beihilfe

Т

Tariflohn — **согласованная структура заработной платы:** базовая ставка для категории или ряда категорий наемных работников, которая является предметом соглашения между соответствующим профсоюзом и работодателем

Tarifverhandlungen — **переговоры о заключении коллективного договора:** переговоры между предпринимателем и профсоюзами об условиях труда и размере заработной платы

Tauschhandel — **бартер:** обмен товарами на базе одного контракта без каких-либо денежных расчетов

Termineinlage — **депозитный счет:** счет, на который деньги кладутся для получения процентов, а изъятия могут осуществляться при предварительном уведомлении путем перевода средств на текущий счет

tilgen — s. amortisieren

Tilgung — **амортизация:** постепенное погашение кредита по определенному графику

Tilgungsanleihe — **амортизационный кредит:** долгосрочный кредит, выплачиваемый по частям, равномерными взносами в течение срока, на который данный кредит предоставлен

Titel — s. Papier

totales Monopol — **абсолютная монополия:** полный контроль за всем производством данного товара или вида услуг со стороны одного производителя или поставщика

Transitgüter — **транзитные товары:** направленные поставщиком покупателю товары, которые на время завершения отчетного периода покупателя все еще находятся в пути

transitorische Passiva — s. antizipative Passiva

Tresor — **банковский сейф:** шкаф или помещение в банке, куда помещаются для бумажного хранения драгоценности и документы

Treuhänder — **доверенное лицо:** лицо, назначаемое законным образом или в силу юридического документа для управления собственностью третьих сторон, например, исполнитель по завещанию, опекун для малолетних

Treuhandkonto — **блокированный счет:** счет в банке, на котором блокируются средства за покупку товара в качестве гарантии завершения товарообменной операции

Ü

Überbeschäftigung — **избыточное использование производственных мощностей:** фактическая деятельность большего объема, чем нормативная или запланированная

über dem Nennwert — **выше номинала:** ценная бумага с рыночной стоимостью выше номинала

über dem Strich — **над чертой:** о платежах и поступлениях перед вычетом налогов, составляющих основную часть государственного бюджета страны; текущие операции в платежном балансе

Übergewinn — s. außergewöhnlicher Gewinn

Übernahmepreis — **акцептная цена:** цена согласия между заемщиком и банками, которую банки-андеррайтеры выплачивают эмитенту ценных бумаг

über pari — s. über dem Nennwert

U

umsatzstarkes Wertpapier — активные акции: акции непрерывного спроса, с высокой частотой сделок, небольшим разносом между ценой покупателя и ценой продавца, с возможностью быстрого совершения сделки и с наименьшим колебанием цены

Umtauschpreis — обменная цена: цена, по которой обмениваются акции и "перебрасываются" инвестиции

uneinbringliche Forderung — безнадежный долг: часть дебиторской задолженности, получение которой признано невозможным либо вследствие отказа суда или арбитража во взыскании, либо вследствие неплатежеспособности должника, и которая должна быть исключена из отчетности

unfertige Erzeugnisse — полуфабрикаты: частично готовые товары, все еще находящиеся в процессе производства

unter dem Nennwert — ниже номинала: ценная бумага с рыночной стоимостью ниже номинала

unter dem Strich — под чертой, ниже черты: часть государственного бюджета страны, отражающая движение капиталов: погашение предоставленных государством кредитов, проценты по ним; операции с капиталом в платежном балансе

Unterlieferant — s. Subunternehmer

Unternehmersberater — консультант по управлению: лицо, предоставляющее на профессиональном уровне консультации и рекомендации по вопросам управления компании

Unternehmensführung — управление: управление или руководство деятельностью государственным или частным предприятием

Unternehmensspiel — деловая игра: упражнение для подготовки бизнесменов, в котором разные команды принимают решения на предлагаемые действия, подлежащие проведению на основе имитированных данных делового предпринимательства

Unternehmer — предприниматель: лицо, принимающее на себя риск основания нового бизнеса с целью получения прибыли

unter pari — s. unter dem Nennwert

V

veränderliche Parität — гибкая система валютного курса: гибкая система фиксации валютного курса, позволяющая периодически изменять базу

Verbindlichkeiten — 1) s. Schulden; 2) ожидаемые выплаты: суммы, которые должны быть выплачены компанией своим поставщикам, за уже поставленные товары и услуги

Verbrauchermarkt — s. Discounter

Verbraucherpreisindex — **индекс потребительских цен:** показатель изменения цен потребительских товаров по определенному набору

Verbraucherschutz — **защита потребителя:** защита прав потребителей от мошеннических или незаконных сделок

Verbrauchsgüter — s. Konsumgüter

verbundenes Mitglied — **афилиированное лицо:** физическое лицо, тесно связанное с какой-либо группой лиц или организацией; например, инвестор, способный оказывать прямое влияние на деятельность компании, владелец более 10% капитала и т.д.

verbundene Staaten — **ассоциированные страны:** страны, заключившие с США соглашение о сотрудничестве, предоставляющее им определенные льготы в торговле

vereinbarter Preis — **согласованная цена:** цена, которую установили путем соглашения покупатель и продавец

Vereinbarung — s. Abkommen

Verkaufsurkunde — **купчая:** юридический документ о передаче собственности на определенный товар одним лицом другому

Verlangsamung der Konjunktur — s. Konjunkturabschwächung

verlangte Deckung — s. Deckung

Verlust — **убытки:** превышение всех издержек и расходов над доходом в результате конкретной сделки или в течение определенного периода

Vermögensteuer — **налог на собственность:** налог, которым облагаются земля и недвижимость

Vermögensverwalter — s. Treuhänder

Vermögensverwaltung — **управление активами:** управление активами (собственностью) по поручению их владельца

Vermögenswert — **стоимость активов:** стоимость активов, получаемая путем суммирования всех активов

Verrechnung — s. Clearing

Versand — **отсылка, отправление:** платежное поручение банка по просьбе клиента своему корреспонденту в пользу какого-либо лица

Versandhandel — s. Versand

Versicherer — **страховщик:** компания или лицо, специализирующиеся на страховании

Versicherter — страхователь: владелец страхового полиса, лицо, которое при наступлении страхового случая имеет право обратиться к страховщику за возмещением убытка

Versicherung — страхование: система финансовой компенсации в случае неблагоприятных обстоятельств в обмен на регулярную уплату небольших сумм (премий), из которых образуется компенсационный фонд, вкладываемый в приносящие доход активы, а размеры премий рассчитываются на основе данных о вероятности наступления страхового случая

Versicherungsleistung — пособие: страховая выплата по государственной или частной системе страхования

Versicherungsschein — s. Police

Verstaatlichung — национализация: перевод предприятий, организаций или целых отраслей в государственный сектор

Vertrag — контракт: устное или письменное соглашение, по которому одна из сторон берет обязательство что-либо сделать для другой стороны на определенных условиях

Vertragsstrafe — неустойка: сумма, подлежащая уплате за нарушение или аннулирование контракта

Vertretung — s. Agentur

Vertretungsbank — s. Agentur

Vertriebskosten — торговые издержки: расходы, понесенные в ходе продажи и вытекающие из нее

Verwaltung — государственная администрация: совокупность государственных учреждений

Verwaltungskosten — административные расходы: все расходы, связанные с общим управлением предприятием

vollständige Buchprüfung — полный аудит: проверка аудитором всего бухгалтерского учета в конце финансового года

Vorfracht — авансовый фрахт: авансовая оплата перевозки груза

vorgelagert — offshore

Vorraussage — s. Prognose

Vorstand — совет директоров, правление: руководители корпорации, избранные общим собранием акционеров и имеющие закрепленные в уставе полномочия

vorzeitige Abschreibung — s. Sonderabschreibung

vorzeitige Kündigung — досрочное погашение: право на погашение облигации до истечения срока погашения vorzeitige Rückzahlung — s. vorzeitige Kündigung

vorzeitige Tilgung — s. vorzeitige Kündigung

W

Währung — **валюта**: денежная единица страны

Währungspolitik — **денежно-кредитная политика**: правительственный контроль за денежным обращением и ликвидностью банковской системы через операции на денежном рынке, манипулирование официальной учетной ставкой, резервные требования к банкам, эмиссия государственных ценных бумаг, управление валютными резервами и курсом национальной валюты

Währungsumlauf — **деньги в обращении**: в Великобритании, бумажные деньги и монета, находящиеся в обращении (часть денежной массы)

Wandelbarkeit — s. Konvertibilität

Warenbörse — **товарная биржа**: организованный рынок, на котором торгуют некоторыми видами товаров и финансовых инструментов, в форме контрактов, партий, в т.ч. на срок

Warenlieferung — **поставка**: транспортировка товаров на адрес клиента

Warenumsatzsteuer — **налог на продажу**: уплачивается потребителем при совершении покупок

Wechselkurs — s. Devisenkurs

Wechselstube — **пункт обмена**: место обмена иностранной валюты

Weltbank — s. IBRD

Werbekosten — **расходы на рекламу**: расходы, связанные с рекламированием изделий предприятия или оказываемых им услуг с целью увеличения их оборота

Wert — **стоимость**: сумма, в которой выражается ценность какого-либо объекта

Wertpapiere — s. Börsenpapiere

Wertsteuer — **налог на стоимости**: пошлина или налог, исчисляемые в форме процента от стоимости товара

Wirtschaftswissenschaften — **экономика**: общественная наука о производстве, распределении, торговле и пользовании товарами и услугами

Z

Zahlkarte — **платежная карточка**: карточка, владельцу которой каждый месяц предоставляется счет для оплаты в полной сумме

Zahlung — **платеж**: передача денежных фондов от одного лица другому

Zahlungsanweisung — **платежное поручение**: поручение плательщика своему банку с требованием перевести на счет другого лица определенную сумму

Zahlungsbilanz — **платежный баланс**: учет всех платежей и поступлений резидентов государства относительно всех нерезидентов за определенный период

Zahlungsbilanzdefizit — **дефицит платежного баланса; торговый дефицит**: преобладание импорта над экспортом

Zahlungsfähigkeit — s. Solvenz

Zahlungsmittel — **средство платежа**: денежные средства, их эквивалент, или счет, посредством которых производится платеж

Zahlungsunfähigkeit — s. Insolvenz

Zedent — **цедент**: владелец права, долга, товара и проч., уступающий его третьему лицу

Zehner-Klub — **группа десяти; Парижский клуб**: группа ведущих стран Запада, принявших обязательство в рамках общего соглашения о займах кредитовать друг друга в национальных валютах

Zeichnungsrecht — **право подписи**: право подписывать документы от имени другого лица

zeitweise beschäftigte Arbeitskräfte — s. **nicht ständig beschäftigte Arbeitskräfte**

Zentralbank — s. Notenbank

Zertifikat — s. Bestätigung

Zielkauf — s. Kreditkauf

Zinsfuß — **процентная ставка**: плата за кредит в процентном выражении и в расчете на определенный период

Zinssatz — s. Zinsfuß

Zoll — 1) **таможенная пошлина**: правительственный налог на ввозимые в страну товары, а также, в некоторых случаях, на некоторые продукты экспорта; 2) **таможня**: государственная служба, обеспечивающая соблюдение законодательства об импорте, экспорте и транзите товаров и взимающая в связи с этими операциями пошлины и другие налоги

Zollabgabe — s. Zoll

Zollbeamter — **таможенник**: служащий таможни

Zolltarif — **таможенный тариф**: публикуемый властями перечень пошлин, которые должны выплачиваться на импортируемые товары

Zollunion — **таможенный союз**: соглашение между двумя или более странами о ликвидации таможенных барьеров и торговле между ними (в отношении третьих стран вводится единый таможенный тариф)

Zufallsverlust — непредсказуемый убыток: финансовый убыток, вызванный порчей, разрушением или утерей собственности в результате непредсказуемых обстоятельств: может покрываться особым видом страхования

Zugeständnis — s. Konzession

zum Nennwert — s. pari

Zurückziehung — s. Annulierung

Zusammenbruch — s. Krach

Zuschreibung — повышение стоимости: повышение стоимости в результате переоценки над суммой основного капитала, записанного в бухгалтерской книге

Zuteilung — s. Bezug

Zweigniederlassung — отделение: банковская контора с ограниченной самостоятельностью, не имеющая акционерного капитала, и результаты деятельности которой включаются в общий баланс банка

Management
Kernbegriffe

A

Ablauforganisation. Beschreibt die Beziehungen zwischen Arbeitsprozessen, die zur Aufgabenerfüllung notwendig sind, unter räumlichen und zeitlichen Aspekten. Dabei geht es z.B. darum, wie der Informationsfluß gestaltet werden soll und welche Informationstechnologie für den Informationsfluß nötig ist, oder um die Struktur der Sachmittel (z.B. in kleineren und mittleren Unternehmen und im Dienstleistungsbereich). Da diese ständig wechseln, ist es schwierig, die Effizienz der A. zu beurteilen. Konkrete Probleme ergeben sich bei der räumlichen Anordnung von Arbeitsplätzen, vor allem unter dem Gesichtspunkt, daß Transportwege und -kosten möglichst gering zu halten sind. Auch die zeitliche Abfolge der Arbeitsvorgänge — z.B. vom Eingang des Kundenauftrags bis zur Auslieferung an den Kunden, aber auch innerhalb einer bestimmten Abteilung (z.B. die Abfolge der einzelnen Fertigungsschritte in der Dreherei) — ist unter wirtschaftlichen Aspekten zu bestimmen und auch ständig zu kontrollieren.

Absatz, direkter (Direktvertrieb oder Direktgeschäft). Eine Vertriebsform, bei der von der Verkaufsabteilung oder Verkaufsniederlassung des Produzenten direkt zum Kunden ohne Zwischenstufen verkauft wird. Werden Handlungsreisende eingesetzt, ist zu bedenken, daß bei niedrigen Umsätzen in einem Bezirk die Provisionen für den Handelsvertreter günstiger sein können. Mögliche Formen neben dem Verkauf durch Handlungsreisende sind Verkauf durch Stände auf Märkten und Messen, Verkauf in eigenen Filialen oder im Werk, oder Verkauf über Versandhandel (Kunde kauft nach Prospekt).

Absatz, indirekter. Verkauf vom Produzenten über unabhängige Zwischenstufen (wie Großhandel), oder mit Hilfe der Absatzmittler zum Kunden. Vorteil für das Unternehmen ist, daß die Kosten für einen eigenen Vertriebsapparat eines Verkaufsbezirks eingespart werden. Nachteile sind die Provisionen für die Handelsvertreter, die vor allem bei steigendem Handelsvolumen in einem Vertriebsbezirk immer proportional zur verkauften Menge anfallen (und dann nahelegen, die Produkte billiger mit eigenen Handelsreisenden abzusetzen), oder bei Vertrieb über Händler die Rabatte, die den Gewinn schmälern.

Außerdem kann bei sehr erklärungsintensiven Produkten auf fremdes Verkaufspersonal weniger eingewirkt werden (z.B. durch Schulungen), als auf eigenes.

Absatzpolitische Instrumente. Werden nach der Bestimmung der Vertriebsziele (z.B. Auftragseingang, Umsatz, Spanne, Ergebnis, Marktanteil, Marktanteilzuwachs) und der Zielgruppe so kombiniert, daß sich — auf die zugrundeliegende Strategie bezogen — für die eingesetzten Instrumente ein schlüssiges «Marketing Mix» ergibt und die Zielerreichung optimal unterstützt wird. Man unterscheidet an a.I.:

1) *Preispolitik und Konditionenpolitik:* Darunter fallen die Abschöpfungsstrategie, die Marktdurchdringungsstrategie und Preisdifferenzierungsstrategie. Außerdem sind die Liefer- und Zahlungsbedingungen unter Berücksichtigung der Wettbewerber aus der gleichen Branche und der Branchengepflogenheiten zur Ergebnisverbesserung einsetzbar.

2) *Produkt- und Sortimentspolitik:* Beinhaltet z.B. Produktinnovation, Produktverbesserung, Produktgestaltung und Design, Benennung, Verpackung, Garantie, Service, Zubehör, Sortimentsgestaltung (Verbreitung, Bereinigung).

3) *Kommunikationspolitik:* Man kann vier Möglichkeiten unterscheiden: a) Werbung als Summe aller Maßnahmen, um die Kunden über die Leistungen des Unternehmens durch nicht persönliche Kanäle zu informieren. b) Verkaufsförderung oder sales promotion (z.B. Verkäufertraining, Händlerberatung, Warenproben für Kunden). c) Einsatz von Verkaufspersonal; also z.B. Anzahl der einzusetzenden Vertreter und die Besuchshäufigkeit beim Kunden d) public relations oder die Öffentlichkeitsarbeit des Unternehmens.

4) In der Distributionspolitik sind Entscheidungen zu treffen wie direkter oder indirekter Absatz, Verkauf mit eigenen Organen (z.B. Verkaufsniederlassung), oder durch fremde Organe (z.B. selbständige Handelsvertreter, Fachhandel usw.).

Abschreibung. Führt man beim Anlage- und Umlaufvermögen durch. Man unterscheidet: a) Die direkte Abschreibung führt zu einer direkten Verringerung des Restbuchwertes (Anschaffungswert abzüglich bisherige A). b) Die indirekte Abschreibung wird als Wertberichtigung (Korrekturposten) zum auf der Aktivseite mit dem Anschaffungswert ausgewiesenen Gegenstand auf der Passivseite gezeigt und enthält die dazugehörigen bisherigen A. Kapitalgesellschaften dürfen in der veröffentlichten Bilanz allerdings keine indirekten A. zeigen, jedoch sehr wohl in ihrer Buchhaltung.

Wird abnutzbares Anlagevermögen (wie Gebäude, Maschinen usw.) nicht sofort in der Anschaffungsperiode verbraucht, so stellt man entsprechend der Nutzungsdauer des Objekts jährlich Teilbeträge der Anschaffungskosten als Aufwand ergebnismindernd den Erträgen gegenüber. Man unterscheidet:

a) Die planmäßige A. des abnutzbaren Anlagevermögens wird durch Verteilung der Abschreibungsraten auf die Nutzungsdauer vorgenommen.

b) Die außerplanmäßige A. kann und soll (wegen Niederstwertprinzip, Bewertung) sowohl beim abnutzbaren (Gebäude, Maschinen, Fuhrpark), als auch beim nicht abnutzbaren (Grund und Boden) Anlagevermögen durchgeführt werden, wenn eine dauernde Wertminderung ersichtlich ist; z.B. eine zu 50 % abgeschriebene Maschine wird wegen Nachfragerückgang für das darauf gefertigte Produkt nicht mehr benötigt, oder ein Grundstück verliert durch eine Änderung des Bebauungsplans einen Teil seines Werts. Entfällt der Grund für die außerplanmäßige A., besteht für Nichtkapitalgesellschaften ein Wahlrecht, die A. rückgängig zu machen, Kapitalgesellschaften müssen die Abschreibung u.U. wiederückgängig machen. Das Umlaufvermögen wird nach kaufmännischer Vorsicht im Wert berichtigt (z.B. Vorräte entsprechend ihrer zukünftigen Verwertbarkeit, die Forderungen entsprechend dem Ausfallrisiko, Finanzanlage auf den von Anschaffungs- und Tageswert niedrigeren Wert). Da Abschreibungen wie Rückstellungen in Grenzen gestaltbar sind, können sie zur Steuerung von Liquidität, Ergebnis und Bilanz verwendet werden.

Abweichung. Zwischen Planwert und Istwert werden laufend und zum Ende der betrachteten Periode Abweichungen ermittelt. Während der Betrachtungsperiode können aus ihnen Maßnahmen zur Gegensteuerung abgeleitet werden, um ein angestrebtes Ziel doch noch zu erreichen. Am Ende der Periode sind sie Grundlage der Abweichungsanalyse und wesentlicher Einflußfaktor für die weitere Planung.

Akkreditiv. Eine im Außenhandel gebräuchliche Form der Absicherung eines Kredits, bei der eine Bank verspricht, an den im Akkreditivschreiben Genannten für Rechnung eines Dritten (Schuldner) bei Vorliegen bestimmter Bedingungen zu zahlen. Beispiel: Wir liefern eine Datenverarbeitungsanlage an eine indonesische Firma. Die Bank verpflichtet sich, an uns zu zahlen, wenn unsere Ware dem transportierenden Schiff übergeben wurde.

Anlagevermögen. Zeigt in der Bilanz auf der Aktivseite, welchen Wert (Anschaffungskosten abzüglich direkter Abschreibung) die Gegenstände (z.B. Grundstück, Haus) und Rechte (z.B. Lizenz) haben, die dem langfristigen Gebrauch in Unternehmen dienen. Zum Anlagevermögen in der vom Kaufmann aufzustellenden Bilanz gehört:
  a) Immaterielles Anlagevermögen (u.a. Konzessionen, Lizenzen, Firmenwert);
  b) Sachanlage (u.a. Grundstücke, Gebäude, technische Anlagen und Maschinen, Betriebs- und Geschäftsausstattung);
  c) Finanzanlagen (u.a. Beteiligungen, Wertpapiere des Anlagevermögens).

Anreizsystem. Zur Mobilisierung der Mitarbeiter gedachtes System, um strategiegerechtes und effizientes Arbeiten zu erreichen. Anreize wirken dabei als Belohnung aufgrund Zielerreichung, und das Versagen der Anreize bei Zielverfehlung wirkt wie eine Bestrafung.
Es gibt mehrere Möglichkeiten, Anreize/Sanktionen zu setzen:

a) Finanzielle Anreize: durch zusätzliche Gehaltszulagen, Höherstufung im Gehaltstarif, aber auch durch Ausgabe von Belegschaftsaktien oder vermögenswirksamen Leistungen, die teilweise oder voll vom Arbeitgeber übernommen werden.

b) Anreize durch die Aufgabe: Durch die Förderung von Karriereplänen und damit verbundenen Aufstiegsmöglichkeiten wird für den Mitarbeiter die Ausübung seiner «Wunschtätigkeit» möglich und auch seine soziale Stellung im Unternehmen verändert, was einen hohen Anreiz darstellen kann.

Arbeitsbewertung. Ermittlung des Schwierigkeitsgrades einer Arbeit als Voraussetzung für die Stellenbesetzung und eine entsprechende Einkommensbemessung. Als Anforderungsarten werden dabei meist berücksichtigt (Genfer Schema):
1. Fachkönnen (Ausbildung, Erfahrung, Geschicklichkeit)
2. Belastung (Aufmerksamkeit, Muskelbelastung)
3. Verantwortung (für Betriebsmittel, Erzeugnisse, Mitarbeiter)
4. Umweltbedingungen (Lärm, Temperatur, Schmutz, Unfallgefahr).

Für eine konkrete Arbeitsaufgabe werden die jeweilige Anforderungshöhe (z.B. durch Punktbewertung) und der sogenannte Arbeitswert ermittelt.

Arbeitsrecht. Vielzahl von Gesetzen und Einzelbestimmungen zum Schutz des Arbeitnehmers vor dem wirtschaftlich stärkeren Arbeitgeber (z.B. Ausführungen des Grundgesetzes zur Berufsfreiheit und Tarifautonomie, Ausführungen des BGB zum Dienstvertrag, Gewerbeordnung, Tarifvertragsgesetz, Betriebsverfassungsgesetz, Arbeitszeitordnung, Bundesurlaubsgesetz, Schutzgesetze i.e.S.: Mutter-, Schwerbehinderten-, Jugendarbeits-, Kündigungsschutzgesetz). Das A. regelt außer dem individuellen Verhältnis zwischen Arbeitgeber und Arbeitnehmer auch die Rechtsbeziehungen der jeweiligen Interessensvertretungen und Verbände.

Arbeitsvertrag. Verpflichtet den Arbeitnehmer gegen Entgelt, den Weisungen des Arbeitgebers folgend Tätigkeiten der vertraglich festgelegten Art auszuführen, z.B. muß der kaufmännische Angestellte kaufmännische Aufgaben ausführen. Für den Arbeitgeber ergeben sich u.a. als Nebenpflichten die Pflicht zur menschengerechten Arbeitsgestaltung und zum Gesundheitsschutz, für den Arbeitnehmer die Verschwiegenheitspflicht und das Verbot, nebenberuflich seinem Arbeitgeber Konkurrenz zu machen (Wettbewerbsverbot).

Über die einzelvertraglichen Abmachungen hinaus gelten gleichzeitig weitere arbeitsrechtliche Bestimmungen, wie z.B. die relevanten Teile des BGB, der Tarifvertrag, Arbeitnehmerschutzgesetze sowie die Betriebsvereinbarungen des Unternehmens. Für den Abschluß des Vertrages ist gesetzlich zwar keine besondere Form vorgeschrieben, aus Gründen der Nachweisbarkeit ist jedoch die Schriftform zu empfehlen.

Aufbauorganisation. Beschreibt die organisatorische Aufteilung des Unternehmens aufgrund der arbeitsteiligen Erfüllung der Unternehmensaufgaben. Die kleinste Einheit wird als Stelle bezeichnet; sie ist der Aufgabenkomplex, den eine entsprechend ausgebildete Person ausführen könnte. Werden mehrere Stellen zusammengefaßt, spricht man von Abteilungen, darüber hinaus von Hauptabteilungen etc... Sobald sich Weisungs- und Entscheidungsrechte in einer Stelle häufen, entstehen Instanzen. Stellen, die im wesentlichen beratende Funktion für Instanzen haben, werden als Stäbe bezeichnet und dienen zu deren Entlastung in fachlicher Hinsicht. Zwischen Stellen bestehen Beziehungen, besonders wichtig sind die Weisungs- und Anordnungsrechte (Chef übergibt Arbeitsaufgabe). Dabei können verschiedene Typen unterschieden werden.

a) Einliniensystem: Bei diesem stark hierarchisch ausgerichteten Typ besitzt jede Stelle/ Stellengruppe einen direkten Vorgesetzten, der wiederum einen direkten Vorgesetzten hat usw. Dabei kommt es bei stark wechselnden Aufgaben aufgrund langer Entscheidungswege leicht zu Problemen.

b) Stabliniensystem: Zur Unterstützung und Entlastung der oberen Instanzen werden diese Stäbe zugeordnet, die auf bestimmten Gebieten ihr Spezialwissen zur Verfügung stellen.

c) Mehrliniensystem: Hier hat jeder Vorgesetzte ein Spezialgebiet (das aber mehrere Stellen umfaßt) zu betreuen. Dadurch besteht zwar eine direkte Verbindung zum jeweiligen Vorgesetzten (der für das Gebiet Spezialist ist), nachteilig ist jedoch die resultierende Mehrfachunterstellung.

d) Matrix-Organisation.

Auftragskalkulation. Wird für einzelne Kundenaufträge durchgeführt. Man unterscheidet:

a) Vorkalkulation: Diese wird zum Zwecke der Angebotsabgabe an den Kunden durchgeführt. Die Selbstkosten des Auftrags bilden ein Kriterium für den Angebotspreis.

b) Über die Mitkalkulation kann teilweise gesteuert werden, daß der tatsächliche Kostenanfall den Kostenansatz der Vorkalkulation für den definierten Auftragsumfang nicht überschreitet. Zeichnet sich eine Überschreitung der Kosten lt. Vorkalkulation ab, wird sich die Vertriebsspanne (Preis — vorkalkulierte Auftragskosten) verschlechtern.

c) Die Nachkalkulation stellt fest, wie erfolgreich letztendlich der Auftrag gelaufen ist und bietet Analysemöglichkeiten für Abweichungen von der Kostenplanung. Sie dient bei entsprechender Dokumentation als Erfahrung für zukünftige Aufträge.

Aufwand. Eine aus den erfolgswirksamen Ausgaben des Unternehmens abgeleitete Größe bestehend aus: 1. Betrieblicher A.: Der auf eine Periode zutreffende Verzehr an Gütern und Diensten für Produktion und Vertrieb und der Lagerabbau an Erzeugnissen. 2. Betriebsfremder (z.B. Zinszahlung) sowie periodenfremder (z.B. Steuernachzahlung) A. In der GuV wird der A. dem Ertrag gegenübergestellt, um nach HGB das Ergebnis der Periode zu ermitteln.

Ausgaben. Vermindern das Geldvermögen durch Abfluß von Zahlungsmitteln (z.B. Geld, Überweisung), Abnahme von Forderungen oder Zugang von Verbindlichkeiten. Man unterscheidet erfolgswirksame Ausgaben, die auch zu Aufwand werden (gekauftes Material wird durch Entnahme für die Fertigung zu Materialverbrauch oder Materialaufwand) und erfolgsunwirksame Ausgaben, die nie zu Aufwand werden (Darlehen wird zurückgezahlt).

Auszubildender. Bezeichnung für Personen, die sich in Berufsausbildung, Fortbildung oder Umschulung befinden. Rechtliche Rahmenbedingungen sowie Rechte und Pflichten des Ausbildenden und des Auszubildenden sind im Berufsbildungsgesetz festgelegt.

B

Belegschaftsaktien beteiligen die Mitarbeiter am Eigentum eines Unternehmens (Aktiengesellschaft). Gemessen am Börsenkurs werden sie meist für den Mitarbeiter so weit ermäßigt, daß er einen geldwerten Vorteil erhält, der nicht zu versteuern ist. Dafür ist u.a. Voraussetzung, daß die Aktien für die Dauer einer Sperrfrist nicht veräußert werden dürfen. B. führen im positiven Fall beim Mitarbeiter zu einem Gefühl der Mitverantwortung für sein Unternehmen und tragen dazu bei, die Fluktuation zu senken. Vgl. auch: Anreizsystem.

Berufsgenossenschaften. Körperschaften des öffentlichen Rechts, die nach Betrieben (Pflichtmitglieder) gleicher oder verwandter Branchen gegliedert sind und die dort Tätigen auf Kosten der Betriebe zwangsweise für ihre Tätigkeit gegen Unfall versichern. Daneben überwachen sie den technischen Arbeitsschutz und erlassen die Unfallschutzbestimmungen.

Beschaffung. Eine Funktion des Unternehmens mit der Aufgabe, sämtliche nicht selbst erstellten Einsatzfaktoren des Unternehmens bereitzustellen. Im engeren Sinne wird unter Beschaffung häufig die Zurverfügungstellung von Roh-, Hilfs- und Betriebsstoffen, sowie von Bauteilen (Kette für ein zu montierendes Fahrrad) für die Fertigungsstellen, von Handelswaren zum Verkauf für die Verkaufsabteilungen und meist auch von Büromaterial, Büromaschinen und -möbeln für alle eigenen Dienststellen durch die Einkaufsabteilungen verstanden. Dagegen wird die Beschaffung des Personals von Personalstellen zusammen mit den nachfragenden Dienststellen durchgeführt. Die Beschaffung von finanziellen Mitteln besorgt die Finanzabteilung. Ziel der Baschaffung ist die Bereitstellung der gewünschten Güter am richtigen Ort, zum richtigen Zeitpunkt, in der richtigen Menge und der richtigen Qualität; dabei dürfen aber Liquiditätsziele — wie Finanzmittelbindungsziele im Lager, Kostenziele und Sicherungsziele (Zuverlässigkeit des Lieferanten, eigener Bestand am Lager) — nicht unberücksichtigt bleiben. Generell kann man drei Arten von B.prinzipien unterscheiden:

1. Einzelbeschaffung im Bedarfsfall: Wird das Produkt gebraucht, wird es auf dem Markt besorgt. Diese Strategie führt zwar meist zu langen Lieferzeiten und hohen B.kosten, aber zu niedrigen Lagerkosten. Sie ist daher nur für bestimmte Produkte sinnvoll.

2. Vorratsbeschaffung: Das Produkt wird auf Lager gehalten, bis es tatsächlich gebraucht wird, wobei zwar günstige B.möglichkeiten ausgenutzt werden, aber dafür Lagerkosten und Ausfälle — z.B. durch Schwund am Lager — in Kauf genommen werden müssen. Die Vorratsbeschaffung ist die häufigste Form der B.

3. JIT (just-in-time-Beschaffung): Das Gut wird genau dann angeliefert, wenn es in der Fertigung benötigt wird. Zielsetzung ist die Vermeidung von Bestandskosten (Kapitalbindung, Lagerkosten). Diese Art der Bereitstellung von Gütern erfordert hohen Planungs- und Kontrollaufwand sowie enge Zusammenarbeit mit dem Lieferanten. Erfolgt die Bereitstellung für die Fertigung dabei aus dem Fertigwarenlager des Lieferanten, spricht man von Anlieferung ship to line. Erfolgt sie direkt aus der Fertigung des Lieferanten, spricht man von fertigungssynchroner Beschaffung. JIT ist nicht für alle Produkte geeignet; sinnvoll ist sie bspw. bei Produkten mit schlechter Lagerfähigkeit oder hohem Wert. JIT kann als Ausprägung einer ganz speziellen → Logistik(strategie) interpretiert werden und kommt der Produktion nach dem Fleißprinzip nahe. Im B.management muß darüber entschieden werden, wo (bei welchem Lieferanten), welche Güter, wann, wie oft (Bestellhäufigkeit), in welcher Menge (Bestellmenge) beschafft werden müssen und welche Lagerorganisation vorzunehmen ist. Grundlage für viele Entscheidungen sind die folgenden zwei Möglichkeiten der Materialbedarfsbestimmung:

1. Die verbrauchsgebundene Bestimmung schließt aus dem Lagerabgang der Periode den Bedarf der folgenden Periode mit Hilfe statistischer Verfahren, bspw. Berechnung eines Trends.

2. Die programmgebundene (bedarfsgebundene) Bestimmung ermittelt den Bedarf durch Auflösung des geplanten Produktionsprogramms mit Hilfe von Stücklisten.

Bestellmenge, optimale. Es gibt eine Menge von Verfahren, deren Ziel es ist, die Bestellmenge zu bestimmen, bei der die entscheidungsabhängigen Kosten (Bestellkosten, Lagerkosten, Beschaffungskosten, Fehlmengenkosten etc.) am geringsten sind. Dabei treten aber Konflikte zwischen den einzelnen Kostenbestandteilen auf. Bsp.: Je häufiger bestellt wird, desto höher sind die Bestellkosten, aber desto seltener können Rabatte erzielt werden. Das bekannteste Verfahren zur Bestimmung der B. ist die Berechnung über die Andlersche Losgrößenformel.

Bestimmungskauf. Käufer schließt einen Vertrag über eine bestimmte Warenart (z.B. Glühlampen) und bestimmt erst später die genaue Liefervariante (z.B. Glühlampen mit 60 Watt oder mit 100 Watt).

Betriebsabrechnungsbogen (BAB) ist eine Tabelle, die als Hilfsmittel zur Ermittlung der Gemeinkostenzuschläge der Kalkulation Verwendung findet. Im BAB führt man die Verteilung der nach Kostenarten gegliederten Gemeinkosten auf die Hauptkostenstellen durch. Die Kostensummen auf den Hauptkostenstellen werden dann z.B. mit den Einzelkosten als Bezugsgrößen auf die Produkte verrechnet. Beispiel: Für eine Periode ermittelt man mit dem BAB für die Materialkostenstelle 10 TDM Gemeinkosten, 100 TDM ist an Fertigungsmaterial verbraucht worden, demnach beträgt der Zuschlag der Materialgemeinkosten auf das Fertigungsmaterial 10%; oder anders ausgedrückt: Wenn für ein Produkt Fertigungsmaterial im Wert von 1 DM verbraucht wird, muß das Produkt auch 10% oder 0,10 DM Materialgemeinkosten tragen. Vergleicht man die im BAB errechneten Istkosten oder Kostenstellen mit deren Plankosten, lassen sich Abweichungen als Basis einer Wirtschaftlichkeitskontrolle ermitteln.

Betriebsausgaben (ein Begriff aus dem Steuerrecht) sind von den Ausgaben zu unterscheiden und bezeichnen die Aufwendungen, die der Steuerpflichtige aus seinem Betrieb gewinnmindernd ansetzen darf. Das Anfallen von B. kann in gewissen Grenzen zeitlich so gesteuert werden, daß Gewinnspitzen vermieden werden. Gegenteil: Betriebseinnahmen.

Betriebsbuchhaltung ist im Gegensatz zur Finanzbuchhaltung nicht den GOBs verpflichtet und somit den betriebswirtschaftlichen Erfordernissen entsprechend gestaltbar. Somit kann hier mit den Wertansätzen Kosten und Leistungen in der kurzfristigen Erfolgsrechnung und in der jährlichen Betriebsergebnisrechnung ein Ergebnis ermittelt werden, das eher als das Ergebnis für die Handelsbilanz zur Steuerung des Unternehmens geeignet ist. Für die Kalkulation der Produkte informiert der aus der B. abgeleitete Kostensatz besser über die mindestens zu erzielenden Preise. Die B. kann in der Buchführung je nach gewähltem System zusammen mit der Finanzbuchhaltung — oder von ihr getrennt — durchgeführt werden. Die mit der Betriebsbuchhaltung durchgeführte Kostenstellenrechnung und Kalkulation, sowie die kurzfristige Erfolgsrechnung werden gewöhnlich in der praktikableren Form von Tabellen dargestellt und nicht auf den Konten des Kontenrahmens gebucht.

Betriebseinnahmen (ein Begriff aus dem Steuerrecht). Geldzuflüsse, die der Steuerpflichtige durch seinen Betrieb erhält (z.B. aus Verkäufen von Waren, aber nicht aus einer Einlage durch Eigentümer).

Betriebsergebnis (operatives Ergebnis). Differenz der aus der Herstellung und dem Vertrieb der eigentlichen Produkte des Unternehmens entstehenden Leistungen und Kosten. Man unterscheidet:

1. Auf der Kostenseite: die Kostenarten der Fertigung und des Vertriebs und die Bestandsminderung an unfertigen und fertigen Erzeugnissen, die in vorherigen Perioden als Kosten entstanden waren. Ist die Leistungsseite größer

als die Kostenseite, ergibt sich noch ein positives Betriebsergebnis oder Betriebsgewinn.

Auf der Leistungsseite: der Umsatz aus Verkauf, die Bestandsmehrung als die in der Periode produzierten unfertigen und fertigen Erzeugnisse, die auf Lager gelegt werden, und die selbsterstellten Anlagen, die vom Betrieb erstellt und in den Folgeperioden wieder verbraucht werden. Ist die Kostenseite größer als die Leistungsseite, ergibt sich ein negatives Betriebsergebnis oder Betriebsverlust. Beispielsweise sind die Zinsgewinne aus Wertpapieren daher nicht Leistungen, sondern neutrale Erträge, wie auch für ein Betriebsjubiläum keine Kosten, sondern neutrale Aufwendungen anfallen. Das B. ist nicht von den Vorschriften des HGB abhängig und kann deswegen durch betriebswirtschaftlich nötige Umformungen der Kosten (z.B. Abschreibung auf Wiederbeschaffungswerte bei steigenden Beschaffungspreisen und Eigenkapitalverzinsung) und Leistungen beeinflußt sein. Das B. wird üblicherweise monatlich über die Betriebsbuchhaltung in dem neutralen Ergebnis (Differenz aus neutralen Erträgen und neutralen Aufwendungen, GuV) addiert zum Unternehmens- oder Handelsbilanzergebnis.

Betriebsmittel. Alle zur Produktion nötigen Anlagegüter des Unternehmens, z.B. Gebäude und Maschinen, die u.a. ein wichtiger Träger des technischen Fortschritts und damit steigender Produktivität sind. In der Betriebswirtschaftslehre werden sie auch (neben der Arbeitsleistung der Mitarbeiter und den Werkstoffen) als sogenannte Elementarfaktoren bezeichnet.

Betriebsrente. Eine vom Arbeitgeber auf freiwilliger Basis zugesagte Altersversorgung für Arbeitnehmer des Unternehmens. Die Betriebsrente soll dem Arbeitnehmer über die Leistungen aus der gesetzlichen Rentenversicherung hinaus helfen, den größten Teil seines letzten Nettogehalts zu sichern. Als personalpolitische Maßnahme trägt sie bei, die Fluktuation zu senken. Aus den Pensionsrückstellungen ergeben sich auch Möglichkeiten zur Finanzierung des Unternehmens.

Bewertung. Folgt der Inventur (mengenmäßig) als Darstellung der Vermögensgegenstände und der Schulden in DM (sofern sie nicht bereits in DM vorliegen) zu einem Stichtag für die Erstellung des Inventars und der Bilanz. Nach dem Bewertungsprinzip der kaufmännischen Vorsicht (Lage nicht zu günstig darstellen) dürfen Vermögensgegenstände höchstens zu Anschaffungskosten (bzw. Herstellungskosten) bewertet werden (Anschaffungswertprinzip). Sinkt der Tageswert unter die Anschaffungskosten, muß das Niederstwertprinzip beachtet werden. Dies bedeutet für Gegenstände des Umlaufvermögens, daß auch bei nur vorübergehender Wertminderung der Tageswert angesetzt werden muß (strenges Niederstwertprinzip). Für Vermögensgegenstände des Anlagevermögens wird diese Regelung insofern aufgehoben, als bei nur vorübergehender Wertminderung der Tageswert angesetzt werden darf, aber nicht muß. Bsp.: Kaufpreis eines Grundstücks 100 TDM; Fall a) Tageswert am

Bilanzstichtag 150 TDM, Bilanzansatz 100 TDM. Nicht realisierte Gewinne werden also nicht ausgewiesen. So entstehen zwangsläufig stille Reserven. Fall b) Tageswert am Bilanzstichtag 50 TDM (dauernde Wertminderung); Bilanzansatz 50 TDM. Noch nicht realisierte Verluste müssen also ausgewiesen werden. Diese Ungleichbehandlung bezeichnet man auch als Imparitätsprinzip. Schulden müssen mit dem Höchstwert angesetzt werden (Höchstwertprinzip) Bsp.: Währungsverbindlichkeit 10 TUS$; bei Entstehung der Verbindlichkeit 1$ = 2 DM der Wertansatz beträgt dann 20 TDM. Ist allerdings bis zum Bilanzstichtag der Dollarkurs auf 2,20 DM gestiegen, muß der Wertansatz 22 TDM betragen.

BGB (Bürgerliches Gesetzbuch). Die wichtigste Grundlage des bürgerlichen Rechts, das die Rechtsbeziehungen der Privatpersonen untereinander (also nicht Rechtsbeziehungen zwischen Staat und Bürger) regelt. Das BGB besteht aus 5 Büchern: Allgemeiner Teil, Schuldrecht, Sachenrecht, Familienrecht, Erbrecht. Insbesondere bei Verträgen und deren Folgen findet das BGB häufig für den Kaufmann Anwendung, wenn nicht eine anderslautende Vorschrift des HGB vorliegt.

Bilanz (vom Italienischen: bilancia = Waage). Eine zur Gründung, zum Jahresabschluß und zu besonderen Anlässen (z.B. Veräußerung) durchzuführende Aufstellung von Vermögen, Eigenkapital und Schulden in DM. Im HGB sind die Bilanzierungspflicht des Kaufmanns und die allgemeinen Vorschriften zur Bewertung der Bilanzpositionen geregelt. Die Aktivseite (A) zeigt die Investierung: Das Anlagevermögen enthält alle längerfristig zum Gebrauch vorgesehenen Faktoren. Das Umlaufvermögen enthält die ständig zum Umsatz benötigten Positionen, die laufend ihren Inhalt verändern. Die Passivseite (P) zeigt die Finanzierung: Das Fremdkapital weist die Verbindlichkeit aus, und das Eigenkapital als Restgröße zeigt, welcher Teil des Vermögens als Reinvermögen dem Unternehmen gehört. Bilanzen müssen 10 Jahre aufbewahrt werden.

Bilanzanalyse. Löst die Bilanz in ihre Einzelpositionen auf und soll aus deren Verhältnis zueinander Schlußfolgerungen ableiten. Aussagen über das zukünftige Erfolgspotential einer Unternehmung sind weder aus der B., noch aus der Analyse der GuV sicher zu gewinnen. Dazu müßte u.a. Einsicht in die Portfolio-Analyse des Unternehmens genommen werden, in der Geschäftsfelder auf ihr zukünftiges Erfolgspotential hin beurteilt werden.

Bonität eines Unternehmens bezeichnet seinen Ruf, hauptsächlich in bezug auf seine Kreditwürdigkeit.

Bottom-up-Planung (progressive Plankoordination). Eine Vorgehensweise zur Abstimmung von Einzelplänen und -entscheidungen. Die von den unteren hierarchischen Ebenen aufgestellten Pläne werden auf den folgenden Hierarchiestufen immer stärker verdichtet und schließlich «oben» zu einem geschlossenen Konzept zusammengeführt. Gegent.: Top-down-Planung.

Break-even-point (Gewinnschwelle). Die Stückzahl verkaufter Produkte bzw. der Umsatz, der außer den variablen Kosten gerade auch die gesamten fixen Kosten deckt. Bsp.: Fixe Kosten = 70 TDM, Umsatz = 100 TDM, Variable Kosten = 30 TDM, Deckungsbeitrag = 70 TDM, Gewinn = 0 DM.

Buchführung (Buchhaltung). Das Gesamtwerk der Bücher und Bilanzen, die alle Kaufleute nach den Grundsätzen ordnungsgemäßer Buchführung durchführen müssen. Die B. soll aus der GuV den Erfolg des Jahres ermitteln und durch Inventar und Bilanz die Vermögenslage zeigen. Alle Geschäftsvorfälle werden lückenlos im Grundbuch nach ihrem zeitlichen Anfall und im Hauptbuch in sachlicher Ordnung (z.B. Konto aller Materialbewegungen) aufgeführt. Am Jahresende wird ein Abschluß, die Bilanz, erstellt. Die B. wird in Finanz- und Betriebsbuchhaltung eingeteilt. Die B. dient zunächst den gesetzlichen Anforderungen, aber daneben ist sie die Grundlage für die Information des Managements und für die weiteren Teile des Rechnungswesens.

Budget. Die einer Kostenstelle für eine geplante Leistung, die sie laut Zielvereinbarung erbringen will, genehmigten Mittel. Da die Kostenstelle in der Regel eine von der Prognose der Leistung abweichende Istleistung erbringt, ist zu erwarten, daß auch die Istkosten vom Budget abweichen. Der Controller hat die Aufgabe, die Budget/Istkosten-Abweichungen zu analysieren und bei Überschreiten von Toleranzgrenzen steuernd einzugreifen. Darüber hinaus kann jeder Budgetverantwortliche, wenn er laufend über den Istkostenzugang informiert wird, selbst steuernd eingreifen, um Zielvorgabe des B.s einzuhalten.

C

Cash-Flow. Der Netto-Zugang an liquiden Mitteln einer Periode, den die Unternehmung aus dem Umsatz freisetzen kann (d.h. nicht sofort wieder als Ausgaben einsetzen muß), Maßstab der Innenfinanzierungskraft der Unternehmung. Der C. errechnet sich aus: Jahresüberschuß + nicht auszahlungswirksamer Aufwand (Abschreibungen, Zuführung zu den Rückstellungen) + nicht einzahlungswirksamer Ertrag (Abnahme der Rückstellungen, Zuschreibungen der Anlagen).

CAM (computer-aided-manufacturing) steht als Schlagwort für Automatisierung verschiedener Prozesse durch Rechnereinsatz. Ziel ist es, hohe Wirtschaftlichkeit durch eine vielseitige Automation zu erreichen, wobei aber auch eine gewisse Flexibilität im Vordergrund steht; z.B., daß man auf wechselnde Anforderungen nicht mit neuen Fertigungsanlagen reagieren muß. In den letzten Jahren haben sich mehrere Ansätze zur Automation entwickelt. Beispiele: 1) Industrieroboter, deren Bewegungs- und Handlungsmöglichkeiten entsprechend programmiert werden können. 2) Führerlose Transportsysteme, welche über Induktionsschleifen den Transport zwischen den Bearbeitungsstellen führerlos übernehmen.

CAP (computer-aided-planning). Darunter versteht man die Computerunterstützung bei der Arbeitsplanung. Man verwendet die Daten aus der Konstruktion, um die Planung der Arbeitsvorgänge und -ablauffolgen durchzuführen und Programme für die Steuerung der Betriebsmittel zu erstellen.

D

Damnum ist die Differenz zwischen dem Auszahlungsbetrag eines Darlehens und dem höheren Rückzahlungsbetrag. Das D. stellt somit den Zinsbetrag für ein Darlehen dar. Bsp.: Ausgabe zu 100, Rückzahlung nach einem Jahr zu 105, Zins beträgt somit 5%.

Darlehen ist die Vergabe von Geld oder anderen vertretbaren Sachen (das sind marktgängige und nach Zahl, Maß und Gewicht bestimmbare Güter) mit der Bedingung, daß der Darlehensnehmer vertretbare Sachen gleicher Art, Menge und Güte zurückgibt. Je nach Vereinbarung handelt es sich um ein zinsloses oder verzinsliches Darlehen.

Debitoren (Schuldner) sind Kunden, die Waren bei ihren Lieferanten auf Kredit gekauft haben. Geg. Kreditoren

Deckungsbeitrag. Überschuß der Erlöse über die zurechenbaren Kosten (je nach Betrachtung meist die variablen Kosten oder die Einzelkosten).

Direktinvestition. Nennt man: a) Kauf von Immobilien oder Tochterunternehmen durch Inländer im Ausland, b) Kauf von oder wesentliche Beteiligung an ausländischen Unternehmen durch Inländer.

Diskont. Der Zins für die Einlösung eines Wechsels vor Fälligkeit bei der Bank. Der von der Bundesbank erhobene Zins für Weitergabe von Wechseln durch die Banken heißt Rediskontsatz. Wenn also die Bundesbank laut Presse den «Diskontsatz anhebt», so handelt es sich um eine Erhöhung des Rediskontsatzes. Ob die Banken in diesem Fall gleichfalls ihren Diskontsatz anheben, bleibt ihnen überlassen.

Dispositionskredit (Überziehungskredit). Entsteht durch Überziehen eines Kontos, wobei vorher mit der Bank ein Höchstbetrag für die Überziehung (Kreditlinie) vereinbart wird. Bei Privatkunden ist der Höchstbetrag für die Überziehung häufig das Dreifache des Gehalts. Vorteilhaft ist am D., daß er formlos und damit sehr schnell benutzt werden kann und daß die Rückzahlung an keine bestimmte Frist gebunden ist. In der Regel wird der D. dafür jedoch teurer sein als ein längerfristiger Kredit.

Distributionspolitik. Alle Maßnahmen und Strategien, um das Produkt so zum Kunden zu bringen, daß die Marketingziele des Unternehmens optimal erreicht werden. Dabei muß entschieden werden: 1. a) *Direkter Absatz* vom

Hersteller zum Endkunden oder b) *indirekter Absatz* vom Hersteller über Händler an die Endkunden. 2. a) *Verkauf mit eigenen Verkaufsorganen*, wie Verkaufsabteilung im Werk, Verkaufsniederlassung in räumlicher Nähe zum Kunden (z.B.: Jeder Kunde soll in einer Stunde Autofahrt ein Firmenbüro erreichen) oder Handelsreisende, die als Angestellte des Unternehmens in ihrem Verkaufsbezirk (meist mit Gebietsschutz) Kunden besuchen. b) *Verkauf mit betriebsfremden Organen:* Dies sind selbständige Handelsvertreter und Handelsmakler sowie der Handel, der eventuell vertraglich gebunden ist, nur Produkte eines Unternehmens zu verkaufen. 3) *Logistische Maßnahmen:* Im Konsumgüterbereich hängt der Erfolg davon ab, daß das Produkt für den Kunden immer sofort verfügbar ist, d.h. die Ware darf im Verkaufsregal nicht ausgehen, sonst wechselt der Kunde auf ein anderes Produkt. Also muß möglichst häufig möglichst kurzfristig geliefert werden.

Dividende. Wird auf Aktien an Stelle eines Festzinses als Gewinnanteil ausgeschüttet (wenn die Aktiengesellschaft Gewinn erwirtschaftet). Der Dividendensatz wird meist in Prozent des Nennwerts ausgedrückt (z.B. bei 50,- DM Nennwert 20% Dividendensatz bzw. 10,- DM Dividende). Zusätzlich zur Dividende bietet die Aktie für den Anleger noch spekulative Kursgewinne (share-holder value).

E

Eigenkapital ergibt sich in der Bilanz als Differenz zwischen Vermögen und Schulden und bezeichnet den Teil des Vermögens, der den Eigentümern gehört. Allerdings stimmt die Position in der ausgewiesenen Höhe normalerweise nicht mit dem Betrag überein, der bei Verkauf abzüglich Schulden übrig bleibt.

Einkauf:
Entscheidungsgrundlagen

Ist vor der Einkaufsentscheidung sichergestellt worden, daß die gesamte Angebotspalette des Marktes (bezüglich Kosten, Qualität, Terminsicherheit) als Entscheidungsgrundlage bekannt ist?
Sind Kostengesichtspunkte (u.a. Einkaufspreis, ggf. z.B. Kosten der Weiterverarbeitung, Kosten der Verteilung) hinreichend berücksichtigt worden?
Ist ein bedarfsgerechter Materialfluß durch die Einkaufsentscheidung sichergestellt?
Besteht die Möglichkeit, eventuell auf andere Lieferanten auszuweichen?
Sind vor Auftragsvergabe alle notwendigen Rücksprachen mit anderen verantwortlichen Betriebsangehörigen gehalten worden?

Lieferantenbeurteilung
Kann der Lieferant die Ware überhaupt liefern?
Kann er sie zum vereinbarten Termin und an den richtigen Ort liefern?

Kann er sie in der erforderlichen Qualität und Menge liefern?
Unterliegt die Ware eventuell Qualitätsschwankungen?
Besteht die Möglichkeit, die Ware betriebsindividuell zu beziehen? Es sollte nicht der Zwang bestehen, bestimmte Mengen oder Größenordnungen der Ware abnehmen zu müssen.

Sind die mit dem Lieferanten vereinbarten Preise mit denen vergleichbar, die andere Abnehmer dieses Lieferanten zu zahlen haben?
Können individuelle Liefer- und Zahlungsbedingungen (z.B. Frei-Haus-Lieferung, Mengenrabatt, Skonto) vereinbart werden?
Werden die Liefer- und Zahlungsbedingungen erfahrungsgemäß problemlos in die Praxis umgesetzt?
Kann die eingekaufte Ware möglicherweise umgetauscht werden?
Stimmt das Preis-Leistungs-Verhältnis unter Berücksichtigung aller Umstände?

Eigentum ist im BGB geregelt und bedeutet die rechtliche Verfügungsmacht über eine Sache; d.h., daß man die Sache nicht nur in Besitz (tatsächliche Verfügungsmacht) hat, wie z.B. bei geliehenen oder gemieteten Sachen, sondern daß einem die Sache auch gehört. Soweit es nicht gegen das Gesetz oder das Recht Dritter verstößt, kann der Eigentümer einer Sache nach Belieben über diese verfügen.

Eigentumserwerb erfolgt bei beweglichen Sachen durch Einigung darüber, daß das Eigentum an den neuen Eigentümer übergehen soll und die Übergabe der Sache, bei unbeweglichen Sachen (Grundstücken) durch Auflassung (Einigung vor dem Notar) und Eintragung ins Grundbuch als äußeres Zeichen des Eigentumsübergangs.

Einnahmen. Erhöhen den Bestand des Geldvermögens durch Zufluß von Zahlungsmitteln (z.B. Geld, Überweisung), Übertragung von Forderungen oder Abnahme der Verbindlichkeiten. Man unterscheidet erfolgswirksame E., die auch zu Ertrag werden (Einnahme durch Verkauf von Waren erhöhen auch den Erfolg), und erfolgsunwirksame E., die nie zu Ertrag werden. Bsp. Wenn ein Darlehen ausgezahlt wird, erhöht dies zwar das Geldvermögen, ist aber kein Erfolg (Ertrag).

Einzelkosten sind dem Objekt der Kalkulation verursachungsgerecht zuordenbar, z.B. für ein Produkt das Material laut Stückliste bewertet mit seinem Einstandspreis und der Lohn für die Auftragszeit.

Ertrag. Eine aus den erfolgswirksamen Einnahmen des Unternehmens abgeleitete Größe für den auf eine Periode zutreffenden Wertzuwachs aus Verkauf von Gütern und Diensten (sofort Einnahme), Erhöhung der Erzeugnislager (spätere Einnahme) und betriebsfremden (z.B. Zinseinnahmen) sowie periodenfremden Erträgen (z.B. Steuerrückzahlung). Der E. wird in der GuV dem Aufwand gegenübergestellt, um nach HGB das Ergebnis der Periode zu ermitteln.

F

Fertigungskosten. Enthalten die Einkosten (Fertigungslöhne aus der Auftragszeit) und die Gemeinkosten (z.B. Fertigungshilfslöhne, Meistergehalt) der Fertigung sowie die Platzkosten und die Sondereinzelkosten (z.B. spezielles Werkzeug für ein Produkt).

Finanzierung. Die Beschaffung von Kapital (von Staat, Kreditgebern, Eigentümern und Gesellschaftern), um die Liquidität der Unternehmung zu erhalten. Dies stellt hohe Anforderungen an die Planung, da es sich um zukünftige und damit unsichere Vorgänge handelt. Außerdem sollten Opportunitätskosten (entgangene Erträge aus einer nicht gewählten Alternative, hier bspw. Kassenbestand statt Anlage in kurzfristigen Wertpapieren) berücksichtigt werden. Dabei können generell zwei F.arten unterschieden werden: Außen-F.: (Externe F.) oder Innen-F. (Interne F.). 1) Außen-F.: a) Eigen-F.: F. über zusätzliche Mittel der bisherigen Eigentümer. Als Ausgleich dafür werden die Kapitalgeber eine höhere Verzinsung des eingesetzten Kapitals verlangen, da sie nur in Gewinnsituationen der Unternehmung Kapitalerträge erwirtschaften können. b) Beteiligungs-F.: F. durch Aufnahme neuer Eigentümer. Im Gegenzug zu Kapitaleinlagen werden den neuen Eigentümern entsprechend der Rechtsform verschiedene Mitsprache- und Entscheidungsrechte gegeben; der Umfang der Rechte und z.T. auch Pflichten (wie z.B. die Nachschlußpflicht bei Genossenschaften) sind gesetzlich geregelt oder können im Gesellschaftsvertrag geregelt werden. c) Fremd-F.: F. durch Gläubiger (Kreditf.): Man unterscheidet langfristige und kurzfristige Fremdf. Kurzfristige Fremdf. ist dabei die Ausschöpfung von Lieferantenkrediten und Ausnutzung von Kundenanzahlungen, sowie die Ausschöpferung des Dispositionskredites (Überziehungskredit) bei der Hausbank, in langfristiger Sicht kennt man die Aufnahme von Hypothekarkrediten, Grundschuld, Darlehen und Ausleihen. 2) Innenf.: a) Selbstf.: F. durch Nichtausschüttung von Gewinnen. Dabei bewegt man sich im Spannungsfeld der Interessengruppen: Die Kapitalgeber fordern hohe Ausschüttung, die Unternehmensleitung will den Eigenkapitalanteil der Unternehmung stärken und möglichst wenig ausschütten. b) F. durch Umschichtung bzw. Veräußerung von Vermögensgegenständen.

Finanzierungsregeln. Regeln über eine günstige Zusammensetzung von Vermögen und Kapital, um eine gesicherte Liquidität des Unternehmens zu erreichen. Neben Regeln, die ein bestimmtes Verhältnis von Kapital (Passivseite der Bilanz) und Vermögen (Aktivseite der Bilanz) beschreiben (z.B. Goldene Bilanzierungsregel), gibt es Regeln, die sich nur auf die Zusammensetzung des Kapitals beziehen (Kapitalstrukturregeln); dabei soll das Verhältnis von Fremdkapital zu Eigenkapital (das ist der Verschuldungsgrad) eine gewisse Größe nicht überschreiten.

Fixe Kosten werden verursacht, indem der Betrieb sich zur Erbringung seiner Leistungen bereitmacht (z.B. Kosten für Gebäude, Maschinen, Fuhrpark, Angestellte). Unabhängig von der Höhe der späteren Produktion bleiben die f.K. immer gleich.

Bsp.: Bei 100 TDM f.K. sind diese für 10.000 hergestellte Produkte 10,- DM je Stück, aber für nur 5.000 hergestellte Produkte 20,- DM je Stück.

Fixkauf. Vertrag, der bestimmt, daß die Leistung zu einem bestimmten Zeitpunkt (z.B. am 24. Dezember) zu erbringen ist, wobei bei verspäteter Lieferung kein Erfüllungsinteresse mehr besteht; z.B. wenn Weihnachtsbäume erst am 26. Dezember geliefert werden. Wenn der Verkäufer zu diesem Zeitpunkt nicht liefert, kann der Käufer vom Vertrag zurücktreten bzw. die Leistung ablehnen. Der Fixkauf hat den Vorteil, daß der Liefertermin genau eingehalten wird.

Flüssige Mittel. Setzen sich zusammen aus Kassenbestand und Bank- bzw. Postscheckguthaben sowie Wechseln, Schecks und schnell verkäuflichen Wertpapieren eines Unternehmens.

Franchise (Franchising) Ein Vertrag, der den F.-Geber verpflichtet, die beispielhaft genannten Elemente teilweise oder insgesamt an den rechtlich selbständigen F.Nehmer zu liefern: Waren, Know-how, Namen, Warenzeichen, Unterstützung bei Werbung, Betriebsführung, Finanzierung usw. Die Verpflichtung des F.-Nehmers enthält Bedingungen wie die folgenden: Er soll z.B. ausschließlich Waren des F.-Gebers verkaufen, dessen Weisungen einhalten, Umsatzprovision als F.-Gebühr abführen. Beide können profitieren: Der F.-geber z.B. steigert als Hersteller seinen Warenabsatz oder erhält als Händler durch größere Abnahmemengen beim Lieferanten bessere Konditionen. Der F.Nehmer profitiert z.B. von einem erfolgreichen Konzept und vermindert das Risiko eines geschäftlichen Fehlschlags.

Führungsstil. Art und Weise des Umgangs eines Vorgesetzten mit seinen Mitarbeitern. Man unterscheidet: 1) Autoritärer F.: Der Vorgesetzte trifft alle Entscheidungen allein und aus eigener Machtstellung heraus. 2) Kooperativer F.: der Vorgesetzte trifft Entscheidungen in engem Zusammenwirken mit seinen Mitarbeitern. Im allgemeinen ist festzustellen, daß der kooperative F. meist zu besseren Arbeitsergebnissen führt, da der Vorgesetzte von den Erfahrungen und Kenntnissen seiner Mitarbeiter profitiert und gleichzeitig die Motivation seiner Mitarbeiter stärkt.

G

Gegenstromverfahren. Eine Kombination der Top-down-Planung und der Bottom-up-Planung. Meist verläuft der Planabstimmungsprozeß zuerst von oben nach unten und dann wieder zurück, d.h. die Unternehmensleitung gibt ihre langfristigen Vorstellungen und Ziele an das Middle-management, welches die Vorgaben konkretisiert und an die Funktionalbereiche (z.B. Vertriebsabteilung) weiterleitet.Diese prüfen die Pläne auf ihre Verwirklichungsmöglichkeit und geben die korrigierten Vorgaben wieder nach oben zurück. Dieser Abstimmungsprozeß läuft häufig mehrmals ab, bis der endgültige Plan steht.

Gemeinkosten. Den Objekten der Kalkulation nicht verursachungsgerecht zurechenbar, z.B. für ein Produkt das Gehalt des Meisters in der Mehrproduktfertigung. Ist es das Ziel der Kalkulation, neben den Einzelkosten auch die G. auf die Objekte, z.B. Produkte zu verteilen, werden für diesen Zweck im BAB Verurteilungsschlüssel gebildet.

Genossenschaft, oder eG ist im Gesetz über die Erwerbs- und Wirtschaftsgenossenschaften (GenG) geregelt. Die G. Ist eine juristische Person und verfolgt die Förderung des Erwerbs oder der Wirtschaft ihrer Mitglieder mittels gemeinschaftlichen Geschäftsbetriebs, als Kreditverein, Rohstoffverein, Absatzgenossenschaft, Produktivgenossenschaft, Konsumverein, Einkaufsgenossenschaft oder Wohnungsbaugenossenschaft usw. Die Mitgliederzahl ist nicht geschlossen, und nur das Vermögen der Genossenschaft haftet für die Verbindlichkeiten.

Gesamtkapitalrentabilität (Unternehmensrentabilität). Zeigt die Verzinsung des Gesamtkapitals und errechnet sich nach der Formel.
Bsp.: Gewinn 50, Fremdkapitalzins 100, Gesamteigenkapital 1.500, dann ist die G. 10%. Die G. stellt eine Kennzahl zur Beurteilung der Rentabilität dar.

Geschäftsfähigkeit haben Personen, die wirksame Rechtsgeschäfte (z.B.Verträge) abschließen können. Bei natürlichen Personen kann die G. ganz (geschäftsunfähig) oder teilweise (beschränkt geschäftsfähig) ausgeschlossen sein: 1) Beschränkt geschäftsfähig sind: a) Minderjährige (Vollendung des 7. bis Vollendung des 18. Lebensjahres): b) entmündigte oder unter vorläufige Vormundschaft gestellte Personen. Rechtsgeschäfte, die von beschränkt geschäftsfähigen Personen getätigt werden (z.B. Kauf eines Mofas), sind nur wirksam, wenn ihnen daraus nur ein rechtlicher Vorteil (z.B. Schenkung) erwächst, wenn die Einwilligung des gesetzlichen Vertreters (z.B. Eltern des Minderjährigen) vorliegt oder wenn der gesetzliche Vertreter seine Genehmigung nachreicht. 2) Geschäftsunfähig ist, wer noch nicht sieben Jahre alt oder dauernd geistesgestört oder wegen Geisteskrankheit entmündigt ist.

Geschäftsführer. Eine oder mehrere Personen, die als gesetzliche Vertreter die Geschäfte einer GmbH führen und nach außen unbeschränkte Vertretungsmacht besitzen. Die G. werden entweder durch den Gesellschaftsvertrag oder durch die Gesellschafter bestellt.

Gewährleistung. Die Haftung für Mängel von Sachen (z.B. Videorecorder nimmt nicht auf) oder Rechten (z.B. Eigentum an einem gestohlenen Gemälde kann der Verkäufer dem Käufer nicht verschaffen) beim Kauf-, Werk- und Werklieferungsvertrag. Bei Mängeln von beweglichen Sachen verjähren die Ansprüche 6 Monate nach Ablieferung, bei Grundstücken ein Jahr nach Übergabe, allerdings bei arglistig verschwiegenen Mängeln erst nach 30 Jahren. Die vom Verkäufer ausgesprochene Garantie stimmt häufig mit der gesetzlichen G. überein, kann aber von der G.-Frist, vom G.-Umfang her oder von den Ansprüchen des Kunden her häufig auch zu dessen Ungunsten abweichen.

Gewerbesteuer. Besteuert 2 Komponenten des Gewerbebetriebs: 1) Gewerbeertragssteuer wird auf den steuerrechtlich ermittelten Gewinn erhoben. 2) Gewerbekapitalssteuer wird ohne Berücksichtigung der Ertragssituation des Betriebs auf Basis des Einheitswerts erhoben. Berechnung: Von beiden Komponenten werden unter Berücksichtigung eventueller Freibeträge Meßbeträge (5% vom Gewerbeertrag, 2% vom Gewerbekapital) ermittelt und dann zu einem einheitlichen Meßbetrag aufaddiert. Auf diesen erheben die Gemeinden ihren individuellen Hebesatz und ermitteln so die abzuführende Gewerbesteuer.

Bsp.: Meßbetrag 400,- DM, Hebesatz 350%, zu entrichtende Gewerbesteuer 1400,- DM.

Gewinn einer Unternehmung. Ergibt sich als der Betrag, um den der Ertrag den Aufwand einer Periode übersteigt. Der Betriebsgewinn stellt die Differenz zwischen Leistung und Kosten dar. Der zu versteuernde Gewinn errechnet sich aus der Differenz zwischen Betriebseinnahmen und Betriebsausgaben.

GmbH (Gesellschaft mit beschränkter Haftung). Die G. gilt wie die AG als eine Handelsgesellschft mit eigener Rechtspersönlichkeit, für deren Verbindlichkeiten nur das Gesellschaftsvermögen der GmbH haftet, nicht aber das Privatvermögen der Eigentümer (Gesellschafter). Die Haftung der Eigentümer beschränkt sich auf die Stammanlage und eventuelle Nachschüsse.

GOB (Grundsätze ordnungsmäßiger Buchführung). Regeln zur Durchführung der Buchhaltung, insbesondere der Finanzbuchhaltung, und zur Erstellung des Jahresabschlusses, die in den Gesetztestexten weder exakt noch vollständig beschrieben werden (unbestimmter Rechtsbegriff), jedoch aus einer Zusammenschau von Handels- und Steuerrecht und deren Rechtsprechung, aus der betriebswirtschaftlichen Lehre, aus Gutachten von Verbänden und nicht zuletzt auch aus dem Handelsbrauch heraus präzisiert und folgendermaßen gegliedert werden können: 1.Bilanzidentität: Die Schlußbilanz zum 31.12 des alten Geschäftsjahres und die Eröffnungsbilanz zum 01.01 des neuen Geschäftsjahres müssen identisch sein. 2.Bilanzklarheit: Buchführung und Bilanzierung müssen für einen sachkundigen Leser nachvollziehbar sein. 3.Bilanzkontinuität: Stetige Bewertung aufeinanderfolgender Jahresabschlüsse und Bilanzidentität sollen die Vergleichbarkeit der Jahresabschlüsse gewährleisten. 4.Vorsichtsprinzip:

Zukünftige Verluste müssen berücksichtigt werden (Imparitätsprinzip). 5.Vollständigkeit: Alle Geschäftsvorfälle sind lückenlos zu erfassen. 6.Bilanzwahrheit: Geschäftsvorfälle müssen richtig wiedergegeben werden. 7.Willkürfreiheit: Nötige Schätzungen müssen realistisch sein.

Grundbuch. Vom G.amt geführtes Buch, in das alle Beurkundungen aufgenommen werden, die Rechtsverhältnisse an Grundstücken betreffen.

Grunderwerbssteuer. Häufigster Fall für den Anfall der G. ist der Abschluß eines Kaufvertrags zum Erwerb von inländischen Grundstücken. Die G. entfällt bis zu einer Freigrenze von derzeit 5000,- DM und in enigen Fällen wie Schenkung, Vererbung in direkter Linie oder Erwerb durch Ehegatten. Zu entrichten sind derzeit 2% vom Kaufpreis (seltener vom 1,4-fachen des Einheitswerts).

Grundsteuer. Wird von inländischen Grundstücken erhoben mit einem Hebesatz auf den Steuermeßbetrag des von der Steuerbehörde festgesetzten Einheitswerts.

GuV (Gewinn- und Verlustrechnung) ist für den Kaufmann Pflichtbestandteil des Jahresabschlusses. In der G. werden zum Geschäftsjahresende Erträge und Aufwendungen gegenübergestellt, um das Periodenergebnis (Jahresüberschuß/-realbetrag) zu ermitteln und damit Einblick in die Ertragslage des Unternehmens zu geben. Dies ist nach zwei Verfahren möglich: 1) das Umsatzkostenverfahren ist dadurch gekennzeichnet, daß man zur Ermittlung des Ergebnisses aus gewöhnlicher Geschäftstätigkeit dem Umsatz als Betriebsertrag nur die Betriebsaufwendungen für Umsatz, gegliedert nach den Funktionsbereichen, mit Hilfe der Kostenstellenrechnung ermittelt. 2) Nach dem Gesamtkostenverfahren stellt man allen Erträgen aus gewöhnlicher Geschäftstätigkeit (Umsatz, Mehrbestand, selbsterstellte Anlagen) alle Aufwendungen aus gewöhnlicher Geschäftstätigkeit (also incl. Aufwendungen für Bestandsaufbau und andere aktivierte Eigenleistungen) gegliedert nach Produktionsfaktoren (Material, Personal, Abschreibungen, Sonstiges) gegenüber.

H

Handelsbilanz. Ist von jedem Kaufmann verpflichtend bei Gründung und neben der GuV zum Ende eines jeden Geschäftsjahres im Jahresabschluß aufzustellen. Die Aufstellung der H. erfolgt nach handelsrechtlichen Vorschriften. Aus der H. wird die Steuerbilanz nach dem Maßgeblichkeitsprinzip abgeleitet.

Handelsgesetzbuch (HGB). Regelt abweichend und ergänzend zu den Rechtsbeziehungen von Privatpersonen des BGB solche Rechtsbeziehungen, in denen Kaufleute beteiligt sind. Das H. ist also das Sonderrecht der Kaufleute, das für einige Fälle Sondervorschriften enthält. Wenn HGB-Vorschriften jedoch nicht existieren, greift wieder das BGB.

Handelsmakler. Ein Kaufmann, der gewerbsmäßig für andere Personen Verträge über Gegenstände des Handelsverkehrs (z.B. Waren, Wertpapiere, Versicherungen) vermittelt, ohne damit vertragsmäßig ständig vom Auftraggeber betraut zu sein.

Handelsregister. Geregelt als ein amtliches, bei den Amtsgerichten geführtes Verzeichnis der Tatsachen des Handelsverkehrs von rechtlicher Bedeutung. Die Eintragungen im H. werden der Öffentlichkeit durch den Bundesanzeiger und mindestens eine weitere Zeitung bekanntgemacht. Darübehinaus kann jedermann das H. einsehen.

Handelsreisender. Angestellter des Unternehmens, für das er tätig ist. Er besitzt eine Vollmacht (Artvollmacht), außerhalb des Betriebes Geschäfte zu vermitteln oder abzuschließen. Der H. ist kein Kaufmann.

Hardware. Begriff für alle Baueinheiten einer elektronischen Datenverarbeitungsanlage. Dazu gehören die einzelnen Teile im Computer (Speicherbausteine, Prozessoren), entsprechende Ein- und Ausgabegeräte (Laufwerke, Festplatten, Drucker) und Leitungsverbindungen. Allerdings ist ohne entsprechende Software keine Funktionsfähigkeit gegeben.

Herstellungskosten. 1. *Nach HGB* werden Vermögensposten in der Bilanz als H. bewertet, wenn sie nicht bereits im fertigen Zustand (zu Anschaffungskosten) gekauft, sondern im eigenen Betrieb erstellt werden. Für ihre Ermittlung gibt es Pflichtbestandteile (Materialeinzelkosten, Fertigungseinzelkosten, Sondereinzelkosten der Fertigung), Bestandteile, für die ein Ansatzwahlrecht besteht (Material-, Fertigungs- und Verwaltungsgemeinkosten sowie Zinsen für Fremdkapital) und Bestandteile, für die ein Ansatzverbot besteht (Vertriebskosten). 2. *Nach Steuerrecht* müssen außer den genannten Pflichtbestandteilen auch Material- und Fertigungsgemeinkosten verpflichtend angesetzt werden. Generell führt ein möglichst geringer Ansatz zur sofortigen Reduzierung des Ergebnisses, ein möglichst hoher Ansatz dagegen führt über höhere Raten der Abschreibung eher in späteren Perioden zu einer Reduzierung des Ergebnisses.

Holding. Ein Zusammenschluß rechtlich selbständiger Unternehmen. Eine übergeordnete Holdinggesellschaft beschränkt ihre wirtschaftliche Tätigkeit auf das Halten von Kapitalbeteiligungen und die Steuerung der dadurch beherrschten Unternehmen, indem sie bspw. für diese die Geschäftsstrategien abstimmt.

Hypothek. Sichert eine bestimmte Forderung des Gläubigers durch das Pfandrecht an einem Grundstück ab. Kann der Schuldner nicht zahlen, darf der Gläubiger das Grundstück verwerten lassen (z.B. zwangsversteigern lassen), um an sein Geld zu gelangen. Im Unterschied zu der Grundschuld ist die H. vom rechtlichen Bestand einer Forderung abhängig und untrennbar mit dieser verbunden. Außer dem Grundpfand haftet auch noch das Privatvermögen des Schuldners für die Forderung. Die Buchhypothek entsteht durch Einigung und Eintragung ins Grundbuch. Bei der Briefhypothek wird zusätzlich vom Grundbuchamt ein Hypothekenbrief ausgestellt, der zum Erwerb, zur Übertragung und Geltendmachung der Briefhypothek erforderlich ist und die Hypothekenforderung beweglich macht. Heute ist die Grundschuld gebräuchlicher.

I

IHK (Industrie- und Handelskammern). Interessenvertretung aller gewerblichen Unternehmen der Industrie und des Handels ihrer Bezirke (Pflichtmitgliedschaft). Ihr Spitzenorgan ist der DIHT (Deutscher Industrie- und Handelstag). Zu ihren Aufgaben gehört, das Gesamtinteresse ihrer Mitglieder wahrzunehmen und die gewerbliche Wirtschaft zu fördern, dabei das Interesse einzelner Gewerbezweige oder Betriebe abzuwägen, ihre Mitglieder zu beraten und zu unterstützen (Firmengründung, Weiterbildung usw.), die Behörden zu beraten, die Lehrlingsausbildung zu überwachen und hierfür Prüfungen abzunehmen.

Inkasso. Einziehen von fälligen Forderungen, z.B. aus Rechnungen oder Wechseln.

Inventur (lat. invenire = vorfinden). Vorgang der Erfassung (durch Zählen, Messen, Wiegen) aller Vermögensteile und Schulden einer Unternehmung. Der Kaufmann ist verpflichtet, die I. bei Gründung, zum Ende eines jeden Geschäftsjahres und bei Veräußerung oder Auflösung durchzuführen. Im Inventar, dem Bestandsverzeichnis, werden diese nach Art, Menge und Wert (zum Stichtag) aufgelistet. Inventare sind 10 Jahre aufzubewahren.

Investition. Eine Umwandlung von Geld zu Vermögensgegenständen (Maschinen, Gebäude etc.). Sie ist am Anfang mit Auszahlungen verbunden, denen in späteren Zeiten (hoffentlich) auch Einzahlungen durch Umsatz gegenüberstehen.

Investitionsrechenverfahren. Die gebräuchlichsten I. sind Methoden, die die Frage zu lösen versuchen, ob eine Investition einer Nichtinvestition (Unterlassensalternative) oder einer anderen Investition vorzuziehen ist. Man kann zwei Arten von I. unterscheiden: 1) Statische I.: In der Praxis spielen diese immer noch eine große Rolle, obwohl sie eine zukünftige Änderung anfallender Ausgaben und Einnahmen aus der Investition pro Periode (Einzahlungsüberschüsse) nicht miteinbeziehen (d.h. sie gehen von konstanten Beträgen für alle Perioden aus) und auch nicht berücksichtigen, wenn der Zeitanfall von Ausgaben und Einnahmen unterschiedlich ist. Im einzelnen lassen sich unterscheiden: a) Kostenvergleichsrechnung: Hier werden die verschiedenen Investitionsalternativen anhand der jährlich anfallenden Kosten (Abschreibungen, Zinsen etc.), die laut Annahme jedes Jahr konstant sind, miteinander verglichen. Die Alternative mit den geringsten Kosten wird gewählt. b) Gewinnvergleichsrechnung: Hier wird anstelle des Kriteriums Kosten das Kriterium Gewinn (Umsatz der Maschine — Kosten der Maschine) gewählt. Die Investitionsalternative mit dem höchsten Gewinn erhält den Zuschlag. c) Rentabilitätsvergleichsrechnung: Diejenige Investitionsalternative wird als vorteilhaft angesehen, deren Verhältnis Gewinn/ durchschnittlich eingesetztes Kapital (=halbe Anschaffungskosten) am besten ist. d) Amortisationsrechnung: Dieses Verfahren ermittelt den Zeitpunkt, zu dem die bisherigen Einzahlungsüberschüsse multipliziert mit der entsprechenden Periodenzahl die Investitionskosten decken. Damit ist das Investitionsprojekt mit der geringsten Amortisationszeit am günstigen. 2) Dynamische I.: Diese müssen eingesetzt werden, wenn man berücksichtigt, daß die geschätzten Einzahlungsüberschüsse (Einzahlungen — Auszahlungen) jedes Jahr unterschiedlich ausfallen. Mit Hilfe finanzmathematischer Methoden werden die zu unterschiedlichen Zeitpunkten in unterschiedlicher Höhe eingehenden Rückflüsse vergleichbar gemacht. a) Kapitalwertmethode: Diese stellt die Summe aller abdiskontierten (abgezinsten) Einzahlungsüberschüsse auf den Zeitpunkt t=0 (Gegenwart) dar. Es wird also der gegenwärtige Wert von zukünftigen Geldbeträgen bestimmt. Dabei wird mit dem Kalkulationszinsfuß gerechnet, der bei der besten Anlagealternative auf dem Kapitalmarkt erzielt werden könnte. Zur Auswahl der Investitionsprojekte wird diejenige Alternative gewählt, welche den höchsten Kapitalwert aufweist. b) Interne Zinsfuß-Methode: Der interne Zinsfuß soll die Rendite des Investitionsprojektes ausdrücken. Er ergibt sich, wenn der Kapitalwert der Investition gerade gleich null ist. Man muß also den Zinssatz bestimmen, für den bei den gegebenen Einzahlungsüberschüssen der Kapitalwert gleich null (K=0) ist. Als Ergebnis wird diejenige Investitionsalternative gewählt, die den höchsten Zinssatz (Rendite) aufweist. c) Wie beim statischen Verfahren kann auch die Amortisationsdauer berechnet werden, also der Zeitpunkt, ab dem die Einnahmen, abdiskontiert auf den Zeitpunkt t=0, die Ausgaben decken. Diejenige Alternative mit dem geringsten Zeitraum wird dann bevorzugt.

J

Jahresabschluß. Muß von jedem Kaufmann am Ende eines jeden Geschäftsjahres nach den GOBs aufgestellt werden und besteht aus Bilanz, GuV. Kapitalgesellschaften müssen als dritten Teil des J. einen Anhang fertigen und zusätzlich einen Lagebericht abgeben, der über Geschäftsverlauf, Stand, voraussichtliche Entwicklung und den Bereich Forschung und Entwicklung des Unternehmens informieren soll. Anhang und Lagebericht übernehmen seit 1987 im wesenlichen die Funktion des bis dahin üblichen Geschäftsberichts, informieren aber weitergehend als dieser.

Joint venture. Ein neu gegründetes Unternehmen von zwei oder mehr häufig in verschiedenen Ländern angesiedelten Unternehmen, wobei drei Konstellationen typisch sind: 1) Ein mit geringen Finanzmitteln ausgestattetes Unternehmen bringt ein spezielles Know-how ein und die anderen liefern die Geldmittel und tragen somit das Risiko. 2) Zwei Unternehmen entwickeln durch Kombination ihres Know-how gemeinsam eine neue Technik, z.B. um das Risiko (Kapitalanteil je 50%) zu teilen oder — weil sie einzeln zu wenig Umsatz machen würden — um den break-even-point überschreiten zu können. 3) Ein privates Unternehmen aus einem Industrieland liefert Know-how, ein privates oder staatliches Unternehmen mit Kapitalmehrheit (über 50%) aus einem Entwicklungsland oder den ehemaligen Ostblockländern fertigt mit dem Know-how technisch hochwertige Erzeugnisse für seinen heimischen Markt (home-market), der auf anderem Wege für das Unternehmen aus dem Industrieland nicht zugänglich wäre.

K

Kalkulation (Kostenträgerstückrechnung). In der K. werden die Kosten möglichst verursachungsgerecht auf die erstellten Leistungseinheiten (Produkte oder Dienstleistungen) aufgeteilt und somit die Kosten je Stück errechnet. 1. Die Verfahren der K. werden entsprechend ihrer Eignung für bestimmte Fertigungsprogramme wie folgt beschrieben: a) bei Einproduktunternehmen: Divisionskalkulation: aa) einstufig (10 TDM Gesamtkosten/ 100 Stück = 100,- DM Kosten je Stück), bb) mehrstufig bspw.: mit Stufen Produktion und Vertrieb (10 TDM Kosten der Produktion/ 100 hergestellte Stück + 750,- DM Kosten des Vertriebs/75 verkaufte Stück = 107,5 DM Kosten je Stück= Durch die Rechnung mit zwei Stufen sind die Herstellkosten der 25 auf Lager gelegten Stücke für die Bewertung (100,- DM je Stück) ermittelbar. b) Bei Sortenfertigung (z.B. 3 verschiedene Biersorten) ist die Äquivalenzziffernkalkulation zweckmäßig, weil hier nur die Kosten einer Hauptsorte ermittelt werden und für die übrigen Sorten ein Kostenverhältnis (Äquivalenzziffern 1:1, 3:1,4) geschätzt wird. c) Für Betriebe mit einem vielschichtigen und über viele Produktionsschritte mit Zwischenlagern zu erstellenden Fertigungsprodukt ist eine Zuschlagkalkulation nötig, die eine Kostenstellenrechnung für die Ermittlung der Zuschlagsätze (im Schema für Kostenstellen Materialverwaltung, Dreherei, Fräserei, Entwicklung, Verwaltung und Vertrieb) voraussetzt. 2. Nach dem Zeitaspekt unterscheidet man a) die Vorkalkulation für ein noch nicht erstelltes oder verkauftes Objekt, b) die Mitkalkulation während der Abwicklung eines Auftrags, c) die Nachkalkulation für die Analyse- und Kontrollzwecke. 3. Nach dem Umfang der auf Leistungseinheit verrechneten Kosten unterscheidet man:

a) K. mit Teilkosten, bei der nur die verursachungsgerecht zurechenbaren Kosten (meist variable Kosten) auf die Leistungseinheiten verrechnet werden und somit die kurzfristige Preisuntergrenze bestimmbar ist, und b) K. mit vollen Kosten, bei der auch nicht verursachungsgerecht zurechenbare Kosten (meist fixe Kosten) auf die Leistungseinheiten verrechnet werden. Bei neuen Produkten wird der Preis weitgehend durch die Marktsituation bestimmt, die K. dient der Information über die Produktkosten, über Kostensenkungsmöglichkeiten sowie über die Notwendigkeit zur Kostensenkung. Außerdem läßt sich durch Vergleich mit dem Marktpreis ein Stückgewinn errechnen.

Kalkulationsfaktor. Der Faktor, mit dem der Bezugspreis multipliziert wird, um den Verkaufspreis zu ermitteln. Z.B. bei 100,- DM Bezugspreis und einem K. von 1,6 beträgt der Verkaufspreis 160,- DM. Somit wird, vom Bezugspreis aus gesehen, durch einen Kalkulationszuschlag von 60% auf den Bezugspreis der Verkaufspreis errechnet oder, vom Verkaufspreis aus gesehen, beträgt die Handelsspanne 37,5% vom Verkaufspreis. Sinkt der Verkaufspreis auf 150,- DM, so sinkt die Spanne auf 33,33%, der Kalkulationszuschlag sinkt auf 50% und der K- auf 1,5. K., Kalkulationszuschlag und Handelsspanne können als Faustformel zur schnellen Errechnung von Verkaufspreisen oder zur Rückrechnung auf den Bezugspreis verwendet werden. Allerdings sollte ihrer Anwendung eine ausführliche Kalkulation vorausgehen, aus der sie dann mit einer Geltung für kürzere Zeiträume abgeleitet werden können.

Kapazität. Das quantitative und qualitative Leistungsvermögen einer oder mehrerer Teileinheiten (z.B. Maschine, Werkstatt, Fertigungsstraße) oder des gesamten Betriebes wird meist in zwei Varianten berechnet: 1. technisch maximal produzierbare Menge (Maximalkapazität), 2. wirtschaftlich sinnvoll produzierbare Menge (Optimalkapazität). Ausgehend von der Optimalkapazität wird die Auslastung der K. bestimmt. Die im langfristigen Durchschnitt über den Lebenszyklus des Produkts hinweg prognostizierte Herstellungsmenge nennt man Normalauslastung der K. Sie wird häufig als Bestimmungsgröße der Kalkulation verwendet. Setzt man dagegen die geplante oder tatsächlich produzierte Menge in Beziehung zur Optimalkapazität, läßt sich die Plan- oder Istauslastung der jeweiligen K. bestimmen.

Kapitalgesellschaft. Eine Handelsgesellschaft in der Form der AG, der GmbH oder der Kommanditgesellschaften auf Aktien (KG a.A.). Jahresabschluß: Die Aufstellung des Jahresabschlusses erfolgt nach den Vorschriften des HGB über Kapitalgesellschaften. Er besteht bei K. aus Bilanz, GuV und Anhang. Zusätzlich muß ein Lagebericht über Lage und Geschäftsverlauf erstellt werden. Abhängig von der Größenklasse der K. bestehen im Detail unterschiedliche Offenlegungspflichten und Prüfungspflichten. Für die Zuordnung zu einer Größenklasse müssen zwei der drei klassifizierenden Größenmerkmale erfüllt sein.

	Klein	Mittel	Groß
Bilanzsumme in Mill.	> 3,9	> 15,5	< 15,5
Umsatz in Mill.	> 8	> 32	< 32
Beschäftigte	> 50	> 250	< 250

Z.B. zählt eine GmbH mit 4 Mill. DM Bilanzsumme, 11 Mill.DM Umsatz und 32 Mitarbeitern zu den mittelgroßen K. a) Kleine K. müssen eine verkürzte Bilanz mit geringem Aussagewert und einen Anhang im Handelsregister veröffentlichen. b) Mittelgroße K. müssen eine Bilanz nach dem vollständigen Gliederungsschema erstellen, aber mit Ausnahme einiger Positionen, wie Verbindlichkeiten gegenüber Kreditinstituten, nur in ebenfalls verkürzter Form veröffentlichen, außerdem müssen sie auch eine leicht verkürzte GuV und den Anhang veröffentlichen. Sie müssen den Abschluß auch von einem Abschlußprüfer prüfen lassen. c) Große K. müssen neben dem Lagebericht Bilanz und GuV nach dem vollständigen Schema im Handelsregister und im Bundesanzeiger veröffentlichen, um einen detaillierten Einblick in Vermögens- und Ertragslage zu zeigen, und sie unterliegen der Prüfungspflicht, wie mittelgroße K.

Kartell. Kartelle sind Vereinbarungen oder Vereinigungen zu dem Zweck, den Wettbewerb zu beschränken. Sie unterliegen dem Gesetz gegen Wettbewerbsbeschränkungen (Kartellgesetz) und sind, von den im Kartellgesetz genannten Ausnahmen abgesehen, grundsätzlich verboten. Die Ausnahmen werden wie folgt unterschieden: a) Anmeldepflichtige Kartelle: u.a. Konditionskartell als Absprache über AGB, Rabattkartell zur Gewährung einheitlicher Rabatte, Normen- oder Typenkartell als Vereinbarung über genormte oder typisierte Produkte. b) Erlaubnispflichtige Kartelle: Strukturkrisenkartell zur Beschränkung der Kapazität entsprechend einer sinkenden Nachfrage, Rationalisierungskartell als Absprache über Rationalisierungen. Verboten sind u.a.: Preiskartell zur Absprache über Einheitspreise für gleichartige Produkte oder Gebietskartell zur Aufteilung einer Region in Teile für Gebietsschutz für den jeweiligen Unternehmer.

Kaufmann. Der Begriff K. ist in den HGB festgelegt. Danach unterscheidet man den Nichtkaufmann (HGB gilt nicht für ihn), den Minderkaufmann (HGB gilt eingeschränkt) und den Vollkaufmann (HGB gilt in vollem Umfang). Für den Vollkaufmann gelten also — soweit sich das HGB zu Sachverhalten äußert — dessen Bestimmungen, statt des BGB.

Kennzahlen (Kennziffern). Setzen verschiedene Ausgangszahlen eines Betriebs so ins Verhältnis, daß eine leicht faßbare Information entsteht. Sehr gebräuchliche K. sind Wirtschaftlichkeit, Produktivität, Rentabilität und der ROI.

Konkurs. Laut Konkursordnung wird bei Zahlungsunfähigkeit von der Geschäftsführung oder einem Gläubiger ein Konkursantrag gestellt. Bei juristischen Personen reicht bereits Überschuldung als Konkursgrund. Der K. wurde in der Konkursordnung geregelt und ist ein gerichtiches Verfahren (Amtsgericht) zur zwangsweisen Aufteilung des Vermögens des Schuldners unter den Gläubigern. Der Konkursantrag kann nicht nur vom Schuldner, sondern auch von seinen Gläubigern gestellt werden. Reicht das restliche Vermögen zur Deckung der Verfahrenskosten nicht mehr aus, wird der K. mangels Masse abgelehnt. Von der Konkursmasse werden die Gegenstände ausgesondert, die nicht dem Schuldner gehören. Absonderungsberechtigte Gläubiger werden aus dem Sicherungsmittel bezahlt. Aufrechnungsberechtigte Gläubiger, also solche, gegen die der Schuldner eine Gegenforderung hat, können mit der Gegenforderung aufrechnen. Massengläubiger (z.B. Löhne, Mieten seit Konkurseröffnung, Gerichtskosten usw.) werden danach ausbezahlt. Bevorrechtigte Forderungen sind: a) Löhne vor Konkurseröffnung, b) Forderungen der Kommunen wegen öffentlicher Abgaben, c) Forderungen von Kirche, Schulen, öffentlichen Verbänden, d) Forderungen der Ärzte usw. wegen Kur- oder Pflegekosten, e) Forderungen der Kinder, der Mündel und Pflegebefohlenen. Diese werden anschließend bezahlt. Unter den verbleibenden nicht bevorrechtigten Gläubigern wird der verbleibende Rest nach der Konkursquote ausbezahlt. Danach erhält ein nicht bevorrechtigter Gläubiger mit einer Forderung von 2000,- DM noch 400,- DM. Für die aus dem Rest nicht mehr bezahlbaren Forderungen haftet der Schuldner noch 30 Jahre. Hat er den K. verschuldet, liegt ein Bankrott vor, auf dem Freiheitsstrafe zwischen 2 und 10 Jahren steht.

Konto ist in T-Form aufgebaut. Auf der linken Seite erfolgen die Soll-Buchungen, auf der rechten Seite erfolgen die Haben-Buchungen. Zum Periodenende wird ein Konto immer durch den Saldo auf beiden Seiten im Betrag ausgeglichen.

Kosten. Entsprechen dem die Erstellung der betrieblichen Leistung unter normalen Bedingungen anfallenden Verzehr der betriebswirtschaftlichen Produktionsfaktoren, der zu Beschaffungspreisen oder selbstgebildeten Verrechnungspreisen bewertet wird.

Kostenrechnung. Befaßt sich im Gegensatz zur Finanzbuchhaltung nicht mit allen Vorgängen, die im Unternehmen zu Wertverzehr oder Wertzuwachs führen (z.B. auch Zinsausgaben, Zinseinnahmen), sondern nur mit den Wertverzehr-/Wertzuwachsvorgängen, die durch Produktion und Vertrieb der Produkte (als Sachziel) bedingt sind. Die Aufgabe besteht darin, die Auswirkungen der Prozesse auf Kosten und Erfolg zu planen, in der Durchführung zu überwachen und zu steuern und nach Durchführung im Hinblick auf die neue Planung zu kontrollieren und auszuwerten. Die K. soll hierzu dem Management die Informationen liefern. Zu diesem Zweck läßt sich die K. in drei Teile strukturieren: 1. Die Kostenartenrechnung beinhaltet die Erfassung der Kosten incl. der Bildung der kalkulatorischen Kosten, entsprechend dem Kontenrahmen geordnet nach Kostenarten. Wichtig ist, daß alle Kosten erfaßt werden. 2. In der Kostenstellenrechnung werden die Gemeinkosten zunächst auf alle Kostenstellen verteilt. Durch die innerbetriebliche Leistungsverrechnung werden die Kosten der Hilfskostenstellen anschließend auf die Hauptkostenstellen umgelegt und über Zuschlagssätze entsprechend einer möglichen Gemeinkostenverursachung durch die Produkte auf diese verrechnet. Neben dieser Aufgabe bietet die Kostenstellenrechnung die Möglichkeit, durch Aufstellung eines Budgets für die einzelnen Kostenstellen und Budget/Ist-Vergleich die Wirtschaftlichkeit des Unternehmens zu steuern. 3. In der Kostenträgerrechnung werden die Kosten möglichst verursachungsgerecht auf Produkte oder Produktgruppen verteilt. a) Die Kostenträgerstückrechnung errechnet die Kosten je Stück. Durch Gegenüberstellung mit dem Verkaufspreis ist dann ein Stückerfolg ermittelbar. b) In der Kostenträgerzeitrechnung werden die Kosten der Produkte oder Produktgruppen für eine Periode errechnet.

L

Lagerhaltung (Lagerwesen). Ist immer dann notwendig, wenn zwischen Beschaffung (Eingang der Ware) und Produktion (Verbrauch der Ware) Pufferzeiten entstehen. Die Lagerhaltung hat verschiedene Funktionen zu erfüllen: Neben der beschriebenen Pufferfunktion zwischen den Verrichtungen in den Bereichen Beschaffung, Produktion und Absatz sind auch noch Sicherungs- und Versorgungsfunktionen zu nennen. Um einen ungeplant auftretenden Materialbedarf zu befriedigen, werden Lager (Eiserner Bestand) gehalten. L. muß auch unter Kostengesichtspunkten betrachtet werden. Hohe Lagerbestände führen zwar zu einer hohen Versorgungssicherheit in der Produktion, aber auch zu hohen Lagerkosten. Auch Fragen der Lagerorganisation und der Lagerplanung sind im Rahmen des Lagerwesens zu betrachten.

Lean Production. Organisationsform der Fertigung. Die Teilefertigung wird von kompetenten Teams (bis zu 15 Mitarb.) eigenverantwortlich durchgeführt (Qualitätskontrolle im Team). Regelmäßiger Kontakt zwischen Management und Teams gewährleistet eine schnellere Realisierung von Verbesserungsideen (Zeit- und Kostenersparnis). Der Materialfluß wird durch Automatisierung optimiert.

Leasing. Vermietung von Gegenständen des Anlagevermögens. Der Leasingvertrag ist rechtlich je nach inhaltlicher Ausformung als Mietvertrag oder verdeckter Ratenkauf einzuordnen.

Leistung. Der in Geldeinheiten bewertete betrieblich bedingte Wertzuwachs in Form von Verkaufserlös aus Gütern und Dienstleistungen, Lageraufbau von

Gütern oder selbsterstellten Anlagen. Die Differenz aus den L. und den Kosten ist das Betriebsergebnis.

Lieferbedingungen. Werden meist im Zuge des Vertragsabschlusses durch die AGB des Lieferers festgelegt und, falls der Kunde einzelvertraglich abweichende Bedingungen aushandelt oder seine AGB durchsetzt, durch diese ergänzt oder ersetzt. Zu den L. gehören Abmachungen über Verpackungskosten, Transportkosten, Gewährleistungsfristen, Liefertermin, Umfang des Schadensersatzes, Gerichtsstand usw.

Liquidität. Die Fähigkeit des Unternehmens, jederzeit seinen Zahlungsverpflichtungen nachkommen zu können (Gegensatz: Illiquidität). 1. Liquiditätsziele sind: a) einerseits Unterfinanzierung zu vermeiden, denn ein zu knapp bemessener Zahlungsmittelbestand führt durch eventuell aufkommende Zahlungsschwierigkeiten zu Engpässen in Produktion und Vertrieb und verschlechtert so das Ergebnis des Unternehmens. b) Andererseits führt eine Überfinanzierung durch Finanzmittel, die das Unternehmen teuer am Kapitalmarkt besorgen muß, die aber nicht eingesetzt werden, auch zu einer Verschlechterung des Ergebnisses. c) Eine in der Fristigkeit der Investition angepaßte Finanzierung wird laut Finanzierungsregeln zumindest von den Banken als Kreditgeber erachtet. 2. Liquiditätsgrade: Unter dem Gesichtspunkt, daß alle Vermögenspositionen eines Unternehmens im Falle von Zahlungsschwierigkeiten wieder zu Geld gemacht werden können und auch in der Reihenfolge der L. geordnet sind, unterscheidet man: a) L. ersten Grades oder Barl.: Hierzu zählen Mittel, die jederzeit zur Zahlung verwendet werden können. b) L. zweiten Grades oder einzugsbedingte L.: Hierzu werden außer Zahlungsmitteln auch Vermögensteile gezählt, die einen Anspruch auf kurzfristige Umwandlung in Geld beinhalten. Außer Zahlungsmitteln werden u.a. Wertpapiere, Forderungen an Kunden, sonstige kurzfristige Forderungen und demnächst fällige langfristige Forderungen zu den kurzfristigen Verbindlichkeiten ins Verhältnis gesetzt. c) L. dritten Grades oder umsatzbedingte L.: Hierzu zählen zusätzliche Vermögensteile, die noch umgesetzt werden müssen, wie fertige Erzeugnisse oder unfertige Erzeugnisse oder auf Warenbörsen gehandelte Rohstoffe. Diese werden zu den kurzfristigen Verbindlichkeiten ins Verhältnis gesetzt.

Lizenz. Die Erlaubnis, das Recht eines anderen (z.B. Patent, Urheberrecht) gewerblich zu nutzen. Die meist zu entrichtenden Lizenzgebühren können einmalig (als Pauschale) oder als ständige Zahlung (z.B. gemessen an der produzierten Stückzahl oder am Umsatz) erhoben werden.

Logistik. Aufgabe der Logistik ist die Sicherstellung eines reibungslosen Material- und Informationsflusses zwischen Kunden, eigenem Unternehmen und Lieferanten. Eine marktgerechte Logistikleistung wird immer häufiger neben Preis und Qualität als wichtigstes Entscheidungskriterium bei der Lieferantenauswahl genannt. Maßstäbe der Logistikleistung sind u.a. die Fähigkeit, den vom Kunden gewünschten Liefertermin zu realisieren (Lieferfähigkeit) und zugesagte Liefertermine auch tatsächlich einzuhalten (Liefertreue). Ansatzpunkte zur Verbesserung der Logistikleistung sind bereichsübergreifendes Denken zur Vermeidung von Bruchstellen in der Logistikkette (von der Kundenbestellung über die Beschaffung, Produktion bis zur Lieferung), Einsatz von leistungsfähigen Informationssystemen (DV-Verbindungen zwischen Kunden, Unternehmen und Lieferant), enge Zusammenarbeit mit den Lieferanten und fließorientierter Aufbau der Fertigung.

Lohnformen. Man unterscheidet: 1. Zeitlohn: Vergütung nach geleisteter Arbeitszeit (z.B. im Angestelltenbereich). Risiko und Nutzen einer Minder-/Mehrleistung trägt der Arbeitgeber. 2. Akkordlohn: Vergütung nach erbrachter Arbeitsleistung (z.B. gefertige Stückzahl). Risiko und Nutzen einer Minder-/Mehrleistung (Abweichung von der Vorgabezeit) trägt Arbeitnehmer. 3. Prämienlohn: Auf Akkord- oder Zeitlohn aufbauende Lohnform, bei der für das Erreichen bestimmter Leistungsziele (geringe Ausschußquote, geringe Maschinenstillstandszeit, geringer Materialverbrauch usw.) zusätzliche Prämien gezahlt werden. Akkord- und Prämienlohn werden auch als Leistungslohn bezeichnet.

Lohnsteuer. Wird entrichtet auf die Einkünfte der Arbeitnehmer aus nicht selbständiger Tätigkeit (Lohn, Gehalt). Sie wird im Lohnsteuerabzugsverfahren vom Arbeitgeber aus der Lohnsteuertabelle unter Berücksichtigung gewisser persönlicher Verhältnisse ermittelt, in der entsprechenden Höhe vom Bruttolohn abgezogen und an das Finanzamt abgeführt. Da die Abzüge nur ungefähr der tatsächlich zu zahlenden Lohnsteuer entsprechen, kann der Arbeitnehmer nach dem Jahresende zuviel entrichtete L. im Lohnsteuerjahresausgleich zurückverlangen (Einkommenssteuererklärung).

M

Management. Ein Begriff aus dem englisch-amerikanischen Sprachraum mit zwei Bedeutungen. 1. Funktionale Bedeutung: Beschreibung verschiedener Prozesse und Aufgaben, die im Unternehmen ablaufen. 2. Institutionelle Bedeutung: Beschreibung der Personen, welche Managementaufgaben übernehmen. Im weiteren Sinne sind das die Vorgesetzten aller Leistungsebenen eines Unternehmens, eingeteilt in Top-, Middle- und Lower-management. Im engeren Sinne bezeichnet man nur das Top- und Middle-management als die Manager oder Führungskräfte eines Unternehmens. Von ihnen erwartet man über das reine Verwalten eines Betriebes hinaus, daß sie durch Führung, Planung, Steuerung und Kontrolle der Unternehmensaktivitäten die gesetzten Ziele unter Einbeziehung moderner betriebswirtschaftlicher Erkenntnisse trotz der zu überwindenden Probleme erreichen.

Marketing. Im engeren Sinne versteht man unter M den Absatz und die Weiterleitung von Gütern. Gebräuchlicher ist aber die Auffassung, M als die aktive Gestaltung der Märkte zu bezeichnen, also eine Funktion, die beim Kunden selbst Nachfrage «produziert». Instrumente des Marketing sind die absatzpolitischen Instrumente. Unter aggressivem M. wird die Beeinflussung des Marktgeschehens ohne Räcksicht auf weitere Mitbewerber bezeichnet, wobei defensives M. bedeutet, sich an den Aktionen der Konkurrenten zu orientieren.

Matrix-Organisation. Entsteht, wenn eine Unternehmung gleichzeitig nach Produktbereichen/Divisionen (z.B. PKW, LKW) und nach Funktionen (Entwicklung, Marketing, Produktion, Logistik usw.) gegliedert ist. Bei der Bewältigung der Aufgaben muß und soll ein Abstimmprozeß zwischen den hochspezialisierten Stäben, z.B. Zentralbereich Marketing, und den Abteilungen der Divisionen mit gleicher Aufgabe, z.B. Marketingabteilung der Division PKW, durchlaufen werden.

N

Nachfrage. Der Teil des Bedarfs an einem Produkt, der zu Käufen führt, z.B. fast alle Haushalte wollen ein Auto (Bedarf), aber nur diejenigen mit den nötigen Mitteln können eines kaufen.

Nominalzins. Der auf einem Wertpapier aufgedruckte, auf den Nennwert bezogene Zins. Bei Ausgabe des Wertpapiers kann der N. mit dem marktüblichen Zins übereinstimmen. Jedoch ist während der Laufzeit eines Wertpapiers mit Schwankungen des Marktzinses gegenüber dem N. und damit mit Abschlägen vom Nennwert bzw. Zuschlägen zum Nennwert mit einer Abweichung der Effektivverzinsung vom N. zu rechnen.

O

Operative Planung. Die Umsetzung der strategischen Planung eines Unternehmens auf die nächstfolgende Planungsperiode. Ausgehend vom Absatzplan werden die folgenden Pläne abgeleitet: 1. Umsatzplan (Menge x Durchschnittspreis der Planperiode). 2. Nur im verarbeitenden Gewerbe: a) Produktionsplan (was muß neu gefertigt werden), b) Kapazitätsplan (welche Maschinenlaufzeit ist erforderlich für die geplante Produktion) und c) Investitionsplan (Neuinvestitionen, wenn die vorhandenen Maschinen nicht ausreichen). 3. Materialbedarfsplan (gleicht den Materialbedarf mit den Beständen ab oder plant einen neuen, optimalen Bestand). 4. Personalbedarfsplan (= Bedarf laut Produktionsplan + Freisetzung + Bestand an Personal). 5. Finanzplan (welche Finanzierung ist nötig). 6. Ergebnisplan (welcher Gewinn wird angestrebt). 7. Bilanzplan (wie schaut die Planbilanz aus).

Organisation. Der Begriff O. wird in mehreren Bedeutungen verwendet: 1. ganz allgemein eine Unternehmung (auch Behörde, Schule) als Institution, 2. das System der offiziellen Beziehungen und Kompetenzen in einem Unternehmen, 3. das Gestalten einer Organisationsstruktur. In der Betriebswirtschaftslehre bezeichnet man die Probleme der organisatorischen Gliederung der Aufgabenverteilung als Aufbauorganisation, die Beziehung zwischen den organisatorischen Stellen als Ablauforganisation.

P

Patent. Nach dem Patentgesetz der Rechtsschutz für die gewerbliche Verwertung einer technischen Erfindung (Produkt oder neues Herstellverfahren) auf die Dauer von höchstens 20 Jahren. Der Urheber bzw. der Inhaber des P. kann dieses z.B. verkaufen oder einem anderen die Nutzung in Form einer Lizenz überlassen. Für den Bereich Deutschland erteilt das deutsche Patentamt das P., das europäische Patentamt erteilt ein Patent für die EG und einige außereuropäische Länder. Ist eine Erfindung nicht patentfähig, kann noch Schutz als Gebrauchsmuster erteilt werden.

Planung. Kann zum einen als Tätigkeit, etwa als Vorausdenken der Zukunft, aufgefaßt, zum anderen als System oder Institution interpretiert werden.

1) Planung als Prozeß: Im Planungsprozeß unterscheidet man verschiedene, aufeinanderfolgende Phasen: a) Zielanalyse (welche Ziele sollen erreicht werden und in welchem Ausmaß), b) Problemanalyse (welche Probleme liegen vor, liegen Beziehungen zu anderen Problemen vor), c) Alternativenanalyse (welche Alternativen gibt es generell, welche sind realisierbar), d) Prognose (wie verändert sich die Umwelt, wie entwickelt sich das Marktvolumen bis zum Jahre 2000, wie viele neue Konkurrenten hat man in den nächsten Jahren zu erwarten, wie verändern sich die zugrundeliegenden Beziehungen) und e) Entscheidungsbewertung (welche Alternative ist die beste).

2) Planung als System stellt die Beziehungen zwischen dem Planungsverantwortlichen, den Planungsträgern und den Planungsmethoden/-instrumenten dar. Sie ist in dem Planungssystem der Unternehmung realisiert. Nach dem Zeithorizont der P. unterscheidet man: a) die kurzfristige Planung, die sich nur auf die Folgeperiode bezieht, z.B. die Budgetplanung, b) die mittelfristige Planung, die meist außer dem aktuellen und dem Budgetjahr noch 3 Folgejahre miteinbezieht und c) die langfristige Planung: Ihre Betrachtungsobjekte sind die Strategie und der Rahmen einer Unternehmung mit einem Zeithorizont von 5 Jahren und länger. Eine ähnliche Unterscheidung wird bei dem Begriff der hierarchischen Planung getroffen.

Man unterscheidet dabei Grundsatzplanung, strategische Planung, taktische Planung und operative Planung.

Preisdifferenzierung. Eine absatzpolitische Maßnahme; bedeutet, daß das Unternehmen für das gleiche Gut nicht nur einen Einheitspreis verlangt, sondern den Markt so differenziert, daß im Optimalfall jeder Käufer den Preis genannt bekommt, den er maximal zu zahlen bereit ist. Um dies wenigstens in Ansätzen zu erreichen, muß der Gesamtmarkt in Teilmärkte zerteilbar sein, die unterschiedliches Verhalten bei preispolitischen Maßnahmen zeigen. Man unterscheidet folgende Arten der P.: 1. Räumliche Differenzierbarkeit: Der Markt muß in Gebiete mit unterschiedlichen Preisen eingeteilt werden können, z.B. Großstadt und ländlicher Raum. 2. Zeitliche Differenzierbarkeit: Zu verschiedenen Zeiten müssen verschiedene Preise möglich sein, z.b. höhere Preise nach Ladenschluß in Bahnhofsläden. 3. Persönliche Differenzierbarkeit: z. B. Rabatt für Mitarbeiter. 4. Sachliche Differenzierbarkeit: Das Produkt kann so angeboten werden, daß es sich in den Augen der Kunden um mehrere verschiedene Produkte handelt.

Produktivität. Eine betriebliche Kennzahl, die das Verhältnis zwischen Output oder Ausbringungsmenge und Input oder Einsatzmenge wiedergibt, z.B. Output von 10000 Stück, Input von 100000 Arbeitsstunden, Produktivität der Arbeit/Arbeitsproduktivität von 0,1 Stück je Stunde. Steigt die Produktivität in der nächsten Periode auf 0,2 Stück je Stunde, dann kann dies als großer Erfolg gewertet werden, soweit sonst nichts verändert wurde (z.b. mehr Maschineneinsatz). Wichtige Produktivitätskennzahlen sind die bereits beschriebene Arbeitsproduktivität und die Kapitalproduktivität (Verhältnis zwischen Output und Maschineneinsatz).

Produktpolitik. Alle das Produkt betreffenden Strategien erfolgreicher Vermarktung, wobei unterschieden wird: 1) Produktinnovation: Die Strategie ist darauf gerichtet, neue Produkte oder Produktgruppen am Markt einzuführen. a) Von Differenzierung spricht man, wenn zu bestehenden Produkten ähnliche hinzukommen. b) Von Diversifikation spricht man, wenn eine neue Produktgruppe aufgenommen wird. 2) Von Produktvariation spricht man, wenn ein bereits vorhandenes Produkt in seinen Eigenschaften verändert wird. 3) Produktelimination bedeutet, daß bisherige Produkte aus dem Sortiment genommen werden. Zu der P. gehört nicht nur das Produkt an sich, sondern z.B. auch die Wahl des Produktnamens, seine Verpackung (auch unter ökologischen Gesichtspunkten), die Ausstattung mit Zubehör, Garantie und Service.

Profit-center. Ein Unternehmensteil, der Gewinn erwirtschaften soll und damit zu unternehmerischem Denken veranlaßt wird. Da viele Unternehmensteile aber nicht an den Markt, sondern an andere Unternehmensteile liefern (z.B. Fertigungsbetrieb liefert an eigenen Vertrieb), ist eine interne Verrechnungsschwelle nötig, an der der Lieferer zu marktähnlichen Preisen abgibt und im Optimalfall dabei einen Profit-Center-Gewinn erzielt. Der Empfänger kann diese Abgabepreise an den externen Marktpreisen messen und damit mehr Druck auf die Abgabepreise seines internen Lieferanten ausüben.

Public relations (Öffentlichkeitsarbeit). Maßnahmen zur Erzeugung eines möglichst positiven Bildes in der Öffentlichkeit (z.B. durch Tag der offenen Tür, Spenden, Werbung usw.). wobei u.a. Vertrauen und Verständnis für das Unternehmen geschaffen werden sollen.

Q

Quellensteuer. Wird bereits an der Quelle ihrer Entstehung erhoben. Die Lohnsteuer wird beim Arbeitgeber vom Bruttolohn einbehalten, die Kapitalertragssteuer (hauptsächlich auf inländische Kapitalerträge aus Aktien in Höhe von 25% auf die Dividende) wird von der Bank, die die Kapitalerträge auszahlt, einbehalten und ebenfalls an das Finanzamt abgeführt. Beide Steuerarten haben den Charakter einer Vorauszahlung, da bei der Einkommensteuererklärung sowohl die Einkommen- als auch die Kapitalertragssteuer gegen die tatsächlich zu zahlende Einkommensteuer aufgerechnet werden.

R

Rabatt. Wird manchen Kunden von einem allgemein bekanntgegebenen Preis aus Wettbewerbsgründen eingeräumt. Das Rabattgesetz bestimmt für den Fall, daß es sich um einen Kunden handelt, der Waren des täglichen Badarfs im Einzelverkauf als Endverbraucher kauft, daß nur zwei der folgenden Rabattarten gleichzeitig gewährt werden dürfen: 1. der Barzahlungsrabatt von maximal 3% auf den Preis, 2. der Mengenrabatt für mehrere Stücke oder größere Mengen, 3. der Sonderrabatt an Personen, die die Ware in ihrer gewerblichen oder beruflichen Tätigkeit verwerten, an Großverbraucher und Mitarbeiter des eigenen Unternehmens, 4. Treuerabatt bei Markenartikeln. Im Geschäftsverkehr zwischen Produzenten und Wiederverkäufern/ Händlern unterscheidet man: Skonto, Mengenrabatt, Funktionsrabatt für Übernahme von Teilen der Handelsfunktion des Verkäufers, Treuerabatt für langjährige Geschäftsbeziehungen, Wiederverkäuferrabatt auf einen theoretisch vom Endverbraucher zu zahlenden Preis, Naturalrabatt.

Rechnungswesen. Macht die in Zahlen darstellbaren Vorgänge eines Unternehmens sichtbar und liefert damit dem Management (internes R.) die für die Erfüllung seiner Aufgaben benötigten Informationen. Gleichzeitig informiert es entsprechend den gesetzlichen Interessensgruppen (z.B. Steuerbehörden, momentane und potentielle Eigen- und Fremdkapitalgeber, Öffentlichkeit, Kunden, Lieferanten) eines Unternehmens (externes R.) Das R. beinhaltet folgende Zweige: 1. Externes R.:

a) Finanzbuchhaltung: Darstellung der Vermögens- und Ertragslage und Erfassung von Vorgängen der Veränderungen derselben, b) Jahresabschluß: stichtagsbezogene Darstellung der Vermögens- und Ertragslage, c) Liquiditätsrechnung: Sichern der Liquidität. 2. Internes R.: a) Betriebsbuchhaltung und Kostenrechnung: Ermittlung der Stückkosten in der Kalkulation und des Betriebsergebnisses in kurzen Zeitabschnitten und zum Geschäftsjahresende, b) Erstellung von Betriebsstatistiken, c) Erstellen von Auswertungen und Berichten, d) Erstellen von Planungsrechnungen z.b. Budgetplanung der Kostenstellen, Investitionsplanung, Planung der Stückkosten.

Rechtsformen der Unternehmung. Die verschiedenen Formen der Ausgestaltung rechtlicher Rahmenbedingungen für die Rechtsbeziehungen innerhalb und außerhalb einer Unternehmung. Die Rechtsformentscheidung muß bei der Unternehmensgründung getroffen und immer dann, wenn sich wesentliche Veränderungen in den Beziehungen ergeben haben (Umstrukturierung, Änderung der Gesellschaftsverträge), geprüft werden. Für die privatwirtschaftlichen Betriebe lassen sich folgende Rechtsformen unterscheiden: 1) Personengesellschaft: Hier steht die Person des Gesellschafters im Mittelpunkt. Beim Zusammenschluß mindestens zweier Personen können die Rechtsformen der a) BGB-Gesellschaft, b) offenen Handelsgesellschaft oder OHG, c) Kommanditgesellschaft oder KG und d) stillen Gesellschaft gewählt werden. 2) Kapitalgesellschaften: Hier steht die Kapitalbeteiligung im Mittelpunkt, sie ist unerlässlich, mit ihr ist aber auch eine Haftungsbeschränkung verbunden. Die Gesellschaft haftet gegenüber Dritten maximal mit ihrem Gesellschaftsvermögen. Die Unternehmensführung kann an Dritte abgegeben werden (Fremdorganschaft). a) Aktiengesellschaft (AG): Für sie gelten die Bestimmungen des Aktiengesetzes. Dabei besteht das Grundkapital der Gesellschaft aus Aktien. b) Gesellschaft mit beschränkter Haftung (GmbH): Es gilt das GmbH-Gesetz. Die GmbH wird als Rechtsform meist von kleineren und mittleren Unternehmen bevorzugt. 3) Mischformen aus Personen- und Kapitalgesellschaften wie GmbH & Co. KG werden aus Haftungsbeschränkungsgründen und aus steuerlichen Aspekten gegründet. Sie sind rechtlich nicht in einem Gesetz begründet, deshalb gilt die Bestimmungen der einzelnen Gesellschaftsteile. 4) Genossenschaften sind im Gesetz betreffend die Erwerbs- und Wirtschaftsgenossenschaften geregelt.

Rentabilität. Eine Kennzahl zur Beurteilung des Unternehmens. Man unterscheidet: 1) Eigenkapitalrentabilität oder Unternehmerrentabilität, 2) Gesamtkapitalrentabilität oder Unternehmensrentabilität, 3) Umsatzrentabilität oder Umsatzrendite.

Risiken des Kaufmanns bzw. Wagnisse sind immer mit der Tätigkeit des Unternehmens verbunden. Zu unterscheiden sind: 1) Das allgemeine Unternehmenswagnis ist das Risiko, daß ein Unternehmen insgesamt in seinem Bestand gefährdet ist, z.B. durch Nachfragerückgang nach seinen Produkten. Für diesen Fall kann kein Betrag in den Kosten kalkuliert oder versichert werden. Deshalb muß dieses Risiko des Verlustes des Unternehmens und damit des eingesetzten Vermögens durch den Unternehmergewinn getragen werden. 2) Die Einzelwagnisse müssen in der Kalkulation der Produkte durch pauschale Risikosätze oder Versicherungsprämien für versicherbare Risiken berücksichtigt werden, da man den tatsächlichen Eintritt und die Höhe der Risiken nicht kennt, sondern nur prognostizieren kann. Man unterscheidet die Einzelwagnisse in: a) Anlagenwagnis: Vermögensschaden bei Anlagen, z.B. durch Brand, Blitzschlag bei Gebäuden oder Ausfall von Maschinen vor Ende der Abschreibung; b) Beständewagnis: technische Überalterung, Preisverfall an den Beschaffungsmärkten, Diebstahl usw.; c) Mehrkostenwagnis: Risiko von Mehrkosten in der Fertigung, weil ein Produkt zu den angenommenen und somit auch kalkulierten Kosten nicht gefertigt werden kann, z.B. wegen Konstruktionsfehlern, Ausschuß, Materialfehlern, unsachgemäßer Handhabung; d) Entwicklungswagnis: die Kosten für alle Entwicklungen, die nicht am Markt eingeführt werden können oder am Markt zu Flops werden; e) Gewährleistungswagnis: Kosten für Nachbesserung oder Ersatzlieferung, die wir innerhalb der Frist der Gewährleistung zu tragen haben; f) Angebotswagnis: vor allem dann üblich, wenn der Kunde ein umfangreich ausgearbeitetes Angebot fordert, um sich zwischen mehreren Anbietern zu entscheiden; wir müssen im Falle, daß ein Mitbewerber zum Zuge kommt, die Kosten der Angebotserstellung selbst tragen; g) Vertriebs- oder Delkrederewagnis: eventueller Ausfall unserer Forderung durch Konkurs beim Kunden, Währungsverluste usw. Die Risiken müssen je nach Branche teilweise über die AGB direkt auf den Kunden übertragen werden (Risikoteilung) oder andererseits in vermuteter Höhe in die Kosten einbezogen und wenn möglich über den Umsatz abgedeckt werden. Jedenfalls stellt eine Nichtberücksichtigung oder falsche Einschätzung der Risiken eine große Bedrohung für den Unternehmensbestand dar.

Rohstoffe. Werden durch Be- und Verarbeitung in Produkte verwandelt, wobei sie deren wesentliche Bestandteile werden, z.B. Stahlblech als Rohstoff für Blechkisten.

S

Schadenersatz. Muß der Schädiger an den Geschädigten als Ersatz für einen von ihm verursachten Schaden leisten. Dabei unterscheidet man: 1) materielle Schäden oder Vermögensschäden, z.B. am Haus oder Auto usw. des Geschädigten, 2) immaterielle Schäden oder Schäden an einem sonstigen rechtlich geschützten Gut, z.B. an der Gesundheit des Geschädigten. Der S. muß außer für den konkreten Schaden auch für entgangenen Gewinn geleistet werden.

Skonto. Ein Rabatt für Barzahlung oder Zahlung innerhalb weniger Tage nach Rechnungserhalt. Er ist für den Käufer wie für den Verkäufer von Nutzen. Der Käufer verliert zwar die Möglichkeit, einen Lieferantenkredit in Anspruch zu nehmen, oft ist aber der Zahlungstermin dieses Lieferantenkredits so eng gesetzt, daß ein S. von z.B. 3% umgerechnet auf Jahresfrist weit teurer ist als ein Bankkredit. Bsp.: Bei 3% Skonto für Barzahlung gegenüber Nichtinanspruchnahme eines Lieferantenkredits von 30 Tagen errechnet sich die Effektivverzinsung mit 12 x 3% = 36% umgerechnet auf Jahresbasis. Der Verkäufer kann mit pünktlicher Zahlung rechnen, erspart sich den Verwaltungsaufwand eines eventuellen Mahnverfahrens mit dem Risiko, seine Kunden zu verärgern, und verfügt über Liquidität, die ihm selbst eine Kreditaufnahme erspart.

Software. Programme (Summe von Arbeitsanweisungen), die auf einer elektronischen Datenverarbeitungsanlage ausgeführt werden können. Dabei werden u.a. unterschieden: Anwendungsprogramme (z.B. Standardprogramme der großen Softwarehersteller) und Systemprogramme (wie bspw. das Betriebssystem, das den Computer steuert). Im allgemeinen können darunter aber auch allgemeine Richtlinien, Dokumentationen etc. verstanden werden.

Sozialversicherung. Besteht zur sozialen Absicherung der Arbeitnehmer. Zweige der Sozialversicherung sind Arbeitslosenversicherung, Rentenversicherung, Krankenversicherung und Unfallversicherung.

Streik. Arbeitskampfmaßnahme der Gewerkschaft, bei der durch gezielte Arbeitsniederlegung in Betrieben eines Wirtschaftsbereiches Druck auf die Arbeitgeberseite ausgeübt wird. Arten des Streiks: 1) Flächenstreik: Alle Arbeitnehmer eines Tarifgebietes legen die Arbeit nieder. 2) Schwerpunktstreik: Nur Schlüsselbetriebe werden bestreikt. Damit werden mit geringem Aufwand möglichst große wirtschaftliche Störungen verursacht. 3) Warnstreiks: kurzzeitige Arbeitsniederlegungen, um schon vor Beginn des eigentlichen Arbeitskampfes den Forderungen Nachdruck zu verleihen. Während des Streiks besteht keine Lohnzahlungspflicht des Arbeitgebers. Gewerkschaftsmitglieder erhalten Streikunterstützung aus der Gewerkschaftskasse. Arbeitswillige Arbeitnehmer dürfen nicht von der Arbeitsaufnahme abgehalten werden. Die Streikmaßnahmen enden mit Aushandlung eines Kompromisses.

T

Tarifautonomie. Aus Artikel 9 des Grundgesetzes abgeleitete Befugnis der Unternehmerverbände und Gewerkschaften, innerhalb der gesetzlichen Rahmenbedingungen in Tarifverhandlungen Arbeits- und Wirtschaftsbedingungen für ihre Mitglieder durch Tarifvertrag festzulegen.

Tarifverhandlungen. Mit Ablauf oder fristgerechter Kündigung des Tarifvertrages ergibt sich die Notwendigkeit neuer T. Bei einem Scheitern kann ein Schlichtungsverfahren eingeleitet werden, in dem ein neutraler Dritter (z.B. beiderseitsgeschätzte Person des Wirtschaftslebens oder der Politik) zwischen den Vertragsparteien zu vermitteln versucht. Scheitert auch das Schlichtungsverfahren, kommt es zum Arbeitskampf. Im Arbeitskampf versuchen die Verhandlungsparteien durch Streik oder Aussperrung ihre Forderungen durchzusetzen.

Tarifvertrag. Wird unterschieden nach: 1) Manteltarifvertrag: Er regelt die allgemeinen Arbeitsbedingungen in einem Wirtschaftsbereich (Arbeitszeit, Urlaub, Kündigungsfristen, usw.). 2) Lohn- und Gehaltstarifverträge haben die Festlegung des tariflichen Arbeitseinkommens und außerdem für die abschließenden Vertragsparteien außerdem eine Friedenspflicht (Verzicht auf Arbeitskampfmaßnahmen) während der vereinbarten Laufzeit des Vertrages zum Gegenstand.

U

Überschuldung. Ein Unternehmen ist überschuldet, wenn die Schulden das Vermögen übersteigen. Kapitalgesellschaften und sonstige Gesellschaften ohne persönlich haftende Gesellschafter müssen dann einen Antrag auf Eröffnung des Konkursverfahrens stellen. Unternehmen mit persönlich haftenden Gesellschaftern müssen diesen Zustand schnellstens durch eine Sanierung beheben, jedoch ist bei ihnen die Deckungsmöglichkeit durch eventuell vorhandenes Privatvermögen gegeben.

Umlaufvermögen ist der teil des Vermögens auf der Aktivseite der Bilanz, der nur für kurze Zeit im Unternehmen verbleibt und sich daher in Wert und Menge ständig verändert. Zum Umlaufvermögen in der vom Kaufmann zu erstellenden Bilanz ist zu rechnen:
1. Vorräte (u.a. Roh-, Hilfs- und Betriebsstoffe, unfertige und fertige Erzeugnisse und Handelswaren)
2. Forderungen und sonstige Vermögensgegenstände (u.a. Forderungen gegen Kunden)
3. Wertpapiere (u.a. Anteile an verbundenen Unternehmen, festverzinsliche Wertpapiere)
4. Schecks, Kasse, Bundesbank- und Postgiroguthaben, Guthaben bei Kreditinstituten

Umsatz wird gewöhnlich in der Bedeutung Preis x verkaufte Stückzahl verwendet, z.B. bei einem Preis von 10,- DM und einer verkauften Menge von 200 Stück beträgt der Umsatz 2000,- DM. Gelegentlich bezeichnet man den Umsatz auch als Absatz. Der Umsatz ist neben dem mengenmäßigen Absatz eine zentrale Planungsgröße der operativen Planung, sowohl für die Liquidität als auch für den Erfolg des Unternehmens.

Umsatzsteuer. Laut Umsatzsteuergesetz vom Unternehmer durch Aufschlag auf die Nettoverkaufspreise (Angebotspreis abzüglich Rabatt usw., also so, wie er vom Kunden zu zahlen ist) der Leistungen den Kunden zu berechnen, um sie ans Finanzamt abzuführen. Vor der Abführung darf er von der Umsatzsteuerschuld aus dem Verkauf seiner Waren die Vorsteuer, die ihm als Kunden von seinen Lieferanten in Rechnung gestellt wurde, abziehen. Die Differenz, genannt Zahllast, ist bei Kleinstumsätzen einen Monat nach Geschäftsjahresende, bei kleinen Umsätzen vierteljährlich, sonst monatlich (bei kleinen und größeren Umsätzen bis zum 10. Tage des Folgemonats) an das Finanzamt abzuführen. Zusätzlich zu dieser Vorauszahlung ist nach Geschäftsjahresende eine Jahressteuererklärung für die U. auf einem amtlich vorgeschriebenen Formular abzugeben, und zwar bis zum 31. Mai des Folgejahres. Umsatzsteuerpflichtig sind der Verkauf im Inland, der Eigenverbrauch und die Einfuhr von Gegenständen ins Inland. Die U. soll jedoch nicht den Unternehmer belasten, sondern vom Endverbraucher getragen werden. Allerdings ist bei einem Käufermarkt nicht damit zu rechnen, daß eine Erhöhung der U. dauerhaft in Form einer Preiserhöhung an den Kunden weitergegeben werden kann In diesem Fall muß der Unternehmer die U. selbst tragen.

Unfallversicherung. Unterschieden nach gesetzlicher und privater U. 1) Während der Arbeitnehmer für das Unternehmen tätig ist, sowie auf dem Weg zur Arbeit und zurück, leistet bei Unfällen automatisch die gesetzliche Unfallversicherung, die über die Berufsgenossenschaften als Träger der gesetzlichen U. vom Arbeitgeber abgeschlossen werden muß, Zahlungen. Sie leistet auch bei Berufskrankheiten, außerdem auch für Kinder im Kindergarten, Schüler und Studenten. 2) Die private U. kann zusätzlich abgeschlossen werden und leistet sowohl in den oben beschriebenen Fällen als auch bei allen Unfällen während der Freizeit. Sie leistet z.B. bei Invalidität, Unfalltod, Arbeitsunfähigkeit und Krankenhausaufenthalt.

Unternehmenskultur. Als ein Wertsystem zu verstehen, das in der Lage ist, Entscheidungen und Handlungen der im Unternehmen tätigen Menschen so zu beeinflussen, daß abweichend von anderen Unternehmen ein Ergebnis erkennbar ist, z.B. starke Kundenorientierung als unternehmenskulturelle Maxime auch der kundenfern tätigen Menschen eines Unternehmens, im Gegensatz zu den übrigen Unternehmen der Branche, die diese Kundenorientierung nicht erkennen lassen.

Unternehmensziele beschreiben einen gewünschten zukünftigen Zustand des Unternehmens, wobei von einem Oberziel ausgehend durch Konkretisierung Unterziele abgeleitet werden können. Der Controller hat die Aufgabe, das Gewinnziel, z.B. 5% Gewinn vom Umsatz, so auf die einzelnen Akteure einer

Unternehmung aufzuteilen, daß die Summe der erreichten Unterziele (z.B. 10% mehr Umsatz im Vertriebsbezirk Oberbayern eines Vertreters) das Oberziel ergibt. Sollen mehrere Ziele gleichzeitig erreicht werden, spielt es eine Rolle, welche Beziehung zwischen den Zielen besteht. Komplementäre Ziele sind miteinander verträglich, das heißt, sie können gleichzeitig erreicht werden. Konfliktäre Ziele sind schwer gleichzeitig zu erreichen. Neutrale Ziele beeinflussen sich gegenseitig nicht oder kaum. Entsprechend der Unternehmensplanung unterscheidet man strategische Ziele, operative Ziele und taktische Ziele. Die Bildung von Unternehmenszielen ist ein weiterer wichtiger Teil eines Prozesses:

Zuerst Bestimmung der Ausgangslage eines Unternehmens, Setzen des zu erreichenden Zieles, Entscheidung für die geeignetste Handlungsmöglichkeit, Durchführung des entsprechenden Aktionsprogramms, zielbezogene Steuerung des Prozesses und abschließende Kontrolle auf endgültige Zielerreichung.

V

Verbundene Unternehmen. Man spricht von v.U., wenn rechtlich selbständige Unternehmen dergestalt miteinander verflochten sind, daß 1) das eine Unternehmen die Mehrheit der Stimmrechte an einem anderen besitzt oder 2) ein Unternehmen auf ein anderes unmittelbar oder mittelbar Herrschaft ausüben kann oder 3) gegenseitige Kapitalbeteiligung mit jeweils mehr als 25% besteht oder 4) Beherrschungsverträge oder Gewinnabführungsverträge bestehen.

Sind ein herrschendes und ein oder mehrere abhängige Unternehmen unter einheitlicher Leitung zusammengefaßt, spricht man von einem Konzern. Das herrschende Unternehmen wird als Konzernmutter, die beherrschten Unternehmen als Konzerntöchter bezeichnet.

Verlust. Entsteht in der GuV, wenn der Aufwand den Ertrag einer Periode übersteigt (Jahresfehlbetrag), in der Bilanz, wenn die Passiva die Aktiva übersteigen (Bilanzverlust), in der Kostenrechnung, wenn die Kosten die Leistungen übersteigen (Betriebsverlust).

Vermögen. Wird in der Bilanz des Unternehmens unterteilt nach Anlagevermögen und Umlaufvermögen gezeigt und insgesamt auch als Aktiva bezeichnet. Das um die Schulden bereinigte V. nennt man Reinvermögen. In der Kostenrechnung ist das betriebsnotwendige V. Grundlage für die Berechnung der kalkulatorischen Zinsen. Unterscheidet sich vom bilanziellen V. dadurch, daß es oft zu Wiederbeschaffungswerten abzüglich der kalkulatorischen Abschreibung angesetzt wird (zumindest das Anlagevermögen) und daß nicht betriebsnotwendige Vermögensteile abgezogen werden. Zieht man vom betriebsnotwendigen Vermögen die unverzinslich zur Verfügung stehenden Vermögensteile ab, ergibt sich das betriebsnotwendige Kapital, das für Zwecke der Kostenrechnung verzinst wird.

Vermögensteuer. Wird auf das steuerpflichtige Vermögen für natürliche Personen mit 0,5% und für juristische Personen (z.B. AG, GmbH) mit 0,6% berechnet. Multipliziert man das steuerpflichtige Vermögen, z.B. 50 TDM einer natürlichen Person mit dem Steuersatz 0,5%, ergibt sich die Jahressteuerschuld in diesem Beispiel von 250,- DM.

Verzug ist sowohl beim Schuldner einer Leistung (z.B. Warenhaus schuldet Lieferung eines Rasenmähers, Kunde schuldet die Bezahlung) als auch beim Gläubiger einer Leistung (z.B. Kunde hat Anspruch auf Rasenmäherlieferung, muß diesen aber auch abnehmen) möglich.

1) Beim Schuldnerverzug unterscheidet man: a) Zahlungsverzug: Laut BGB gerät der Käufer in Zahlungsverzug, wenn er den vereinbarten Kaufpreis aus eigener Schuld nicht oder nicht rechtzeitig bezahlt, dabei ist Voraussetzung, daß er erst noch eine Mahnung erhält oder daß die Zahlung kalendermäßig bestimmt ist, z.B. Zahlung bis zum 18. September. Die Rechte des Gläubigers sind dann wie folgt: Nach Eintritt des Verzugs kann der Gläubiger weiterhin Zahlung und evtl. Schadenersatz z.B. in Form von Verzugszinsen (nach BGB 4% und nach HGB 5% falls nicht im Vertrag festgelegt) verlangen. Nach einer angemessenen Nachfrist zur Zahlung kann er auch die Ware zurücknehmen (Vertragsrücktritt) und evtl. Schadenersatz wegen Nichterfüllung verlangen). b) Lieferverzug: der Verkäufer gerät in Lieferverzug, wenn er aus eigener Schuld (bei Gattungskauf auch ohne Schuld) nicht oder nicht rechtzeitig liefert. Die Voraussetzungen des Lieferverzugs und die Rechte des Gläubigers gelten analog dem Zahlungsverzug.

2) Gläubigerverzug oder Annahmeverzug besteht dann, wenn der Käufer die Ware oder der Verkäufer die Bezahlung nicht oder nicht rechtzeitig annimmt unter der Voraussetzung, daß die Leistung fällig ist und ihm tatsächlich angeboten wurde. Die Rechtsfolgen sind: Die Gefahr des zufälligen Untergangs (z.B. Blitzschlag in Holzlieferung) geht ab Verzug auf den Gläubiger über, und der Schuldner haftet nur noch für grobe Fahrlässigkeit und Vorsatz, außerdem kann er auf Abnahme klagen, wenn er ein Kaufmann ist, die Ware einlagern lassen oder zum Selbsthilfeverkauf schreiten.

Z

Zahlungsbedingungen. Sind zwischen Gläubiger und Schuldner bei Vertragsschluß anerkannte Vereinbarungen zu den näheren Umständen der Zahlung. Meist ergeben sie sich aus den AGB, die Gläubiger und Schuldner aufgestellt haben, oder sie werden einzelvertraglich geregelt, gelten die gesetzlichen Z., die z.B. bestimmen, daß der Schuldner seine Schuld bezahlt hat, sobald er die Geldsumme etwa durch Überweisung an den Gläubiger auf den Weg bringt. Vereinbart wird z.B., ob der Schuldner bei schneller Bezahlung oder Bezahlung von seiner Schuld einen Barzahlungsrabatt abziehen darf oder daß die Zahlung erst als geleistet gilt, wenn das Geld beim Gläubiger ankommt, oder in welcher Form (Bar, Scheck, Überweisung, Nachnahme usw.) zu zahlen ist oder ob Vorauszahlung, Übergabe gegen Bezahlung (Zug um Zug) oder Zahlung im Nachhinein gewünscht wird.

Zession (Forderungsabtretung). Die vertragliche Übertragung einer Forderung gegen einen Schuldner (Drittschuldner) von einem alten Gläubiger (Zedent) auf einen neuen Gläubiger (Zessionar). Durch die Z. kann der neue Gläubiger einen Kredit, den er dem alten Gläubiger einräumt, zusätzlich absichern, allerdings muß er alle Einwendungen des Drittschuldners gegen sich gelten lassen, z.B. daß der die Ware wegen falscher Lieferung nicht bezahlen will. Man unterscheidet: 1) Bei der stillen Z. erfährt der Drittschuldner nicht, daß die Forderung gegen ihn von seinem Gläubiger abgetreten wurde, und bezahlt an den alten Gläubiger. Bei der offenen Zession dagegen weiß der Drittschuldner von der Abtretung und kann an den neuen Gläubiger zahlen. 2) Bei der Globalzession tritt der alte Gläubiger nicht einzelne Forderungen, sondern Gruppen von Forderungen ab, z.B. alle bestehenden und zukünftigen Forderungen der Schuldner AG. Bei der Mantelzession werden die abgetretenen Forderungen in eine Liste eingetragen und dem Zessionsvertrag beigefügt. Neue abzutretende Forderungen müssen dann immer neu genehmigt werden.

Das Factoring ist eine Sonderform der Zession.

Zeugnissprache:
Gerichte haben entschieden, daß Arbeitszeugnisse den Arbeitnehmer in seinem beruflichen Werdegang nicht behindern dürfen. Deshalb hat sich eine Geheimsprache entwickelt, die Leistungsschwächen «zwischen den Zeilen» erkennen läßt.

Leistungsbenotung	*«Geheimsprache des Arbeitszeugnisses»*
sehr gut	er/sie hat die ihm/ihr übertragenen Aufgaben stets zu unserer vollsten Zufriedenheit ausgeführt
gut	er/sie hat die ihm/ihr übertragenen Aufgaben stets zu unserer vollen Zufriedenheit ausgeführt
befriedigend	er/sie hat die ihm/ihr übertragenen Aufgaben zu unserer vollen Zufriedenheit ausgeführt
ausreichend	er/sie hat die ihm/ihr übertragenen Aufgaben zu unserer Zufriedenheit ausgeführt
mangelhaft	er/sie hat die ihm/ihr übertragenen Aufgaben im großen und ganzen zu unserer vollen Zufriedenheit ausgeführt
ungenügend	er/sie hat sich bemüht, die ihm/ihr übertragenen Aufgaben zu unserer vollen Zufriedenheit auszuführen

Nicht nur der Wortlaut der Bewertung des Arbeitszeugnisses ist von Bedeutung, Personalleute berücksichtigen auch die Wertung in ihrer Gesamtheit und achten darauf, wer das Zeugnis ausgestellt hat.

Zuschlagskalkulation. Eine Kostenträgerstückrechnung, d.h. in ihr werden die Kosten je Stück ermittelt. Sie wird in Industriebetrieben mit weitverzweigtem Produktionsprogramm häufig als differenzierte Z., d.h. unter Verwendung mehrerer Zuschlagssätze angewandt. Folgendes Vorgehen ist nötig:

1) Einzelkosten: a) Die Materialeinzelkosten werden aus der Stückliste (Menge) und der Einkaufspreisdatei (Wert) ermittelt. b) Die Fertigungslöhne ermittelt man aus den Zeitangaben im Bauplan (Menge) und aus den Lohnsätzen (Wert) der Personalabteilung. c) Die Sondereinzelkosten der Fertigung ergeben sich zum Beispiel aus der Nutzung eines Spezialwerkzeugs, (das nur für das zu kalkulierende Produkt gebaut wurde) über die Betriebsbuchhaltung.

2) Gemeinkosten: Die Gemeinkosten, die nicht verursachungsgerecht auf das einzelne Produkt zurechenbar sind, sondern über den Umweg der Kostenstellenrechnung auf die Produkte verteilt werden, wie Raummiete, werden aus den Zahlen der Finanzbuchhaltung entnommen, in der Betriebsbuchhaltung aufbereitet und auf die Kostenstellen als Orte der Entstehung der Gemeinkosten zugerechnet. Um die Kosten der Hauptkostenstellen zu ermitteln, werden die Kosten der allgemeinen und der besonderen Hilfskostenstellen auf diese umverteilt. In der abschließenden Rechnung werden durch Vergleich der Zuschlagsbasen mit den Kostensummen der Hauptkostenstellen die Zuschlagssätze ermittelt. Zuschlagsbasis: a) Die übliche Zuschlagsbasis für die Materialgemeinkosten ist der Betrag der Materialeinzelkosten. b) Zuschlagsbasis für die Fertigungsgemeinkosten ist häufig der Fertigungslohn. c) Als Zuschlagsbasis für die Verteilung der Entwicklungs-, Verwaltungs- und Vertriebsgemeinkosten wird üblicherweise die Summe der Herstellkosten verwendet. d) Für kapitalintensive Arbeitsplätze werden die Gemeinkosten nicht auf der Basis des Fertigungslohnes, sondern zweckmäßigerweise auf der Basis der Maschinenlaufzeit je Stück laut Bauplan errechnet.

In vielen Industriebetrieben wird die Zuschlagskalkulation meist nur als Vorkalkulation durchgeführt, um zu Geschäftsjahresbeginn Informationen für die Beurteilung der Produkte und bei neuen Produkten für die Preisbildung zu haben.

Anhang

MUSTER VON GESCHÄFTSBRIEFEN

ABLEHNUNG EINER BESTELLUNG-VERMITTLUNG EINES MÖGLICHEN LIEFERANTEN

Empfängerbezeichnung _____

Postfach/Straße und Hausnummer _____

PLZ Bestimmungsort _____

Bestellung Nr. _____

Sehr geehrte _____ ,
wir danken für Ihre Bestellung. Leider können wir die benötigten Schlösser nicht liefern. Sie sind nicht vorrätig, weil sie wegen ihrer Besonderheit wenig verlangt und deshalb nicht mehr serienmäßig hergestellt werden.
   Der Preis für eine Sonderanfertigung ist sehr hoch. Sie können jedoch versuchen, die Schlösser bei der Firma _____
Straße und Hausnummer, PLZ Bestimmungsort, Telefonnummer zu kaufen. Diese Firma ist auf die Herstellung von Spezialschlössern eingestellt.
   Wir fügen eine neue Preisliste unserer Erzeugnisse bei. Vielleicht bietet sich wieder eine Gelegenheit, bei uns zu bestellen.

Mit freundlichen Grüßen _____

(Firmenbezeichnung) _____

(Maschinenschriftliche Unterschriftenwiedergabe) _____

ANKÜNDIGUNG EINER PREISERHÖHUNG — NEUE AUSLÖSUNGSSÄTZE WEGEN GESTIEGENER PERSONALKOSTEN

Empfängerbezeichnung _____

Postfach/Straße und Hausnummer _____

PLZ Bestimmungsort _____

Erhöhung der Montagesätze _____

Sehr geehrte _____ ,
das Bundesfinanzministerium hat die steuerlich zulässigen Höchstsätze für Verpflegung und Unterkunft bei Dienstreisen und Außenmontagetätigkeit mit Wirkung vom tt.mm.jj angehoben.

Entsprechend unserer Montagerichtlinien sowie nach den uns vom Betriebsrat vorgelegten Forderungen müssen wir die Auslösungssätze bei Montagetätigkeiten deshalb erhöhen. Dies ist bedauerlich, weil derzeit allgemein die Kosten und speziell die Personalkosten ohnehin laufend steigen. Wir hoffen, daß Sie dennoch Verständnis dafür haben, daß wir die entstehenden erheblichen Mehrkosten an unsere Kunden weitergeben.

Die neuen Auslösungssätze ersehen Sie aus der beigefügten Aufstellung. Die Übersicht ist unterteilt nach Ländergruppen und nach Fachpersonal. Die höheren Sätze gelten ab tt.mm.jj.

Bis zu diesem Termin durchgeführte Montage- und Reparaturarbeiten rechnen wir zu den bisher geltenden Montagesätzen ab. Sollten Sie beabsichtigen, in nächster Zeit einen Monteur von uns anzufordern, dann wenden Sie sich bitte schnell an uns — im Augenblick haben wir noch freie Kapazität an Monteurstunden für die kommenden Wochen.

Bei Montagen, die vor der Erhöhung der Auslösungen beginnen, aber erst danach beendet sind, gelten für die Arbeitszeit bis einschließlich tt.mm.jj ebenfalls noch die alten Sätze. Wegen der Berechtigung der zwischenzeitlichen Erhöhung verweisen wir auf .Abs. unserer Allgemeinen Montagebedingungen.

Mit freundlichen Grüßen _____

(Firmenbezeichnung) _____

(Maschinenschriftliche Unterschriftenwiedergabe) _____

ANTWORT AUF EINE EINLADUNG — ABSAGE DER TEILNAHME AN EINER FILIALERÖFFNUNG

Empfängerbezeichnung _____

Postfach/Straße und Hausnummer _____

PLZ Bestimmungsort _____

Eröffnung ihrer Filiale _____

Sehr geehrte _____ ,
die neue Filiale in der Kaiserallee ist eine ausgezeichnete Idee. Bisher waren die Einwohner gezwungen, ins Stadtzentrum zu fahren, wenn sie Produkte Ihres Hauses kaufen wollten.
   Vielen Dank für die Einladung zum Empfang anläßlich der Eröffnung. Leider fällt der Termin mit meinem Aufenthalt in Irland zusammen. Diese Geschäftsreise habe ich seit langem geplant und kann sie nicht verschieben. Ich hätte gern teilgenommen und Ihnen persönlich meine Anerkennung für das gelungene Unternehmen ausgesprochen.
   Einen guten Start und viel Erfolg! Mit freundlichem Gruß Firmenbezeichnung _____

   (Maschinenschriftliche Unterschriftenwiedergabe) _____

BEWERBUNGSSCHREIBEN —
STELLENBEWERBUNG ALS DIREKTIONSASSISTENTIN

Hertha Feiler
Rodenstockplatz 8
(PLZ) Nürnberg
Tel. (09 11) 1 67 98

Haubner & Co.
Büro-Organisation
Postfach 36 68
(PLZ) Köln

Stellenbewerbung

Ihre Anzeige in der „Frankturter Allgemeinen" von _____

Sehr geehrte Damen und Herren _____ ,
sie suchen eine Direktionsassistentin für die Geschäftsführung. Dieser Arbeitsplatz interessiert mich sehr, weil ich meine berufliche Erfahrung erweitern möchte.

Während der letzten Jahre habe ich Möglichkeiten der Weiterbildung wahrgenommen und Fachkenntnisse vertiefen können. Nach den Diplomabschluß als Direktionsassistentin konzentrierte ich mich zunächst auf Fremdsprachen. Gegenwärtig besuche ich an einer BFS einen Fortbildungskurs mit dem Ziel „Wirtschaftskorrespondentin" (Französisch).

Zu meinen derzeitigen Aufgabenbereichen gehören neben der Führung des Direktionssekretariates
 die Organisation und Protokollierung von Sitzungen u. ä.,
 die Vorbereitung betriebsinterner Fortbildungsseminare,
 die Reorganisation des Schreibdienstes,
 die Lehrlingsausbildung.

Ich stelle mir vor, daß die Position in Ihrem Hause einen ähnlichen Verantwortungsbereich abdeckt.

Bitte geben Sie mir Gelegenheit, mich bei Ihnen vorzustellen.

Mit freundlichem Gruß _____

(Unterschrift) _____

Anlagen: Lebenslauf, Zeugniskopien

BRIEF DER GESCHÄFTSLEITUNG — VERABSCHIEDUNG EINES MITARBEITERS (VORRUHESTAND)

Briefkopf des Absenders At.-d. _____

Empfängerbezeichnung _____

Postfach/Straße und Hausnummer _____

PLZ Bestimmungsort _____

Sehr geehrter Herr _____,
sie haben sich entschieden, zum Jahresende vorzeitig in den Ruhestand zu gehen. Wir bedauern Ihre Entscheidung.
   Auf Ihrem Gebiet gehörten Sie zu den qualifizierten Kollegen der Abteilung. Es wird nicht leicht sein, einen angemessenen Nachfolger für Ihre Position zu finden.
   Für Ihren Ruhestand die besten Wünsche, Gesundheit — und ein Danke für Ihre Leistungen in unserem Unternehmen.

Mit freundlichen Grüßen _____

(Firmenbezeichnung) _____

(Maschinenschriftliche Unterschriftenwiedergabe) _____

GESCHÄFTSVERBINDUNG —
NACHFRAGE WEGEN AUSBLEIBENDER AUFTRÄGE

Empfängerbezeichnung _____

Postfach/Straße und Hausnummer _____

PLZ Bestimmungsort _____

Geschäftsverbindung _____

Sehr geehrte _____ ,
seit mehr als 20 Jahren verarbeiten Sie unser Rohmaterial. Unsere langjährige Geschäftsverbindung war **immer** harmonisch. Seit etwa sechs Monaten erteilen Sie uns nur noch kleine Aufträge, die in keinem Verhältnis zum früheren Umsatz stehen. Sicherlich haben Sie hierfür einen Grund. Was veranlaßt Sie, Ihre Materialien von einem anderen Lieferanten zu kaufen?

Bitte haben Sie Verständnis für diese Frage, **zumal** wir **immer** bestrebt waren, Ihre besonderen Wünsche zu berücksichtigen. Auch bei der Festsetzung von Zahlungsfristen sind wir in der Regel großzügig verfahren. Wir wären Ihnen für eine kurze Stellungnahme sehr dankbar.

Ein Mitarbeiter unserer Geschäftsführung ist Ende diesen Monats in Ihrer Nähe. Sind Sie daran interessiert, die Angelegenheit mit @ zu besprechen? In diesem Falle bitten wir um telefonische Terminabsprache.

Wir hoffen, daß sich die Sache zur beiderseitigen Zufriedenheit erledigen wird.

Mit freundlichen Grüßen _____

(Firmenbezeichnung) _____

(Maschinenschriftliche Unterschriftenwiedergabe) _____

LEBENSLAUF —
TABELLARISCHER LEBENSLAUF EINER BEWERBERIN

Persönliche Daten:
Vor- und Zuname:		Silke Drechsler
Anschrift:			(PLZ) Hamburg Traubenallee 133
Geburtstag und -Ort:		tt.mm.jj. in Leverkusen
Staatsangehörigkeit:		deutsch
Familienstand:			ledig

Schulbildung:		Grundschule in Heilbronn
Realschule in Heilbronn
Wirtschaftsschule an der Albert-Schweitzer-Schule in Stuttgart(ohne Abschluß)
Au-Pair-Stelle in England
Lehre bei G. Thiel & Co. in Hamburg(Abschluß: Kaufmännische Gehilfenprüfung der IHK)

Fortbildungskurse:		Ausbildung für Direktionsassistentinnen (Diplomprüfung mit Auszeichnung)
Computergestützte Textverarbeitung (Herbst 19jj)
Seminare für Sekretärinnen am Institut für Büroorganisation in Hamburg

Besondere Kenntnisse:		Sprachen: Deutsch (Muttersprache), Englisch (Korrespondenz), Italienisch (Korrespondenz); sonstiges: Maschinenschreiben (280 Anschläge pro Minute), Stenographie (160 Silben pro Minute), Textverarbeitung am PC, Sekretariatstechnik, Telefondienst.

Berufliche Tätigkeit:		Sekretärin
Sachbearbeiterin
Direktionsassistentin (Stahlfabrik Helbig GmbH & Co. KG, PLZ Hamburg)

Hamburg

NEUKUNDENWERBUNG (POSTGIROAMT) — BESCHREIBUNG DER EINSATZMÖGLICHKEITEN UND VORTEILE

Empfängerbezeichnung _____

Postfach/Straße und Hausnummer _____

PLZ Bestimmungsort _____

Wollen Sie mehr aus ihrem Geld machen? _____

Sehr geehrte _____,
für Ihren geschäftlichen Zahlungsverkehr — aber auch als Lohn — und Gehaltskonto — ist ein Postbank-Girokonto unerläßlich.

Das Postbank-Girokonto ist auf die Anforderungen des modernen Zahlungsverkehrs speziell zugeschnitten. Sie können es mit Bildschirmtext (Btx) auf elektronischem Wege führen. Es bietet Ihnen — auch als Ergänzung zu anderen Bankverbindungen — eine Reihe weiterer Vorteile:

Erhöhung der Liquidität durch schnelle Auftragsabwicklung

Information über den aktuellen Kontostand nach jedem Buchungstag, an dem Ihr Konto bewegt wurde

Niedrige Gebühren für alle Arten von Aufträgen.

Vielleicht arbeiten Sie deshalb schon mit einem Postbank Girokonto — dann verstehen Sie dieses Schreiben bitte als Erinnerung an die breite Palette der angebotenen Möglichkeiten.

Wenn Sie noch kein Girokonto bei der Post haben, sollten Sie überlegen, ob seine vielfältigen Vorteile Ihnen nicht ebenfalls Nutzen bringen könnten. Das Postbank Girokonto lohnt sich auch als preiswertes Zweitkonto.

Für die Eröffnung Ihres Kontos können Sie den Antrag auf der Rückseite dieses Schreibens verwenden. Wenn Sie damit zu Ihrem Postamt gehen, vergessen Sie bitte nicht, Ihren Personalausweis mitzubringen.

Mit freundlichen Grüßen _____

Postgiroamt _____

(Maschinenschriftliche Unterschriftenwiedergabe) _____

NEUKUNDENWERBUNG (BEREICH EDV), LEISTUNGSBESCHREIBUNG UND GESPRÄCHSANGEBOT

Empfängerbezeichnung _____

Postfach/Straße und Hausnummer _____

PLZ Bestimmungsort _____

Ist Ihre EDV noch auf dem neuesten Stand? _____

Sehr geehrte _____,
vielleicht stellt sich auch in ihrem Hause die Frage, ob die Leistung Ihrer Datenverarbeitung noch in der richtigen Relation zu den damit verbundenen Kosten steht. Wird Ihre EDV den Bedürfnissen der Fachabteilungen überhaupt noch gerecht?

Falls Sie Überlegungen dieser Art anstellen, sollten Sie den beigefügten Informationsbrief über unsere Beratungsleistung Wertanalyse des EDV-Einsatzes sorgfältig lesen. Wir sind spezialisiert in der Überprüfung der Kosten-Nutzen-Relation von EDV-Anlagen. Fragen Sie uns! Wir können Ihnen Maßnahmen zur Verbesserung vorschlagen.

Bei vielen Kunden hat sich gezeigt, daß es sich wirklich lohnt, einmal prüfen zu lassen, ob zwischen den Anforderungen des Managements und der Fachabteilungen gegenüber der Leistung des Computers Lücken bestehen, die möglicherweise ohne großen Aufwand geschlossen werden können.

Gerne unterstützen wir Sie bei der Lösung dieser komplexen Problematik. Wann können wir uns zu einem Gespräch treffen? Wir erwarten Ihren Vorschlag.

Mit freundlichen Grüßen _____

(Firmenbezeichnung) _____

(Maschinenschriftliche Unterschriftenwiedergabe) _____

Anlage

PREISÄNDERUNG —
NACHVERHANDLUNG WEGEN GESTIEGENER ROHSTOFFPREISE

Empfängerbezeichnung _____

Postfach/Straße und Hausnummer _____

PLZ Bestimmungsort _____

Rahmenvereinbarung vom _____

zur Lieferung von _____ (Produktname)

Preisänderung _____

Sehr geehrte _____ ,
bei der Festlegung der Rahmenvereinbarung einigten wir uns, für den Fall von Preisänderungen für die Rohstoffe, die für die Herstellung von ... (Produktname) benötigt werden, über eine Preisanpassung zu verhandeln.

Die Preise für ... (Rohstoffname) sind am tt.mm.jj an der Londoner Börse um ... Prozent gestiegen, was sich auf unsere Kalkulation auswirkt.

Wir schlagen deshalb vor, in einem Gespräch die Preise für ... (Produktname) neu festzulegen.

Mit freundlichen Grüßen _____

(Firmenbezeichnung) _____

(Maschinenschriftliche Unterschriftenwiedergabe) _____

VERKAUFSFÖRDERUNG — SONDERANGEBOT FÜR STAMMKUNDEN

Empfängerbezeichnung _____

Postfach/Straße und Hausnummer _____

PLZ Bestimmungsort _____

Sonderangebot für Stammkunden _____
(Produktname) _____

Sehr geehrte _____,
seit einigen Jahren gehören Sie zu unseren guten Kunden. Deshalb haben wir heute ein besonderes Angebot für Sie.

Als Garteneigentümer sind Sie natürlich an allem interessiert, was Ihren Garten im Frühjahr verschont oder was Sie dafür nutzen können. Durch gute Geschäftsbeziehungen zu einem unserer Lieferanten ist es uns gelungen, einen Posten ... (Produktname) mit geringen Lackschäden — meistens nur ein kleiner Kratzer — äußerst günstig zu übernehmen. Ein Prospekt ist beigefügt.

Da die Anzahl der _____ (Produktname) begrenzt ist und Sie beim Kauf _____ DM sparen können, lohnt es sich, wenn sie noch diese Woche bei uns vorbeischauen!

Dieses Spitzenangebot gilt nur so lange, wie unser Vorrat reicht.
Wir freuen uns auf Ihren Besuch!

Mit freundlichen Grüßen _____

(Firmenbezeichnung) _____

(Maschinenschriftliche Unterschriftenwiedergabe) _____

VORSTELLUNGSGESPRÄCH — EINLADUNG AN EINE STELLENBEWERBERIN

Empfängerbezeichnung _____

Postfach/Straße und Hausnummer _____

PLZ Bestimmungsort _____

Ihre Bewerbung als _____

Sehr geehrte _____ ,
wir danken Ihnen für Ihre Bewerbung und bitten Sie, am tt.mm.jj zu einem Gespräch zu uns zu kommen. Bitte lassen Sie sich vom Pförtner den Weg zu unserer Personalabteilung zeigen. Wir erwarten Sie um ... Uhr im Zimmer........ Stock.
Falls Sie zu diesem Termin nicht kommen können, treffen Sie bitte telefonisch eine neue Vereinbarung.
Zur Ergänzung unserer Unterlagen benötigen wir noch einige Angaben. Bitte füllen Sie deshalb den beigefügten Personalbogen aus und bringen Sie ihn zum Vorstellungsgespräch mit.
Die ebenfalls beigefügte Broschüre informiert Sie über unser Unternehmen.
Wir freuen uns auf Ihren Besuch.
Mit freundlichen Grüßen (Firmenbezeichnung) _____
(Maschinenschriftliche Unterschriftenwiedergabe) _____

Anlage

WERBEBRIEF (STUDIENFAHRT) — RUNDSCHREIBEN EINES REISEVERANSTALTERS

Empfängerbezeichnung _____

Postfach/Straße und Hausnummer _____

PLZ Bestimmungsort _____

Studienfahrten und Expeditionen mit MS **"Frontier Spirit"** _____

Sehr geehrte _____ ,
wir freuen uns, Ihnen heute ein außergewöhnliches Kreuzfahrtschiff vorstellen zu können.
   Die "Frontier Spirit" wurde gezielt für Studien- und Expeditionsreisen konzipiert. Modernste nautische Technik und fortschrittliche Systeme zum Schutz der Umwelt zeichnen die "Frontier Spirit" anno aus wie der Komfort und Service auf dem hohen Niveau einer anspruchsvollen Kreuzfahrt.
   Von Mai bis August dieses Jahres werden erstmalig Expeditions- und Studienreisen in die Ostsee und zu den grandiosen Fjorden Norwegens, Spitzbergens und Grönlands angeboten. An Bord erwartet Sie die bewährte "Iseatic Tours" Reiseleitung.
   Die Premieren-Reise am tt.mm.jj. ab Hamburg fährt auf völlig neuer Route rund um die Britischen Inseln.
   In der beigefügten Broschüre finden Sie eine genaue Beschreibung der einzelnen Nordlandreisen und Informationen zur "Frontier Spirit". Unser Reisebüro steht Ihnen für die Buchung — und natürlich auch für weitere Informationen — zur Verfügung.

Mit freundlichen Grüßen _____

(Firmenbezeichnung) _____

(Maschinenschriftliche Unterschriftenwiedergabe) _____

ZWISCHENBESCHEID — BRIEF AN EINE STELLENBEWERBERIN

Empfängerbezeichnung _____

Postfach/Straße und Hausnummer _____

PLZ Bestimmungsort _____

Ihre Bewerbung als _____

Sehr geehrte _____ ,
vielen Dank für Ihre Bewerbung. Wir freuen uns über Ihr Interesse an der ausgeschriebenen Position.
Die Durchsicht der zahlreichen Zuschriften nimmt zwei bis drei Wochen in Anspruch. Sobald wir eine engere Auswahl getroffen haben, erhalten Sie Nachricht. Bitte haben Sie noch etwas Geduld.
Damit Sie sich mit unserem Werk vertraut machen können, fügen wir die neueste Ausgabe unserer Werkzeitschrift bei — sie erschien als Jubiläumsschrift und gibt unter anderem einen kurzen Abriß der Firmengeschichte.

Mit freundlichen Grüßen _____

(Firmenbezeichnung) _____

(Maschinenschriftliche Unterschriftenwiedergabe) _____

Anlage

Inhaltsverzeichnis

Vorwort 5

Thema N 1
ICH STUDIERE WIRTSCHAFTSWISSENSCHAFTEN
Text N 1. Ein deutscher Student stellt sich vor 7
Text N 2. Auslandssemester in Deutschland 15
Text N 3. Grosse Schrumpfen 23

Thema N 2
EIN VORSTELLUNGSGESPRÄCH
Text N 1. Ihr Auftritt, bitte 28
Text N 2. Sympathisch, sicher, sprachgewandt 32

Thema N 3
DIENSTLEISTUNGEN
Text N 1. Verkehr 37
Text N 2. Geschäftsreisen 44
Text N 3a. Individuelle Kommunikation und Massenmedien 52
Text N 3b. Marktplatz Internet 57

Thema N 4
BETRIEBE, UNTERNEHMUNGEN
Text N 1. Unternehmungen 61
Text N 2. Rechtsformen von Unternehmen 66
Text N 3. Ein paar staatliche Giganten 70

Thema N 5
MARKT
Text N 1. Markt 74
Text N 2. Verbraucherpreise im September 1993 82
Text N 3. Das Euro-Geld ist besser als sein Ruf 85

Thema N 6
MARKETING

- Text N 1. Marketing 92
- Text N 2. Sehr persönlich. Neues Marketing 100
- Text N 3. Wegweiser zum richtigen Marketing-Mix ... 105

Thema N 7
MARKETINGINSTRUMENTE — WERBUNG UND PUBLIC RELATIONS

- Text N 1. Werbung 110
- Text N 2. Public relations oder Öffentlichkeitsarbeit ... 115
- Text N 3. Welche Aufgabe hat die Werbung? 119

Thema N 8
HANDEL

- Text N 1. Der Handel 125
- Text N 2. 10 Trends, die den Konsum regieren 131

Thema N 9
MANAGEMENT

- Text N 1. Management 140
- Text N 2. Was macht eigentlich ... der Mittelmanager? ... 143
- Text N 3. Sind Sie der Manager der Zukunft? 148

Thema N 10
BANKEN, GELD, BÖRSE

- Text N 1. Banken 158
- Text N 2. Geld 167
- Text N 3. Börse 172

Thema N 11
DIE HUNDERT GRÖSSTEN UNTERNEHMEN STELLEN SICH VOR

- Text N 1. Der Aufstieg in die Weltliga 178
- Text N 2. Krupp ist von Dauerkrise zur Normalität zurückgekehrt 188
- Text N 3. Lähmschicht durch alle Hierarchien 193

Thema N 12
MEDIENPORTRÄT

- Text. Medienporträt 197

Thema N 13
MODERNE GESCHÄFTSKORRESPONDENZ

Text N 1. Der Geschäftsbrief 204
Text N 2. Textgestaltung 205

Deutsch-russisches Wörterbuch wichtigster Termini 210

Management. Kernbegriffe 245

A n h a n g. Muster von Geschäftsbriefen 287

Учебное издание

**Леонид Михайлович Михайлов
Генрих Вебер
Франк Вебер**

ДЕЛОВОЙ НЕМЕЦКИЙ ЯЗЫК

Бизнес. Маркетинг. Менеджмент

Учебное пособие для вузов

Технический редактор *Э.С. Соболевская*
Корректор *Э.А. Газина*
Компьютерная верстка *Н. Ф. Хамутовской*

ООО «Издательство Астрель»
143900, Московская область, г. Балашиха,
проспект Ленина, 81

ООО «Издательство АСТ»
368560, Республика Дагестан, Каякентский район,
сел. Новокаякент, ул. Новая, д. 20

Наши электронные адреса: www.ast.ru
E-mail: astpub@aha.ru

ОАО «Санкт-Петербургская типография № 6».
193144, Санкт-Петербург, ул. Моисеенко, 10.
Телефон отдела маркетинга 271-35-42